广西壮族自治区"十四五"职业教育规划教材

新能源汽车整车检测与控制技术

主　编　隆有东　罗泽飞　黄志杰
主　审　彭朝晖　刘学军　车小平

电子工业出版社
Publishing House of Electronics Industry
北京·BEIJING

内 容 简 介

本书以新能源汽车整车控制系统为抓手，在分清楚新能源汽车低压控制系统和高压控制系统的基础上，学习新能源汽车故障诊断基础知识，并能够对一些简单的故障进行诊断与排除。本书的知识点内容由浅入深，层层递进，符合中职学生的认知发展规律及技能掌握规律，能够使学习者在轻松愉悦的环境下迅速熟悉新能源汽车故障检测与诊断技术的相关内容。本书可作为职业院校新能源汽车整车检测与控制技术相关专业的教学用书，对本书感兴趣的人员亦可自学使用。

未经许可，不得以任何方式复制或抄袭本书之部分或全部内容。
版权所有，侵权必究。

图书在版编目（CIP）数据

新能源汽车整车检测与控制技术 / 隆有东，罗泽飞，黄志杰主编. —北京：电子工业出版社，2023.6

ISBN 978-7-121-45797-5

Ⅰ. ① 新… Ⅱ. ① 隆… ② 罗… ③ 黄… Ⅲ. ① 新能源–汽车–检测–中等专业学校–教材② 新能源–汽车–控制系统–中等专业学校–教材 Ⅳ. ① U469.7

中国国家版本馆 CIP 数据核字(2023)第 108307 号

责任编辑：张　豪
印　　刷：中国电影出版社印刷厂
装　　订：中国电影出版社印刷厂
出版发行：电子工业出版社
　　　　　北京市海淀区万寿路 173 信箱　邮编：100036
开　　本：787×1092　1/16　印张：11.75　字数：285 千字
版　　次：2023 年 6 月第 1 版
印　　次：2024 年 7 月第 2 次印刷
定　　价：55.00 元

凡所购买电子工业出版社图书有缺损问题，请向购买书店调换。若书店售缺，请与本社发行部联系，联系及邮购电话：(010) 88254888，88258888。

质量投诉请发邮件至 zlts@phei.com.cn，盗版侵权举报请发邮件至 dbqq@phei.com.cn。

本书咨询联系方式：qiyuqin@phei.com.cn。

《新能源汽车整车检测与控制技术》编委会

主　编	隆有东	（广西物资学校）
	罗泽飞	（河池市职业教育中心学校）
	黄志杰	（广西交通职业技术学院）
副主编	刘轩帆	（广西工业技师学院）
	朱汝玲	（广西工业技师学院）
	窦　捷	（广西理工职业技术学校）
	宁顺政	（广西物流职业技术学院）
	韦　成	（柳州市第二职业技术学校）
	苏　攀	（防城港市理工职业学校）
	黄明祖	（广西第一工业学校）
	李高任	（广西物流职业技术学院）
	黄悦芬	（广西机电工程学校）
	甘文婷	（广西物资学校）
	黄清茂	（桂平市第一中等职业技术学校）
参　编	陈龙强	（广西物资学校）
	黄江远	（广西物资学校）
	黄坤忠	（广西物资学校）
	梁家生	（广西理工职业技术学校）
	陆晓丹	（广西物资学校）
	冯槐林	（玉林机电工程学校）
	陈惠武	（广西物资学校）
	宋　敏	（广西物资学校）
	李　存	（广西物资学校）
	兰婷婷	（广西物资学校）
	阮为平	（广西物资学校）
	李文雄	（南宁市第四职业技术学校）
	邢　跃	（上海景格科技股份有限公司）
主　审	彭朝晖	（广西机电职业技术学院）
	刘学军	（广西交通职业技术学院）
	车小平	（广西物资学校）

前　言

时光荏苒，在2005年《国务院关于大力推进职业教育改革与发展的决定》颁布后，为了进一步深化职业教育改革，根据汽车行业企业岗位需要，不断更新教学内容，改进教学方法，笔者有幸在车小平主任（广西物资学校机电工程系原主任）的带领下，奔赴广东等发达省份，寻求汽车专业提升教学质量之"妙方"。当时取回的"真经"便是"理实一体化教学"，由此，拉开了专业教学改革的帷幕。

多年来，笔者与相关团队坚持汽车专业"理实一体化教学"方面的探索、研究和实践，不断更新教学内容和方法，出版了中职汽车专业理实一体化系列教材，此项专业教学改革在2014年获得了国家职业教育教学改革二等奖。随着教学改革的不断发展，专业课程思政、三全育人、评价考核、信息技术等要素融入课堂；同时，新能源汽车专业的新岗位、新技术、新知识不断出现，也为大汽车专业"理实一体化"教学内涵提出了新的要求与挑战。根据新能源汽车行业的发展需要，结合职业学校教学特点，学校机电工程系教师开发出一系列教材、工作页以及配套的教学资源。

本书以新能源汽车整车检测与控制技术为核心，以岗位实际工作任务为引领，以产教融合为基础，设计了新能源汽车整车控制系统、新能源汽车低压控制系统、新能源汽车高压控制系统、新能源汽车故障诊断基础、新能源汽车综合故障诊断与排除等5个项目，共17个任务，并为每一个学习任务配套开发了教学课件、实训指导书、工作页、技能视频、二维动画、微课、试题库等教学资源，方便职业院校进行理实一体化教学，让学生更好地掌握纯电动汽车整车检测与控制技术的相关知识、技术和技能。

本书注重实用性，体现先进性，保证科学性，突出实践性，贯穿可操作性，反映了新能源汽车领域的新知识、新技术和新方向。全书文字简洁，通俗易懂，图文并茂，形象直观，内容系统，实例丰富，教学资源多样，容易培养学生的学习兴趣，能提高学生学习效果；书中充分体现了以学生为主的教学理念，注重理论和实践相结合，体现了教育贴近实际工作的理念。

本书可作为职业院校新能源汽车检测与维修、汽车维修等相关专业的教学用书，也可作为汽车销售或维修企业内部培训用书，以及汽车维修技术人员和汽车4S店工作人员的参考用书。

本书在编写过程中，编者参考了大量的国内外相关著作和文献资料，也得到了彭朝晖教授、刘学军教授、车小平主任、莫军教授等一批老师和专家的指导与帮助。同时也得到了上海景格股份有限公司、蜂巢传动系统（江苏）有限公司、长城汽车泰州分公司、深圳博天教育科技有限公司、北京物研科技有限公司等企业的大力支持与帮助，在此向有关作者、企业表示真诚的感谢。本书还得到了GXZC2021-J1-000926-GXZL项目、新能源汽车智能虚拟仿真实训基地建设项目的支持。

由于编者水平有限，书中难免存在不当之处，敬请广大读者及专家批评指正。

编 者
2023 年 3 月

目　　录

项目一　新能源汽车整车控制系统 1
　　任务1.1　整车控制系统基础知识 1
　　任务1.2　整车控制系统控制策略 6
　　任务1.3　比亚迪秦EV整车控制器工作分析 14

项目二　新能源汽车低压控制系统 23
　　任务2.1　低压控制系统认知 23
　　任务2.2　低压分配系统检测 27
　　任务2.3　车载网络系统检测 38

项目三　新能源汽车高压控制系统 55
　　任务3.1　高压控制系统认知 55
　　任务3.2　电池管理系统检测 61
　　任务3.3　电机控制器检测 73
　　任务3.4　高压分配系统检测 85

项目四　新能源汽车故障诊断基础 101
　　任务4.1　认识新能源汽车故障灯 101
　　任务4.2　新能源汽车故障诊断策略 105
　　任务4.3　诊断仪的使用与诊断数据分析 112

项目五　新能源汽车综合故障诊断与排除 125
　　任务5.1　绝缘故障诊断与排除 125
　　任务5.2　高压互锁故障诊断与排除 140
　　任务5.3　交流充电系统故障诊断与排除 153
　　任务5.4　CAN通信故障诊断与排除 167

项目一　新能源汽车整车控制系统

任务1.1　整车控制系统基础知识

一、任务导入

小李作为刚入职的新能源汽车销售顾问,在对新能源汽车进行介绍时,对整车控制系统感到非常困扰。本任务就让我们帮助小李一起了解新能源汽车的整车控制系统的发展、作用、组成和工作原理,让小李能熟练掌握整车控制系统基础知识。

二、任务目标

知识目标:
1. 了解整车控制系统的发展概况。
2. 掌握整车控制系统各部件的组成与作用。

技能目标:
能够简述整车控制系统的工作原理。

素质目标:
1. 通过团队制订工作计划,培养学生的自主能力及团队协作意识。(行为目标)
2. 通过工学结合的方式,让学生提高道德素养和职业素质,提前适应工作岗位,避免在今后工作中发生欺瞒客户、夸大故障等现象,培养学生的诚实守信精神。(行为目标)
3. 通过规范完成描述整车控制系统的工作原理,培养学生能讲出原理的能力,树立善于思考的意识,培养学生的工匠精神。(职业素养目标)

三、知识链接

(一)新能源汽车整车控制系统概述

新能源汽车整车控制系统的发展趋势是智能化、网络化、轻量化、集成化,这些趋势将使车辆更加智能、高效、安全和环保。

1. 集成化发展

新能源汽车整车控制系统未来将向着高度集成化的方向发展。为进一步降低新能源汽车的重量，提高产品的性能及乘坐的舒适性，从北汽开始，到通用、华为、比亚迪等纷纷推出高集成产品，"多合一"电驱+电控+VCU集成系统已成为整车电控系统发力的重点方向。

目前，驱动电机控制器与转向助力泵电机控制器、气泵电机控制器、车载DC-DC变换器、车载充电器等多合一电控系统产品及电空调、电除霜、电加热等高压配电集成产品已开始在电动乘用车与商用车中投入应用，如图1-1-1所示的比亚迪"八合一"电动力总成集成系统。

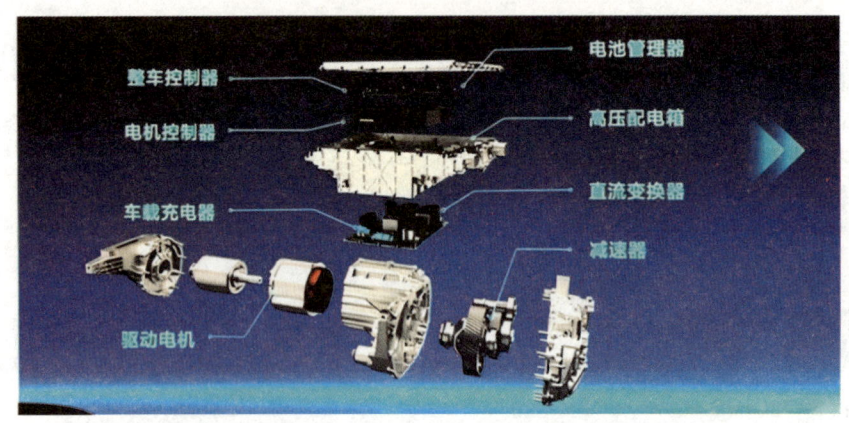

图1-1-1　比亚迪"八合一"电动力总成集成系统

2. 优化电控系统效率

整车控制系统作为新能源电动汽车的核心，对整车的动力性、经济性具有重要影响。近几年来，中国新能源汽车电控系统行业在关键技术领域快速发展，产品系列化基本可满足200kw以下的动力需求。现阶段，中国新能源汽车市场中的主流电动乘用车平均续航里程约为300km，与传统内燃机汽车相比续航里程较短，因此，新能源汽车电控系统的效率提升成为研发重点。

（二）整车控制系统的组成与作用

1. 整车控制系统的组成

整车控制系统简称VCU或VBU，是电动汽车的神经中枢，承担着能量与信息传递的功能，是电动汽车的重要组成部分。

纯电动汽车的整车控制系统通常包含低压电器控制系统、高压电器控制系统和整车网络化控制系统三部分，如图1-1-2所示。

2. 整车控制系统的作用

（1）低压电器控制系统。

低压电器控制系统主要由辅助蓄电池和若干低压电器设备（电灯光、仪表、电动真空泵、电动转向机等）组成，如图1-1-3所示，低压电器控制系统采用直流12V或24V电源，一方面为汽车灯、刮水器等车辆的常规低压电器供电，另一方面为整车控制器、高压电器设备的控制电路和辅助部件供电。

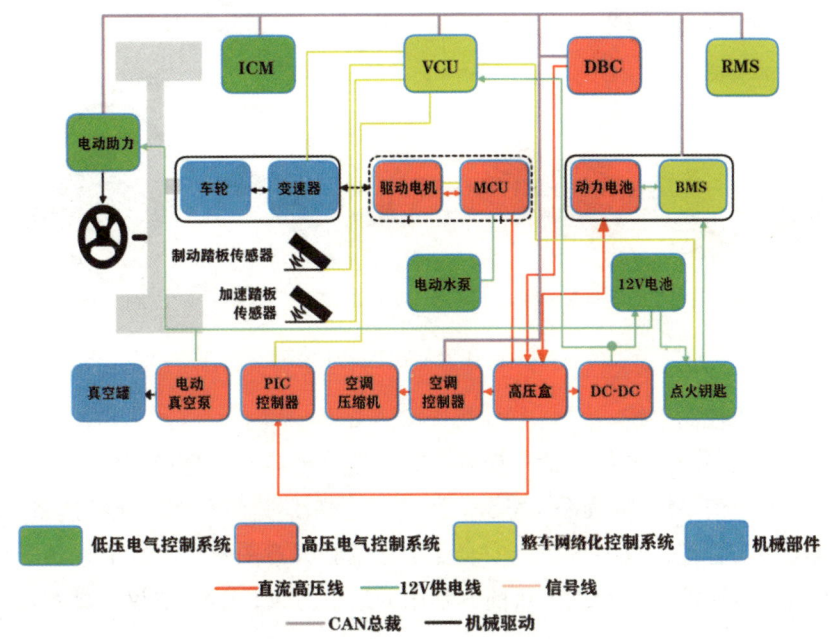

图 1-1-2　一般纯电动汽车的整车控制系统的组成架构图

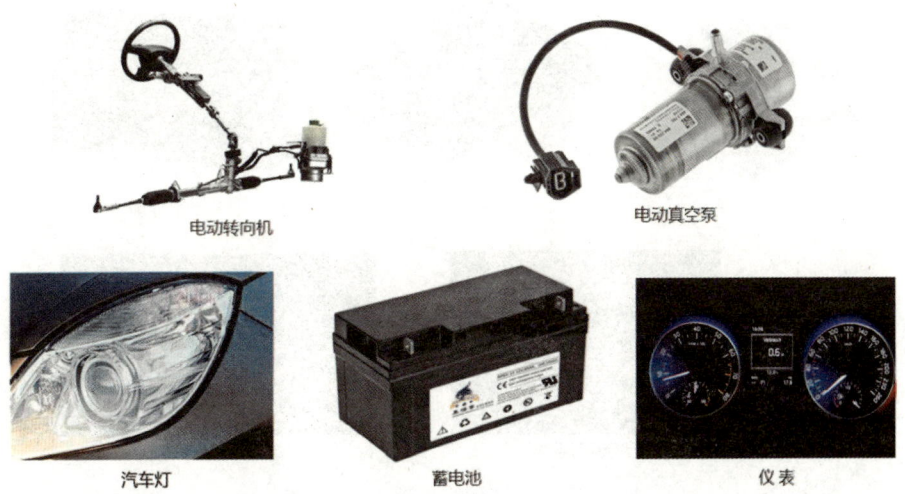

图 1-1-3　辅助蓄电池和若干低压电器设备

（2）高压电器控制系统。

高压电器控制系统主要由动力蓄电池、驱动电机和DC-DC变换器等大功率、高压的电器设备组成，如图1-1-4所示。根据车辆行驶的功率需求，完成从动力电池到驱动电机的能量转换与传输过程。

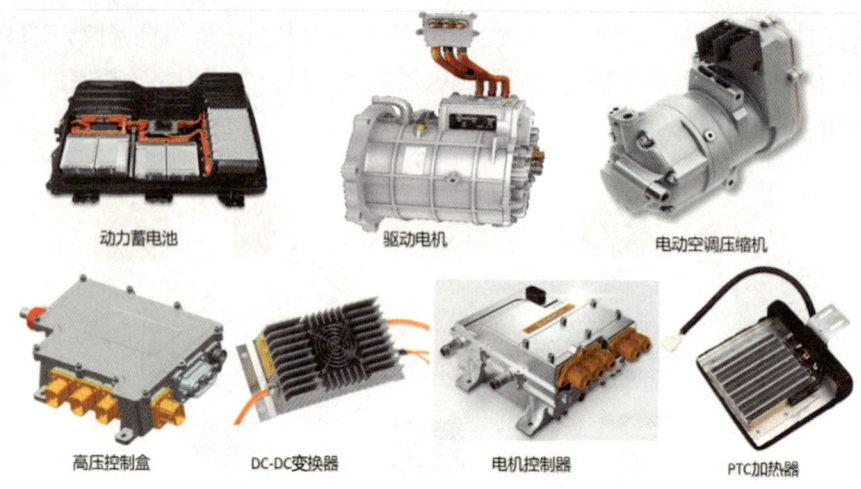

图 1-1-4　高压电器控制系统组成

（3）整车网络化控制系统。

整车网络化控制系统主要包括整车控制器、电池管理器、车身控制模块、汽车信息显示系统和汽车信息通信系统等，如图1-1-5所示。整车控制器是整车网络化控制系统的核心，它承担了数据交换与管理、故障诊断、安全监控、驾驶人意图解析等功能。各子系统之间的信息传递通过网络通信系统实现，目前，常用的通信协议是CAN协议，具有较好的可靠性、实时性和灵活性。

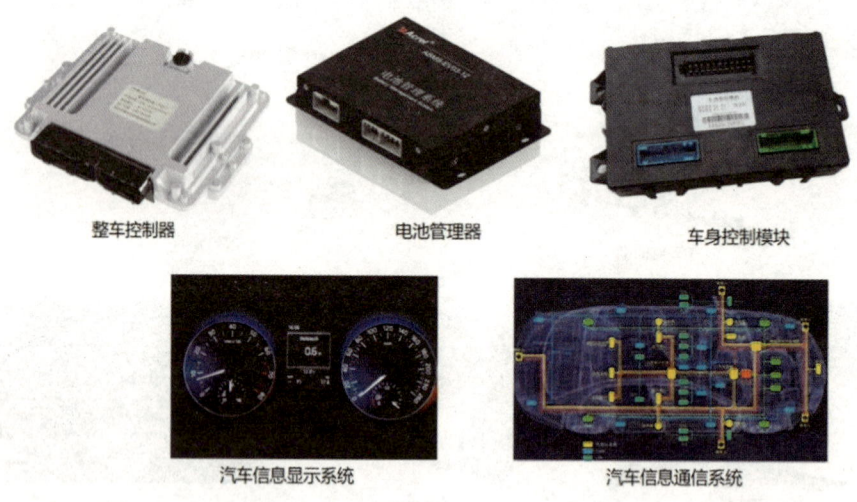

图 1-1-5　整车网络化控制系统组成

（三）整车控制系统的工作原理

电动汽车整车控制系统是由多个子系统构成的一个复杂系统，主要包括电池、电机、制动等动力系统以及其他附件。整车控制系统的工作原理，如图1-1-6所示，是在车辆运行时通过传感器以及其

纯电动汽车整车控制系统工作原理

比亚迪 E5 整车控制系统工作原理

他车载控制器将整车运行的信息与实时状态反馈给整车控制器，同时整车控制器根据驾驶员操作意图与整车控制策略进行运算，并将控制指令通过CAN总线以及各个硬件接口传递给其他车载控制器与执行器。

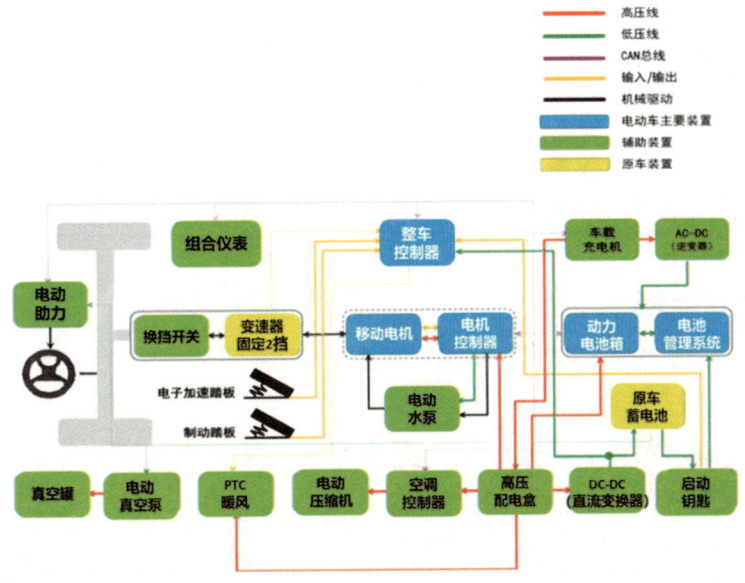

图 1-1-6　整车控制器的工作原理图

整车控制器主要负责控制动力总成唤醒、电源加载、停机、驱动、能量回收、安全控制、故障检索诊断与失效控制等工作，主要功能见表1-1-1。

表 1-1-1　整车控制器主要负责控制功能

序　号	功　能
1	驾驶员意图分析
2	驱动控制
3	制动能量回馈控制
4	整车能量优化管理
5	充电过程管理
6	高低压上电、下电控制：上电、下电顺序控制、慢充时序、快充时序
7	车辆状态的实时检测和显示
8	故障诊断与管理
9	整车CAN总线网关及网络化管理
10	基于CCP的在线匹配标定
11	DC-DC控制、EPS控制
12	挡位控制功能
13	防溜车控制

任务1.2 整车控制系统控制策略

一、任务导入

小张作为新能源汽车售后服务顾问,在接待客户来维修故障车辆的过程中,当向客户介绍整车控制系统控制策略时,感到非常困扰。本任务就让我们帮助小张一起了解整车控制系统与各系统之间的逻辑关系,并能简述整车控制系统的控制策略。

二、任务目标

知识目标:
1. 了解纯电动汽车高压上电、下电的工作过程。
2. 掌握整车控制器与各系统的控制逻辑关系。

技能目标:
能够简述整车控制系统的控制策略。

素质目标:
1. 通过团队协作制订工作计划,培养学生的自主能力及团队协作意识。(行为目标)
2. 通过工学结合的方式,让学生提高道德素养和职业素质,提前适应工作岗位,避免在今后工作中发生欺瞒客户、夸大故障等现象,培养学生的诚实守信精神。(行为目标)
3. 通过规范完成整车控制系统高压上电、下电控制策略的描述任务,培养学生的动脑思考能力,树立善于思考的意识,培养学生的工匠精神。(职业素养目标)

三、知识链接

新能源汽车整车控制系统的控制策略包括上电、下电控制,能量管理控制,驾驶模式选择等。

(一)车辆上电、下电控制

新能源汽车的上电、下电的流程是低压上电、高压上电、高压下电、低压下电。汽车工作过程中,整车控制器VCU根据无钥匙进入启动系统PEPS的信号,判断驾驶员的车辆启动意图,控制控制器的唤醒与休眠,并控制车辆进行上电和下电流程。

1. 车辆上电、下电流程

纯电动汽车的启动开关有OFF、ACC、ON三种状态。整车控制器VCU根据驾驶员意图对行车钥匙开关的控制，进行动力电池的高压继电器开关控制，以完成高压设备的电源通断和预充电控制。上电、下电流程处理：协调各相关部件的上电与下电流程，包括电机控制器、电池管理系统等部件的供电，预充继电器、主继电器的吸合和断开时间等。

（1）上电流程。

① 低压上电。

a. 当启动钥匙由OFF到ACC时，VCU低压上电；

b. 当启动钥匙由ACC到ON时，BMS（电池管理系统）、MCU（电机控制器）低压上电。

② 高压上电。

启动钥匙在ON挡位，BMS、MCU当前状态正常，且在之前一次上电、下电过程中整车无严重故障。

a. BMS、MCU初始化完成，VCU确认正常；

b. 闭合电池继电器；

c. 闭合主继电器；

d. MCU高压上电；

e. 若挡位在N挡位，则仪表显示Ready灯点亮。

③ 注意事项。

若启动开关旋至Start挡位，则松开后回到ON挡位；挡位处于N挡位上电，踩下制动踏板。

（2）下电流程。

纯电动车下电只需把启动钥匙打到OFF挡位，即可实现高压电、低压电的正常下电。

① 启动钥匙打到OFF挡位，主继电器断开、MCU低压下电；

② 辅助系统，包括DC-DC、水泵、空调、暖风，停止工作；

③ BMS断开电池继电器；

④ VCU下电。

车辆上电与下电流程如图1-2-1所示。

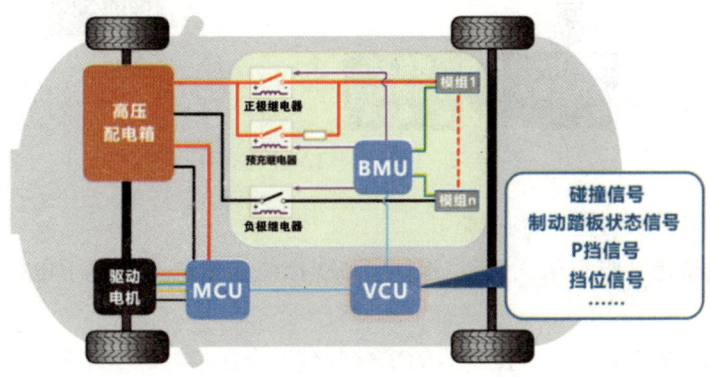

图1-2-1 车辆上电与下电流程

2. 比亚迪秦EV上电、下电控制

（1）比亚迪秦EV上电控制策略。

比亚迪秦EV的控制逻辑如下：

驾驶员踩下制动踏板并按下启动按键时，制动踏板信号会激活智能钥匙模块寻找钥匙，钥匙正确无误并同时接收到启动开关上的信号后，车辆上的ON信号接通。

此时，车身控制模块BCM、整车控制器VCU、电池管理系统BMS、电机控制器MCU等相关的控制模块将会被唤醒并各自进入自检的模式；然后电池管理系统BMS会马上进入自我诊断的模式。

当车身控制模块BCM接收到启动信号（按下启动按钮）以后，通过CAN总线与BMS通信，BMS通过CAN网络与电池信息采集器通信，检测电池包内的单节电池电压、温度、容量以及各继电器是否烧蚀粘连、高压互锁是否断开等参数是否正常，并通过漏电传感器检测是否存在漏电情况。

如果以上参数正常，则控制继电器吸合。与此同时，BMS开始控制动力电池包内部的预充继电器吸合，向电机控制器输送电压；当电机控制器检测到预充电压已经达到动力电池包总电压的2/3以上时，通过CAN总线通信告知BMS预充完成，BMS断开预充继电器，吸合正极继电器，整车高压上电，上电完成后，车辆仪表盘上的OK灯点亮。

如果高压BMS在10秒钟之内仍未检测到预充完成信号，则断开预充电路回路，同时负极继电器与预充继电器也被断开，整车高压上电失败，如图1-2-2所示。

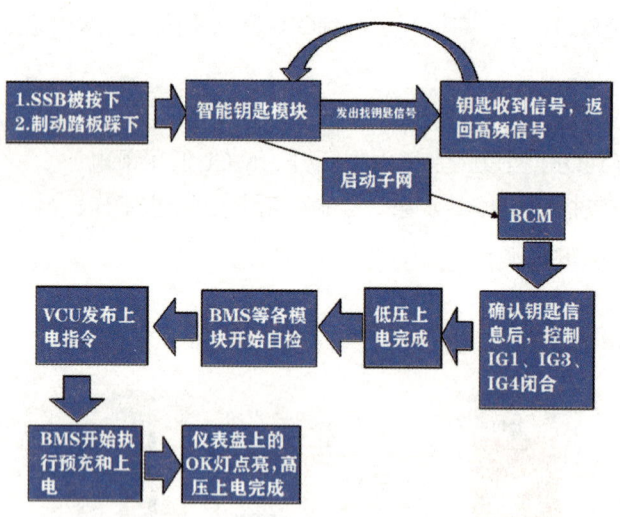

图 1-2-2　比亚迪秦 EV 上电控制逻辑

（2）比亚迪秦EV下电控制策略。

车辆下电是指，整车从ON挡位退回至OFF挡位的过程。车辆下电控制逻辑如图1-2-3所示。

当按下启动按钮时，整车控制器VCU接收到下电信号，确定车辆进行下电，VCU先给MCU发出断电指令，同时控制车辆高压系统驱动电机、空调压缩机、DC-DC变换器停止工作，并将车辆高压电气状态信号反馈给整车控制器VCU，VCU确认车辆高压电器停止工作后，给BMS发送高压下电信号，此时BMS控制动力电池正极继电器和负极继电器断开，切断动力电池高压供电电路，并将动力电池内的高压信号反馈给VCU，VCU确定高压下电完成。高压下电之后，VCU通知BMU和MCU进入休眠状态，随即VCU也进入休眠状态。

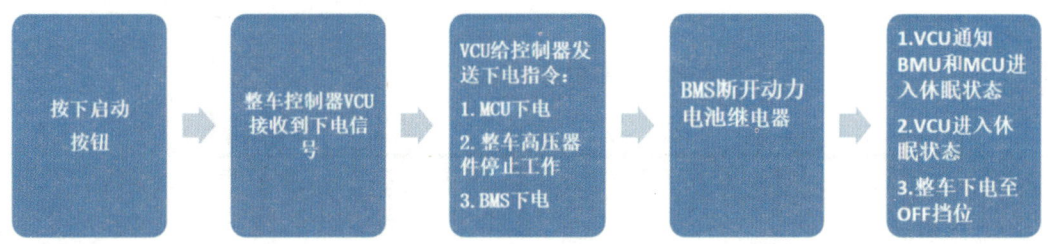

图 1-2-3　车辆下电控制逻辑

3. 整车控制器与各系统的控制逻辑关系

整车控制器对各主要控制对充电机、动力电池组内的正极继电器、负极继电器和预充继电器、空调压缩机、电机等进行分层控制，整车控制器分层控制如图1-2-4所示。这种分层控制方式中的整车控制器作为第一层，其他各控制器作为第二层，各控制器之间通过CAN网络进行信息交互，共同实现整车的功能控制。

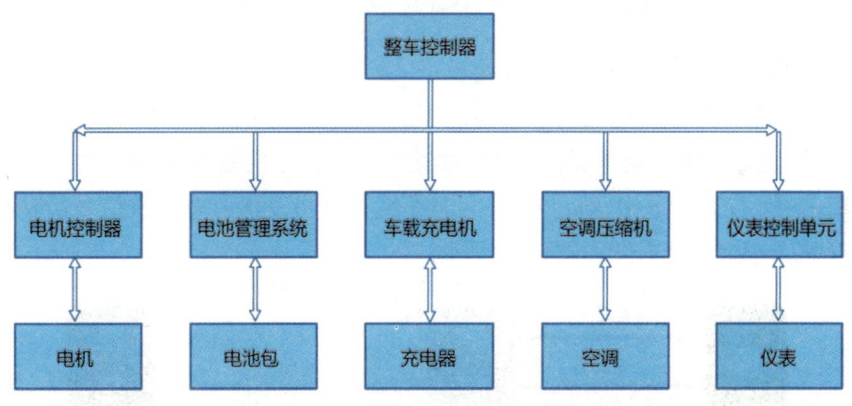

图 1-2-4　整车控制器分层控制

（1）整车控制器与挡位传感器的连接。

整车控制器通过挡位传感器获取挡位信息，整车控制器收到从挡位传感器送来的信号，进行运算比较分析后确定此时驾驶人的选挡意图是前进、倒车还是空挡，整车控制器与挡位传感器的信息通信是通过CAN总线来实现的，如图1-2-5所示。

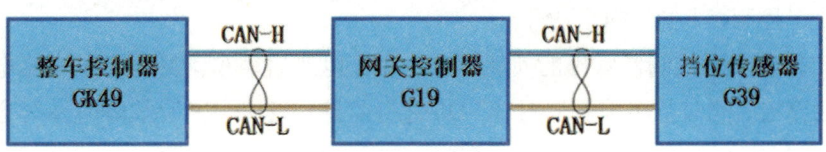

图 1-2-5　整车控制器与挡位传感器的连接

（2）整车控制器与加速踏板位置传感器的连接。

整车控制器根据加速踏板位置传感器来获得加减速信号，从而改变电机转矩，控制电机转速，进而改变车速。加速踏板位置传感器提供两组信号，让整车控制器进行对比，图1-2-6所示为整车控制器与加速踏板位置传感器的连接电路。

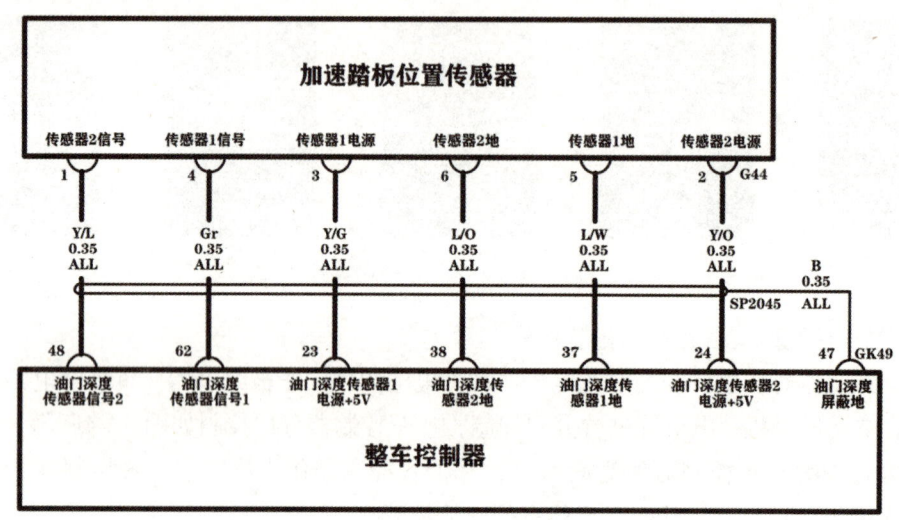

图1-2-6　整车控制器与加速踏板位置传感器的连接电路

（3）整车控制器与车载充电机的连接。

在充电过程中，车载充电机与整车控制器进行通信，当车身充电口接入充电枪后，充电连接确认信号CC与PE之间导通，此时车载充电机对整车控制器发出信号，整车控制器再向仪表发出信号，仪表充电指示灯点亮，同时车载充电机发出充电唤醒信号给整车控制器，车辆不能行驶，连接原理框图如图1-2-7所示。

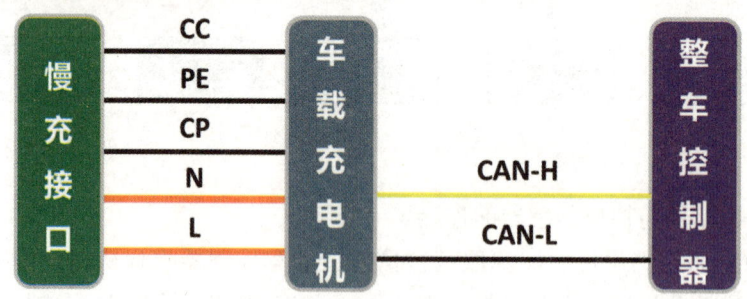

图1-2-7　整车控制器与车载充电机的连接原理框图

（4）整车控制器与DC-DC的连接。

DC-DC接到整车控制器发出的使能信号，在充电或启动车辆时将高压直流电变压后给低压蓄电池充电，同时整车控制器对DC-DC进行监控，当DC-DC有故障时及时通过仪表报警，如图1-2-8所示。

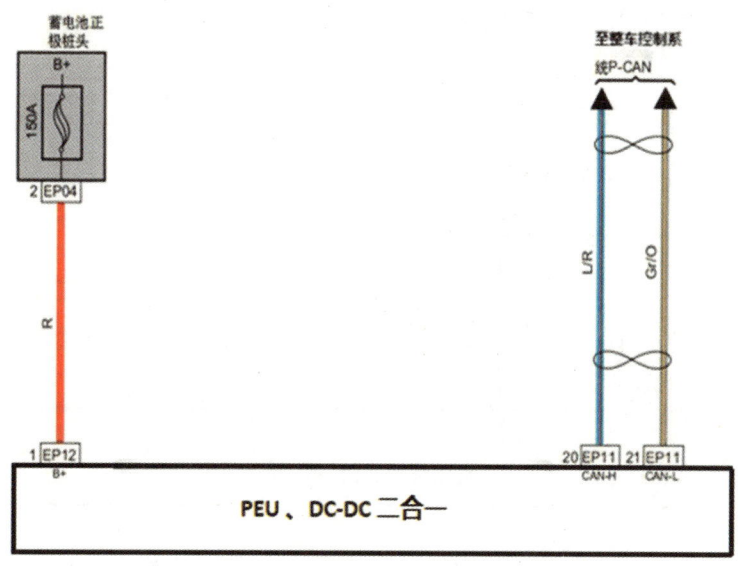

图 1-2-8　整车控制器与 DC-DC 的连接

（5）整车控制器与电机控制器的连接。

整车控制器向电机控制器发出转矩需求和故障通信，电机控制器反馈的包括电机转速、电机温度、控制器温度信号等信息给整车控制器都是通过CAN总线来实现的，能量回馈的启动与停止也是由整车控制器来控制的，如图1-2-9所示。

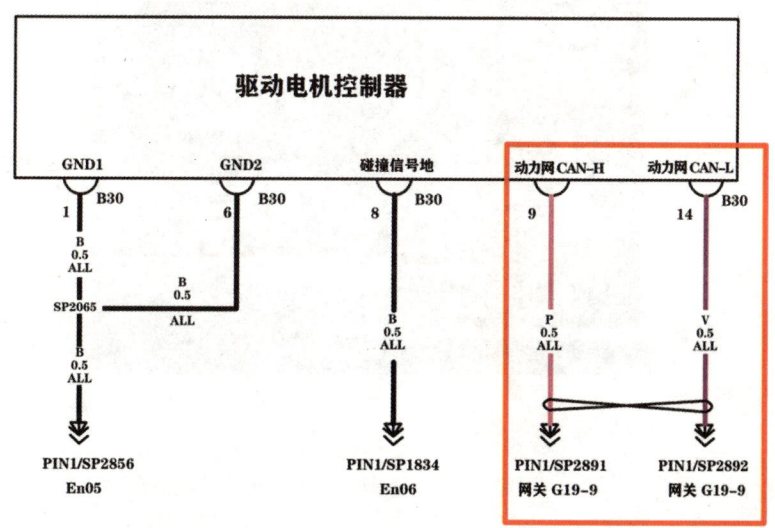

图 1-2-9　整车控制器与电机控制器的连接

（6）整车控制器与动力电池管理系统BMS的连接。

整车控制器给动力电池管理系统BMS发出电能需求和故障通信，BMS反馈包括动力电池电量、动力电池温度、电压信号、电流信号等信息给整车控制器都是通过CAN总线来实现的。动力电池包内的负极继电器由整车控制器控制，而正极继电器由BMS控制，如北汽

EV200的三元锂电池，如图1-2-10所示。

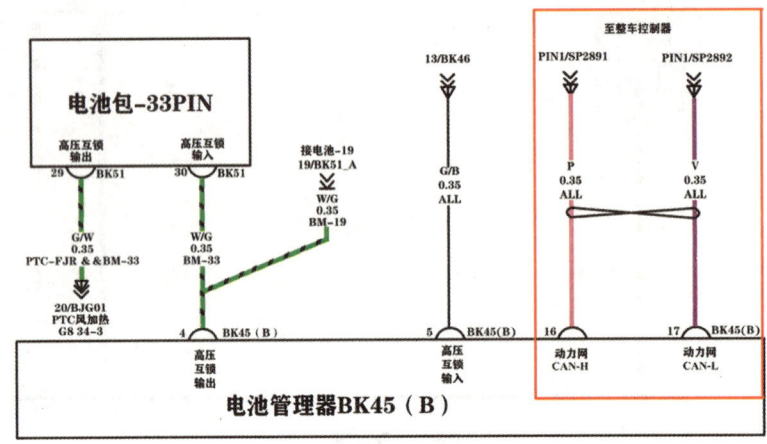

图 1-2-10　整车控制器与动力电池管理系统 BMS 的连接

（7）整车控制器与高压控制盒的连接。

高压控制盒是完成动力电池电力的输出及分配，实现对支路用电器的保护及切断的部件，其内有快充继电器和空调、PTC保险丝。高压控制盒的内部组成如图1-2-11所示。

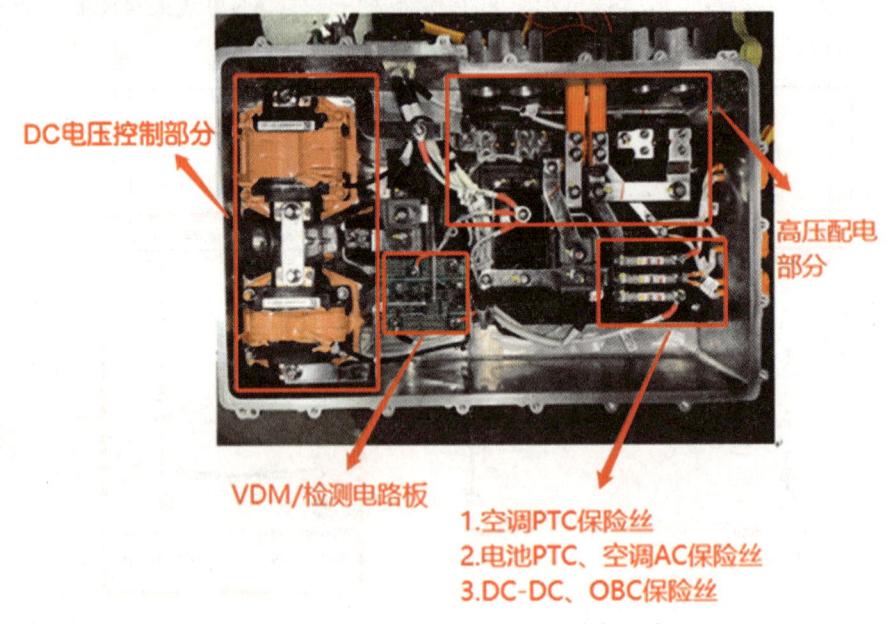

图 1-2-11　高压控制盒的内部组成

车辆在进行快充时高压控制盒内两个快充继电器闭合；在按下空调开关A/C时，空调继电器将闭合，如图1-2-12所示。比亚迪秦的高压控制盒称为充配电总成。

（8）整车控制器与空调压缩机控制器的连接。

纯电动汽车采用电动空调压缩机，与传统汽车空调压缩机的控制方式不同。整车控制器接到空调开关AC请求信号并确认空调系统压力信号、蒸发器温度信号、冷暖选择信号、鼓风机信号,是否满足起动压缩机的要求。

当满足以上条件时,整车控制器发出启动压缩机的指令,通过CAN总线传递给空调压缩机控制器;空调压缩机控制器根据整车控制器的指令来控制空调压缩机的驱动电路,从而控制压缩机的工作和转速。整车控制器与空调压缩机控制器的连接如图1-2-13所示。

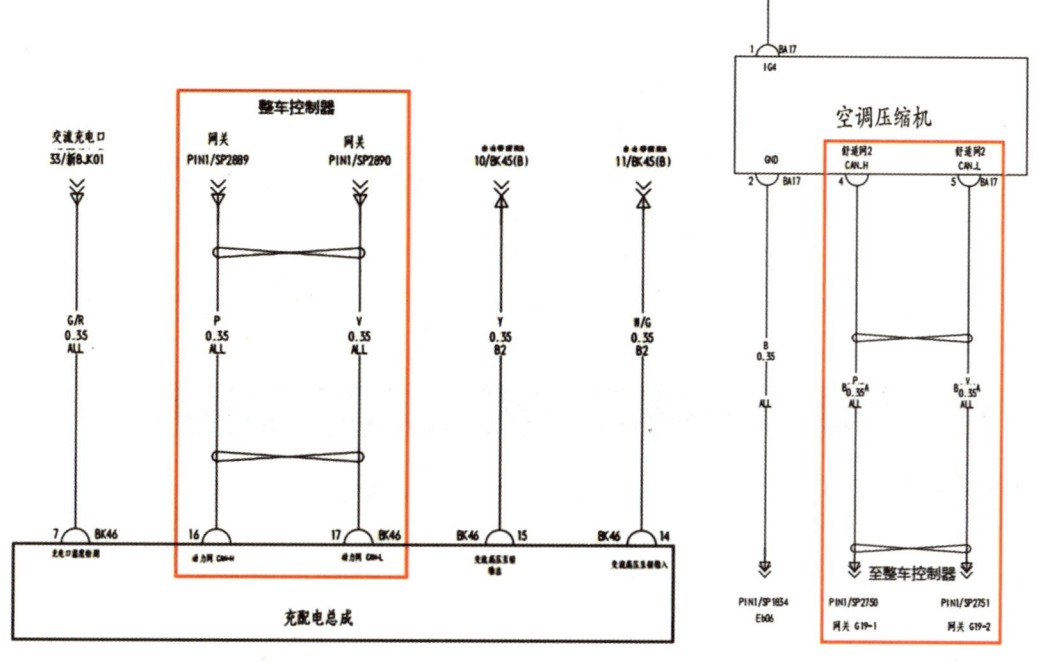

图1-2-12　整车控制器与高压控制盒的连接　　图1-2-13　整车控制器与空调压缩机控制器的连接

(二)整车能量管理

纯电动汽车整车能量的唯一来源为动力电池,通过BMS有序管理,VCU通过CAN总线与BMS通信。BMS能够向VCU报告剩余电量信息、动力电池总电压和总电流、动力电池温度信息、动力电池输出继电器状态等。与传统燃油汽车相比,电动汽车能够实现制动能量回馈功能。

(三)整车保护控制

车辆发生故障时,VCU会实时检测故障状态,根据故障的等级判定优先级,然后根据车辆的运行状态,发出相应的故障处理指令,如下调高压或限制功率等。依据《车载诊断标准》(ISO15765)、《电动汽车用驱动电机系统故障分类及判断》(QC/T 893—2011)(其中描述的驱动机系统的故障分类见表1-2-2)和《电动汽车用电池管理系统技术条件》(QC/T 897—201)对故障进行分级处理。常见的分级处理方式见表1-2-3。

表 1-1-2　驱动电机系统的故障分类

故障等级	故障类型	故障特征描述
1 级	致命故障	1）危及人身安全； 2）影响行车安全； 3）对周围环境造成严重危害； 4）造成车辆在故障发生地不能行驶； 5）主要零部件功能失效； 6）引起整车其他相关主要零部件严重损坏
2 级	严重故障	1）造成车辆不能正常行驶，但可以从发生故障地点移动到路边，等待救援； 2）车辆性能发生较明显的衰退
3 级	一般故障	1）非主要零部件故障，可以从发生故障地点非正常开到停车场； 2）非主要零部件故障，能用易损备件和随车工具在短时间内排除
4 级	轻微故障	1）不需要更换零部件，车辆仍能正常运行； 2）不需要更换零部件，可用随车工具在短时间内排除

表 1-1-3　常见的分级处理方式

故障等级	故障类型	故障对应措施
1 级	严重故障	1）发送驱动电机停机命令，断开高压系统； 2）车辆进入保护状态（禁止充电，禁止上高压）
2 级	轻微故障	1）进入跛行模式； 2）限功率； 3）禁止制动能量回收
3 级	一般故障	仪表显示，提示维修

任务 1.3　比亚迪秦 EV 整车控制器工作分析

一、任务导入

　　一辆行驶 40000 公里的比亚迪秦 EV 送进 4S 店进行维修，车主反映该车上电后，仪表盘上显示 OK 灯不亮，车辆挡位信息不显示，动力系统故障警告灯常亮，且仪表盘上提示："请检查动力系统"。维修技师判定，此故障可能与整车控制器有关，请你分析这种故障现象为什么与整车控制器有关呢？

项目一　新能源汽车整车控制系统

二、任务目标

知识目标：

1. 了解整车控制器的功能。
2. 掌握整车控制器的组成和工作过程。
3. 了解整车控制器的相关故障码含义。

技能目标：

能分析整车控制器的相关故障码含义。

素质目标：

1. 通过团队协作制订工作计划，培养学生的自主能力及团队协作意识。（行为目标）
2. 通过工学结合的方式，让学生提前适应工作岗位，避免在今后工作中发生欺瞒客户、夸大故障等现象，培养学生的诚实守信精神。（行为目标）
3. 通过规范完成比亚迪秦EV整车控制器数据流读取，培养学生的动手操作能力，树立劳动的意识，培养学生的工匠精神。（职业素养目标）

三、知识链接

整车控制系统的核心部件是整车控制器，它通过采集加速踏板信号、制动踏板信号和挡位信号等驾驶信息，同时接收CAN总线上电机控制器和电池管理系统发出的数据，并结合整车控制策略对这些信息进行分析和判断，提取驾驶员的驾驶意图和车辆运行状态信息，最后通过CAN总线发出的指令来控制各部件控制器的工作，控制车辆的正常行驶。整车控制器应该具备以下基本功能，如图1-3-1所示。

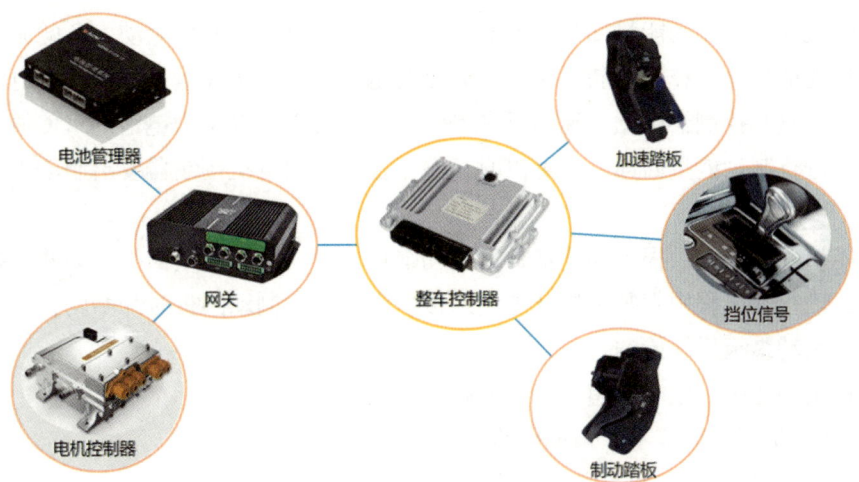

图 1-3-1　整车控制器的基本功能

— 15 —

（一）整车控制器的功能

整车控制器可以实现驱动力矩控制、制动能量的优化控制、整车的能量管理、CAN网络的维护和管理、故障的诊断和处理、车辆状态监视等，具体功能如下。

（1）驾驶员意图解释。

驾驶员意图解释主要是对驾驶员操作信息及控制命令进行分析和处理，也就是将驾驶员动作产生的油门信号和制动信号根据某种规则，转换成电机的需求转矩命令。

（2）驱动控制。

根据驾驶员对车辆的操纵输入（对加速踏板、制动踏板以及挡位变换的动作）、车辆状态、道路及环境状况，经分析和处理，通过动力网向电机控制器发出相应的指令，控制电机的驱动转矩来驱动车辆。

（3）制动能量回馈控制。

整车控制器根据加速踏板和制动踏板的开度、车辆行驶状态信息以及动力电池的状态信息（如SOC值）来判断某一时刻能否进行制动能量回馈，在满足安全性能、制动性能以及驾驶员舒适性的前提下，回收部分能量，如图1-3-2所示。

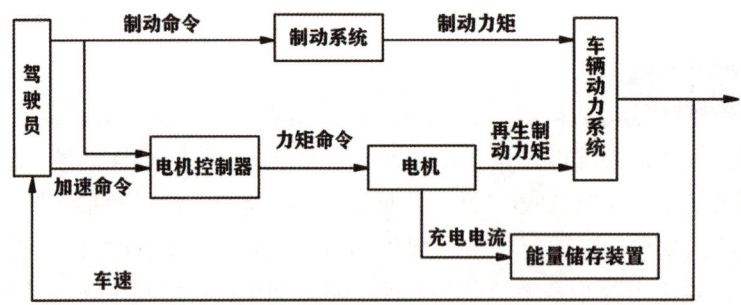

图 1-3-2　整车控制器

驱动电机在进行制动能量回收时，驱动电机作为发电机，利用电动汽车的制动能量发电，同时将此能量存储在储能装置中，当满足充电条件时，将能量反充给动力电池组。在这个过程中，整车控制器根据加速踏板和制动踏板的开度以及动力电池的SOC值来判断某一时刻能否进行制动能量回馈，当可以时，整车控制器向电机控制器发出制动指令，回收部分能量。

制动能量回收条件：根据加速踏板和制动踏板信号，制动能量回收分为两个阶段，阶段一是从车辆行驶过程中驾驶员松开加速踏板但没有踩下制动踏板时开始的；阶段二是从驾驶员踩下制动踏板后开始的。

在进行制动能量回收时应遵循以下原则：

① 制动能量回收应该不干预ABS的工作。

② 当ABS进行制动力调节时，制动能量回收不工作。

③ 当ABS报警时，制动能量回收不工作。

④ 当电驱动系统有故障时，制动能量回收不工作。

（4）整车能量优化管理。

在电池的SOC值比较低的时候，整车控制器将对某些电动附件发出指令，限制电动附件的输出功率，来增加续驶里程。

（5）充电过程控制。

与电池管理系统共同进行充电过程中的充电功率控制、整车控制器接收到充电信号后，应该禁止高压系统上电，保证车辆在充电状态下处于行驶锁止状态；并根据电池状态信息限制充电功率，保护电池。

（6）上电、下电控制。

上电过程中需要对高压电路进行防电流瞬态冲击预充电控制。

若在下电过程中车辆遇到紧急情况，这时需要切断高压电源与动力系统的连接，保证车辆和人员安全，高压下电包括正常停车断电和紧急故障断电。

（7）电动化辅助系统管理。

随着环境温度、不同路况等因素的变化而变化，在辅助系统的工作中会引起不合理的应用或能量浪费，所以有效地对车辆的辅助系统进行管控可以节省部分能源。

（8）车辆状态的实时监测和显示。

整车控制器应该对车辆的状态进行实时检测，并且将各个子系统的信息发送给车载信息显示系统。

（9）故障诊断与处理。

连续监视整车电控系统，进行故障诊断，并及时进行相应的安全保护处理。根据传感器的输入及其他通过CAN总线通信得到的电机、电池、充电机等状态信息，对各种故障进行判断、等级分类、报警显示；存储故障码，供维修时查看。故障指示灯指示出故障类型和部分故障码。在行车过程中，根据故障状态做出故障诊断与处理。

（10）远程控制。

① 远程查询功能。

② 远程空调控制。

③ 远程充电控制。

新能源汽车整车控制器认知（比亚迪秦EV）

用户离开车辆时将充电枪插入充电桩，并不进行立即充电，可以利用电价波谷并在家里实时查询SOC值，需要充电时通过手机APP发送远程充电指令，即可进行充电操作。

（二）整车控制器组成

整车控制器通过传感器和CAN总线，检测车辆状态及其各子系统状态信息、驱动显示仪表，所以纯电动汽车整车控制器由电源模块、数据采集模块（模拟量输入模块和数字量输入模块）、存储模块、CAN通信模块、微控制器模块、功率驱动及保护模块、输出模块和显示模块等组成，如图1-3-3和图1-3-4所示。

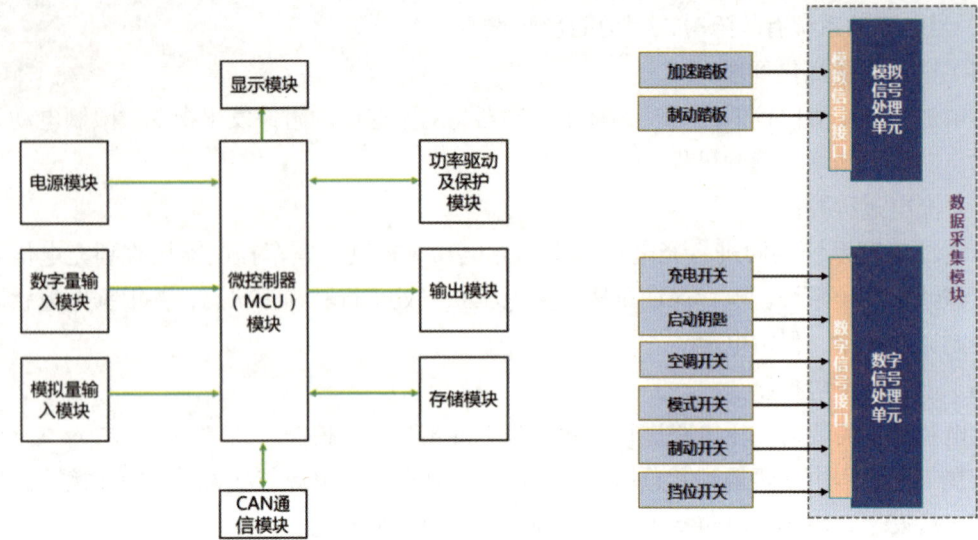

图 1-3-3　整车控制器组成　　　　　图 1-3-4　数据采集模块

（三）整车控制器工作过程

整车控制器共有9个工作模式，分别为停车状态、充电状态、启动状态（也可以称为自检状态）、运行状态、车辆前进/后退状态、回馈制动状态、机械制动状态、一般故障状态、重大故障状态，如图1-3-5所示。每个状态的工作状态如下。

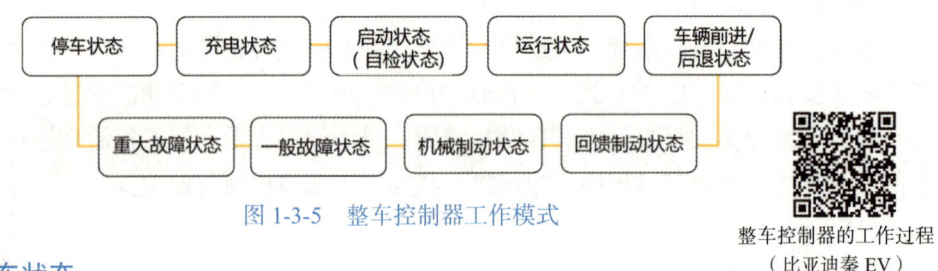

图 1-3-5　整车控制器工作模式

整车控制器的工作过程
（比亚迪秦EV）

1. 停车状态

纯电动汽车处于停车状态，此时系统的主继电器断电，系统中的各个节点停止运行。

2. 充电状态

当纯电动汽车在停车状态下，插上充电插头或者按下充电按钮时，整车控制器控制组合仪表显示电池充电状态，并对电池工作状态进行实时监测；电池ECU进入充电程序，并强制切断动力电机继电器的回路电源。

3. 启动状态

在整车控制器确认拔掉充电插头时，拨动汽车钥匙位置，这时系统中的各个节点进入自检状态。

4. 运行状态

拨动汽车钥匙到指定位置，整车控制器向电机ECU发送准备开车指令；整车控制器收到就绪指令后，闭合主继电器，进入行车程序。同时，电池ECU进入电池管理程序。

5. 车辆前进/后退状态

整车控制器通过对当前车辆功率的要求和蓄电池当前的状态计算并向电机控制器发出信号，动力电机控制器接收到方向信号和驱动转矩给定值信号后，控制动力电机进入运转状态，并根据方向信号确定动力电机的转向，以及根据驱动转矩给定值信号确定动力电机输出转矩的大小、控制电机的输出功率以实现动力性目标车辆前进、后退状态流程如图1-3-6所示。

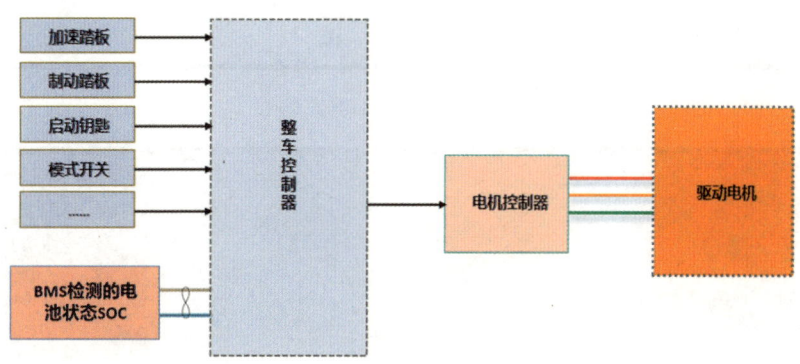

图 1-3-6　车辆前进、后退状态流程

6. 回馈制动状态

当加速踏板回零且制动踏板处于回馈制动区时，整车控制器发送符合回馈制动要求的负扭矩给电机ECU；电机ECU进入发电程序，电池ECU进入电池回馈管理程序。

7. 机械制动状态

制动踏板离开回馈制动区，电机ECU停止发电程序，整车控制器进入机械制动程序，电池ECU停止回馈。

8. 一般故障状态

当ECU检测到一般故障状态时，整车控制器报警（报警灯闪烁、通过CAN总线发送相关的报警信息，通知其他的节点），整个系统降级运行。

9. 重大故障状态

当ECU检测到重大故障状态时，ECU报警（紧急情况采用紧急呼叫指令通知其他节点），甚至切断主继电器电源，系统停车。

（四）整车控制器数据流分析

连接诊断仪读取整车控制器相关数据，如图1-3-7和图1-3-8所示。

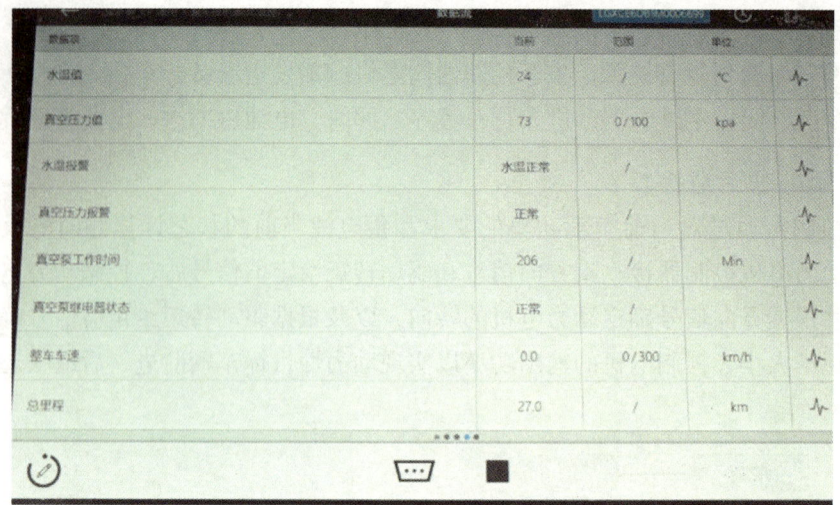

图 1-3-7　整车控制器数据 1

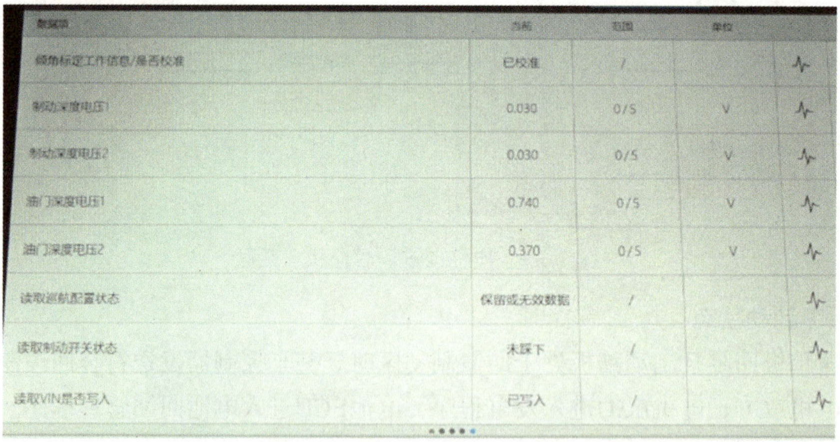

图 1-3-8　整车控制器数据 2

整车控制器数据和各数据意义见表1-3-1。

表 1-3-1　整车控制器数据和各数据意义

序号	数据项	检测数据	数据流意义
01	主继电器状态	吸合	显示主继电器状态
02	整车挡位	P挡	显示挡位信息
03	整车工作模式	纯电动前驱	车辆工作模式
04	动力系统状态	正常	显示动力系统是否正常
05	油门深度	0	显示踩油门深度信息
06	制动深度	0	显示踩制动踏板深度信息
07	OK灯状态	点亮	显示OK灯状态
08	真空泵状态	真空状态	显示真空是否处于真空状态
09	制动深度电压1	0.030	代表制动深度1的信号电压值
10	制动深度电压2	0.030	代表制动深度2的信号电压值
11	油门深度电压1	0.74	代表油门深度1的信号电压值
12	油门深度电压2	0.37	代表油门深度2的信号电压值
13	水温值	24	代表冷却液温度值
14	真空压力报警	正常	代表真空压力值
15	水温报警	水温正常	代表水温是否正常
16	真空泵工作时间	77	代表真空泵工作时间
17	整车车速	0.0	代表车辆行驶速度
18	总里程	27.0	代表车辆行驶里程

整车控制器故障码和故障定义见表1-3-2。

表 1-3-2　整车控制器故障码和故障定义

编号	故障码	故障定义
1	P150000	车载充电器输入欠压
2	P150100	车载充电器输入过压
3	P150200	车载充电器高压输出断线故障
4	P150300	车载充电器高压输出电流过流
5	P150400	车载充电器高压输出电流过低
6	P150500	车载充电器高压输出电压低
7	P150600	车载充电器高压输出电压高
8	P150700	车载充电器接地状态故障
9	P150800	车载充电器风扇状态故障
10	P150900	逆变桥温度故障

项目二　新能源汽车低压控制系统

任务 2.1　低压控制系统认知

一、任务导入

小王作为刚入职的员工，对比亚迪秦EV 400KM低压控制系统的作用、组成及工作过程不清楚。本任务就是帮助小王一起来了解并学会识别低压控制系统的组成部分、功用及工作原理。

二、任务目标

知识目标：

1. 了解低压控制系统的作用。
2. 熟悉低压控制系统的组成。
3. 理解低压控制系统的基本工作原理。

技能目标：

能够从实车指出低压控制系统的组成部件。

素质目标：

1. 通过规范做好安全防护，帮助学生养成"安全第一、规范操作"的工作意识和习惯。（行为目标）
2. 通过与客户沟通交流介绍低压控制系统，提高学生的沟通协调能力，使其了解常用的社交礼仪。（职业素养目标）
3. 通过查找维修资料，确认低压控制系统部件位置，描述各部件作用，锻炼学生查阅车辆维修手册的能力，并培养学生严谨认真的工匠精神。（职业素养目标）

三、知识链接

（一）低压控制系统的组成

纯电动汽车的低压控制系统主要由低压蓄电池（12V）、启动按钮、车身控制模块、高压继电器、电动水泵、电动制动真空泵、电动助力转向器、ICM（组合仪表）等组成，如图2-1-1所示。低压控制系统的作用是为各电子控制单元、各高压部件控制器、各电动辅助装置提供12V的工作电压，并控制电动转向系统、电动制动系统、汽车灯光、电动车窗等低压系统的工作。

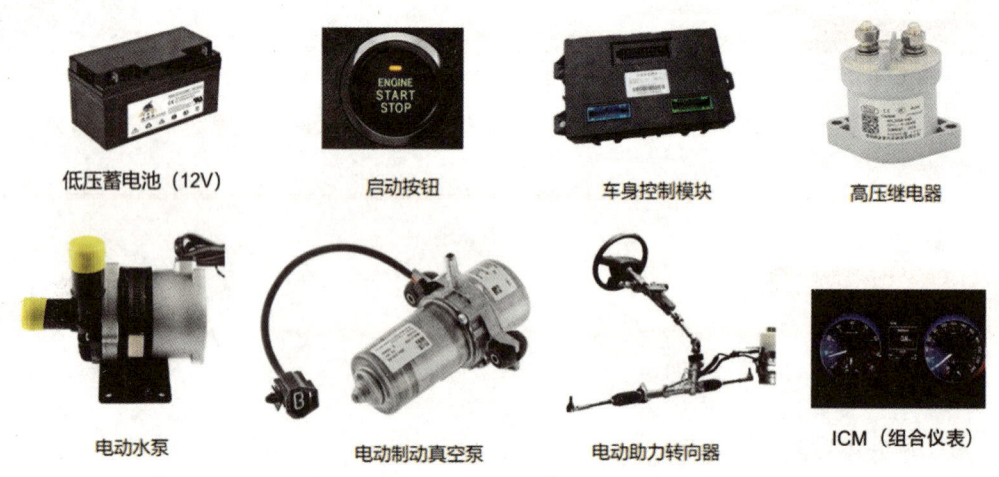

图 2-1-1　低压控制系统

1. 车身控制器模块（BCM）

BCM由微处理器MCU、电源管理模块、输入/输出模块、驱动电路等组成，其可实现内外照明控制、洗擦逻辑控制和自动功能、中央门锁控制、喇叭、除霜等。系统还具有电源管理、高压/低压保护、延时断电、系统休眠等功能。车身控制器的基本原理为通过输入/输出接口或CAN总线、LIN总线接口等，接收车内的一些开关信号、传感器信号以及其他控制器的数据信号，通过微处理器MCU实现控制逻辑，BCM通过控制驱动电路实现对外部负载的控制。BCM的控制原理框图如图2-1-2所示。

2. 灯光系统

灯光系统中的车灯相关部分图片如图2-1-3所示。

3. 电动辅助装置

电动辅助装置的部分图片如图2-1-4所示。

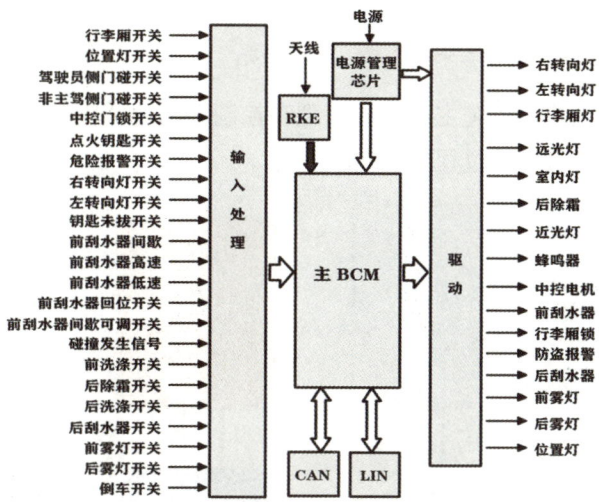

图 2-1-2　车身控制模块 BCM 的控制原理框图

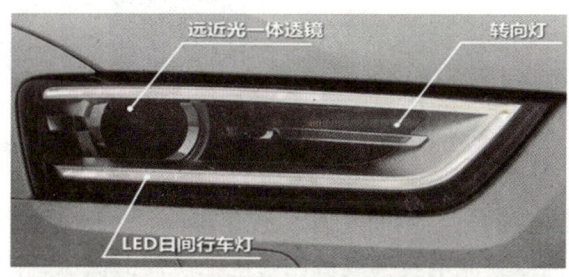

图 2-1-3　车灯相关部分图片

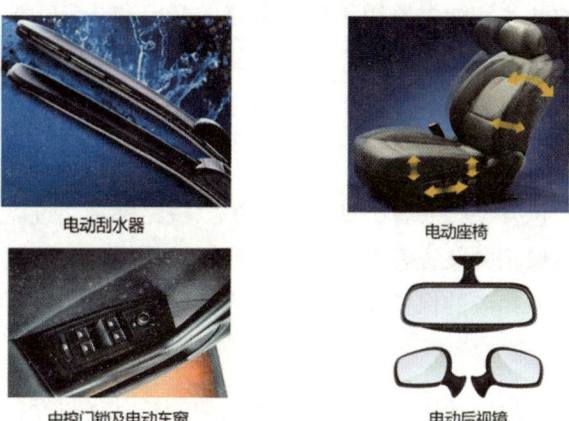

图 2-1-4　电动辅助装置的部分图片

（二）低压控制系统工作过程

新能源汽车的低压控制系统主要负责管理和控制车辆的低压电子设备和辅助系统，如照明、音响、空调等，其工作过程如图2-1-5所示。

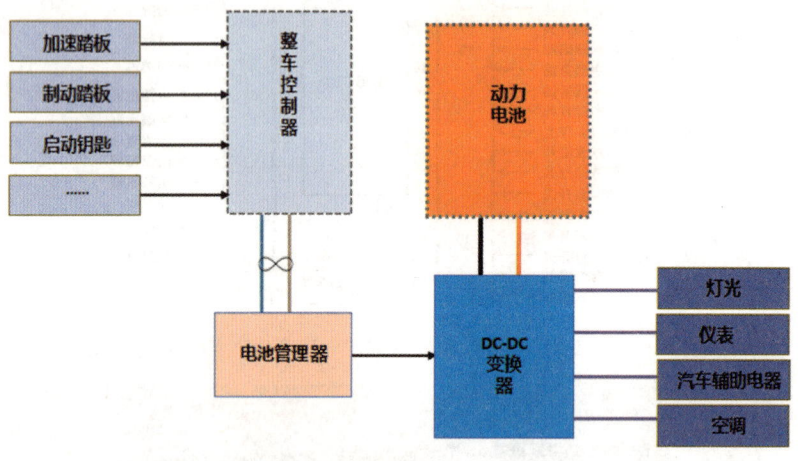

图 2-1-5　低压控制系统工作过程

1. 电源供应

低压控制系统根据电池管理器中的驾驶员操作相关信息和电池状态信息，控制DC-DC变换器将高压电池的高压直流电转换成低压蓄电池所需的低压直流电能（通常为12V或24V），供给车辆的低压电子设备和辅助系统。

2. 电能分配

低压控制系统通过配电盒或配电线束将电能分配到不同的电路和设备中。这样可以确保各个设备得到稳定的电源供应，并避免电能过载或短路。

3. 开关控制

低压控制系统中的开关和继电器用于控制电路的开启和断开，根据驾驶员或车辆系统的指令来控制低压设备和辅助系统的开启、调节或断开等操作。例如，控制车辆照明的开关可以通过低压控制系统来实现。

4. 保护功能

低压控制系统通常包含保护装置，如过载保护、短路保护、过流保护等，用于保护电路和设备免受损坏，确保相关装置安全运行。这些保护功能可以监测电流、电压等参数，并在出现异常情况时采取相应的保护措施。

5. 故障诊断

低压控制系统还包含故障诊断功能，可以监测和诊断电路与设备的故障，并提供相应的故障码或警告信息。这有助于及时发现和解决问题，提高车辆系统的可靠性和稳定性。

项目二　新能源汽车低压控制系统

综上所述，新能源汽车的低压控制系统通过电源供应、电路分配、开关控制、保护功能和故障诊断等工作过程，管理和控制车辆的低压电子设备和辅助系统，提供稳定的电源供应和安全可靠的功能操作。

任务 2.2　低压分配系统检测

一、任务导入

张先生有一辆比亚迪秦EV，他反映，车辆在启动后，蓄电池充电故障指示灯长亮。你作为本专业的学生，能利用自己的专业知识，帮助他检查车辆的故障原因吗？

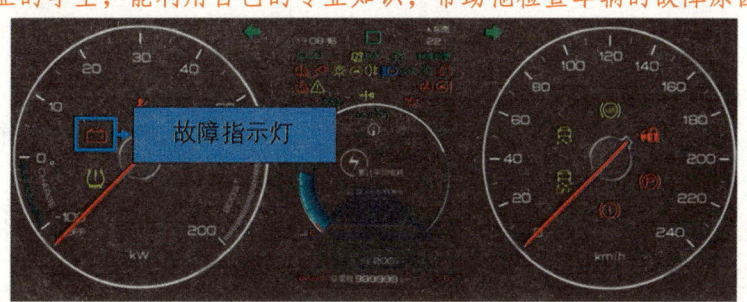

二、任务目标

知识目标：

1. 了解新能源汽车低压电源系统与传统汽车的区别。
2. 理解低压分配系统的主要构成和特点。
3. 掌握DC-DC变换器的功能和原理。

技能目标：

能规范完成利用低压控制系统主要部件进行检测作业。

素质目标：

1. 通过规范做好安全防护再进行低压分配系统检测，帮助学生养成"安全第一、规范操作"的工作意识。（行为目标）
2. 通过查找维修资料，正确进行低压分配系统的检测，培养学生查阅维修手册的能力，培养学生求真务实、严谨细致的工匠精神。（职业素养目标）

三、知识链接

新能源汽车低压分配系统，即为新能源汽车低压电源系统。低压分配系统与低压控制系统共同组成了低压电气系统，其主要作用是，在车辆工作过程中给低压控制系统提供工作电压，其作用与燃油汽车的低压电源系统相同。

（一）燃油车低压电源系统

燃油车低压电源系统为燃油车提供电力，驱动车辆的各种电子设备和辅助装置。

1. 燃油车低压电源系统的组成

传统汽车电源系统由两个电源组成，一个是发电机，一个是蓄电池，为车上所有的用电设备供电，如图2-2-1所示（1-发电机，2-蓄电池，3-充电指示灯，4-启动开关）。

2. 燃油车低压电源系统的工作原理

燃油车低压电源系统的工作原理如图2-2-2所示，电源系统内的蓄电池和发电机是并联工作的，在发电机正常工作时，由发电机向用电设备供电并向蓄电池充电；在启动时，蓄电池向起动机供电。由于发电机是由发动机通过传动带驱动旋转的，当发动机转速变化时，发电机的输出电压也会变化。

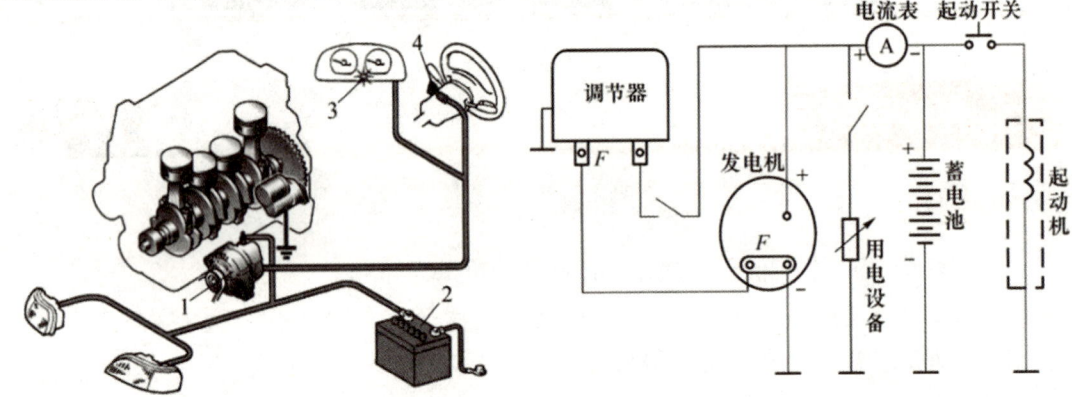

图 2-2-1 电源系统的组成　　　　图 2-2-2 低压电源系统的工作原理

（二）新能源车低压电源系统

新能源汽车低压电源系统主要为整车控制单元、低压辅助设备和低压控制系统提供工作电源，常见的有：给电动座椅、电动刮水器、电动转向系统、电控制动系统等供电，提供舒适和便利的驾驶环境；给电池管理系统、电机控制系统、充电控制装置、整车控制器等供电，保证新能源汽车动力电池的安全和寿命、驱动电机的正常运转、充电系统正常工作运转。新能源汽车低压电源的用途之一如图2-2-3所示。

低压电源管理系统的功能

图 2-2-3 新能源汽车低压电源的用途之一

1. 新能源汽车低压电源系统的组成

新能源汽车低压电源系统的组成根据不同厂家的不同车型而有所差异,下面分别介绍纯电动汽车和混合动力汽车的低压电源系统组成部件。

(1)纯电动汽车低压电源系统的组成。

纯电动汽车低压电源系统主要由DC-DC变换器、低压蓄电池、低压电池管理模块、低压电子设备等组成,如图2-2-4所示。

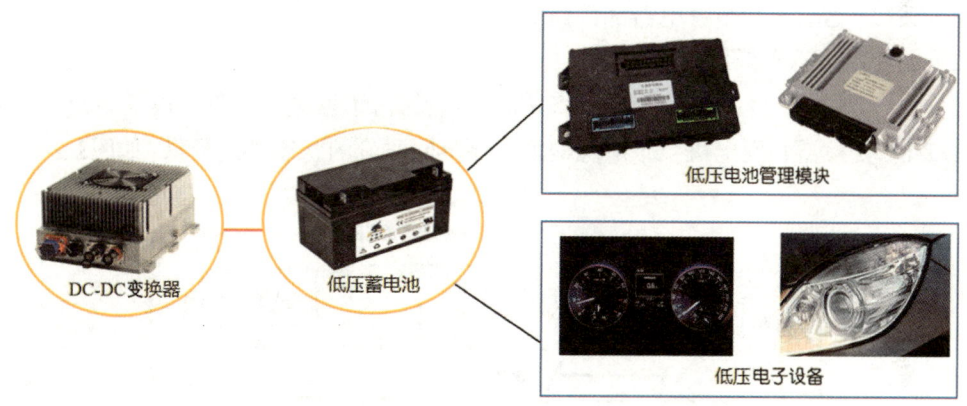

图 2-2-4 纯电动汽车低压电源系统的组成

动力电池是纯电动汽车的主要能源存储装置,它提供电力给整个车辆系统;DC-DC变换器将电池组输出的高压直流电转换为低压直流电,供给车辆的低压电子设备和辅助装置使用;低压蓄电池存储动力电池转换的电能,也能给整车低压控制单元、辅助电器提供工作电源;低压电池管理系统负责监测和管理电池组的充电和放电过程,包括低压电池状态监测、低压电池温度控制等功能。

(2)混合动力汽车低压电源系统的组成。

混合动力汽车低压电源系统主要由低压(12V)蓄电池、DC-DC变换器、交流发电机、低压电控模块和低压电器系统等部件组成,如图2-2-5所示。

混合动力汽车还配备了发动机驱动的发电机,通过发电机为12V蓄电池充电,同时也可以为高压蓄电池充电。

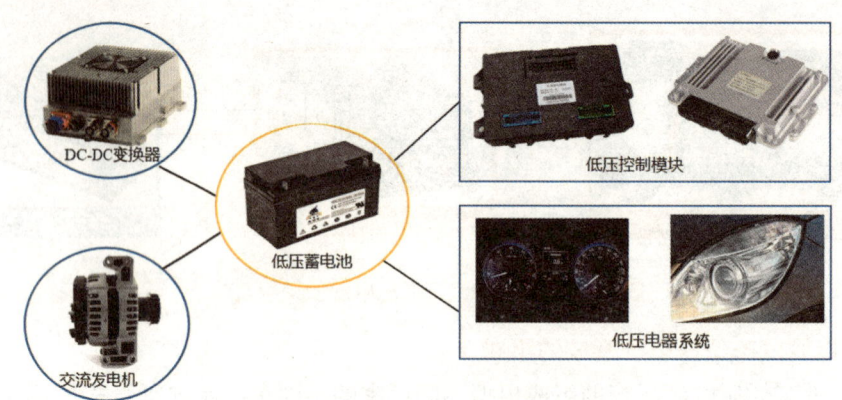

图 2-2-5　混合动力汽车低压电源系统的组成

2．新能源汽车低压电源系统特点

（1）纯电动汽车低压电源系统特点。

纯电动汽车低压电源供给是将动力电池的电能通过DC-DC变换器转变为12V低压电源，为车载12V蓄电池和车身电器部件提供工作电源。

（2）混合动力汽车低压电源特点。

部分混合动力车型的动力系统除发动机外，还保留了发电机，低压电器系统由12V蓄电池、DC-DC变换器和发电机三个电源根据车辆不同时刻的状态共同提供，如图2-2-6所示。

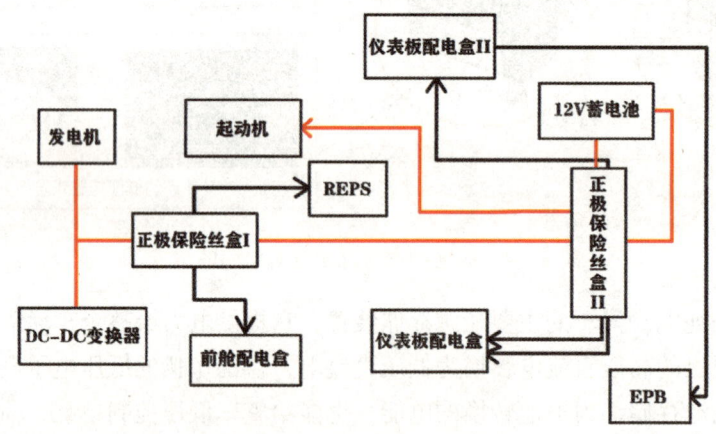

图 2-2-6　混合动力汽车低压电源

（三）DC-DC变换器的功能和原理

1．DC-DC变换器的功能

DC-DC变换器是新能源汽车的一个非常重要的部件，DC-DC变换器将一个不太稳定的输入直流电压转换成为另一个稳定的、可控的输出直流电压，其过程称为DC-DC转换。

DC-DC变换器在汽车上的应用可以这么理解，在传统的燃油汽车中，发动机之外安装了一个发电机来给车上的设备供电。但在新能源汽车里，这个DC-DC变换器取代了传统燃油汽车中的发电机，将动力电池的高压直流电转化为整车低压12V直流电，给整车用电系统供电，并为铅酸蓄电池充电，DC-DC变换器在电动汽车电气系统中的位置如图2-2-7所示。

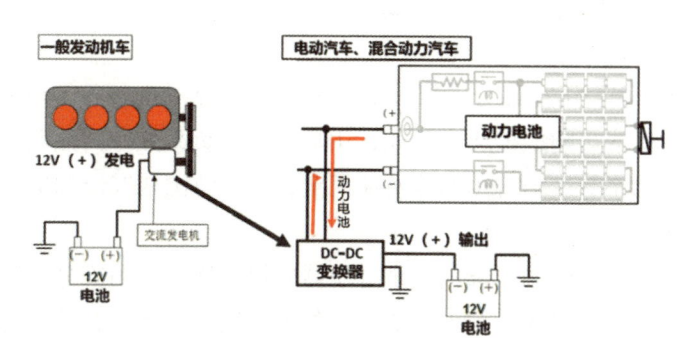

图 2-2-7　DC-DC 变换器在电动汽车电气系统中的位置

2．DC-DC变换器的组成

DC-DC变换器是一种电压转换器，DC-DC变换器主要由箱体、电路面板等部件组成。其中，电路面板上共有4处接口，分别为低压输出正极、低压输出负极、高压输入端和低压控制端，如图2-2-8所示。其中DC-DC转换电路面板主要由高压-低压转换器、12V电压稳定器和高压升压器组成。

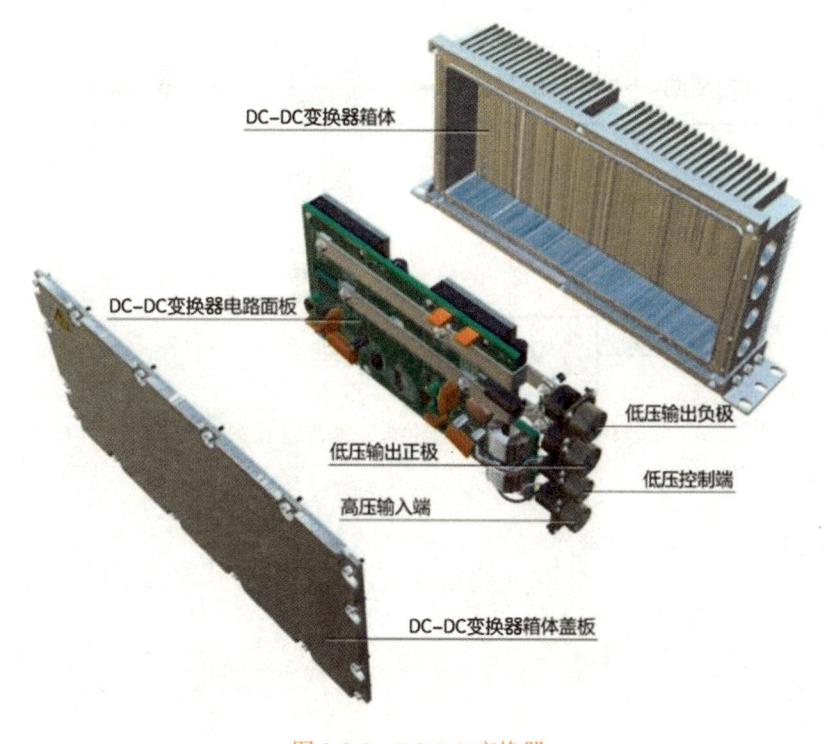

图 2-2-8　DC-DC 变换器

（1）高压-低压转换器（辅助功率模块）。

此模块的主要作用是取代传统燃油汽车的12V发电机，在混合动力车辆中，发动机输出的动力直接驱动高压继电器给电池系统补充电力，传统的12V的用电负荷就完全依靠DC-DC变换器供给，其功率范围为1～2.2kW。

（2）12V电压稳定器。

12V电压稳定器主要用在部分启停（Start-Stop）系统，在车辆启动中，避免电压波动对一些敏感的负载造成影响或损坏。例如，用户可见的负载如车内照明、收音机和显示屏等，电压稳压器的功率等级随着用电器负荷而定，一般范围在200～400W。

（3）高压升压器。

为了提高动力系统的效率，选用一个升压器来提高逆变电路部分的输入电压，这个部件是动力总成的一部分，集成在动力总成中。如果采用锂电池作为动力电池，则升压器是一个十分重要的部分。

3．DC-DC变换器的原理

整车启动上电之后，通过低压控制系统唤醒整车控制系统，整车控制器给DC-DC变换器发送控制指令，DC-DC变换器开始工作。此时动力电池中的320V直流电经由高压控制盒输送到DC-DC变换器，该高压电经过转换器内部的降压器、整流器、振荡电路、滤波器等一系列的作用之后，形成一个14V左右的低压直流电，输出并存储至蓄电池中，供整车低压系统使用，如图2-2-9所示。

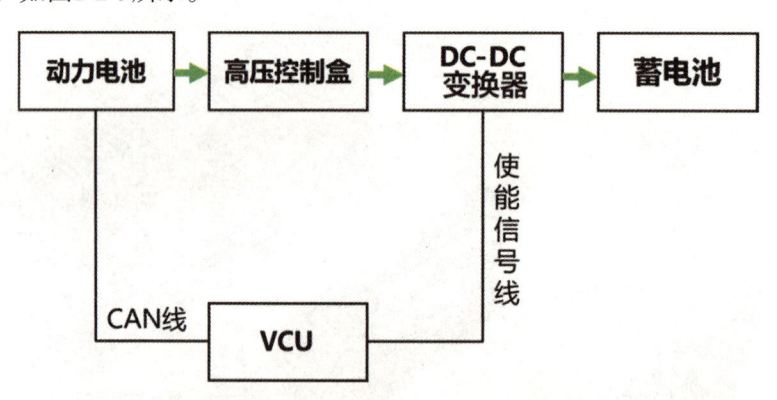

图2-2-9　DC-DC变换器工作流程示意图

四、任务实施

实训1　比亚迪秦EV低压电源系统检测

（一）任务准备

1. 操作规范

（1）车间管理。

新能源汽车操作车间，除了普通车间的安全要求，还必须放置安全警示标志，避免他人未经允许进入高电压工位而发生危险。

（2）操作人员要求。

新能源汽车操作人员必须经过规范培训才能进行操作，并要求操作人员持有低压电工证。

（3）佩戴个人防护用品。

实训操作前需严格按照规范穿戴安全防护装备，养成安全第一、生命至上的意识。

（4）操作规范。

新能源汽车在操作前要检查车辆状况，在操作过程中严格按照规范进行，在操作后要进行复检，确保车辆恢复原样，逐步引导学生养成求真务实、严谨细致的操作习惯。

2. 实训准备

（1）实训分组。

分组进行实训，完成"比亚迪秦EV低压电源系统检测"任务。

（2）工具准备。

绝缘工具套装、绝缘胶带、维修组合工具、万用表。

（3）设备准备。

比亚迪秦EV400整车。

（4）车辆防护用品。

车内三件套、车外三件套、底盘垫块、车轮挡块。

（5）人员防护用品。

绝缘手套、绝缘鞋、护目镜、安全帽。

（6）辅助资料。

比亚迪秦EV400维修手册。

（二）任务实施

1. DC-DC外观检查

（1）检查充配电总成，看其外观是否有破损。

（2）检查充配电总成、高低压线束、高低压接插器，看其是否连接可靠。

（3）检查充配电总成固定螺栓，用紧固器固定螺栓，如图2-2-10所示。

比亚迪秦 EV 低压电源系统检测（DC-DC 检测）

图 2-2-10　检查充配电总成

2. DC-DC变换器工况观察

（1）打开车门，进入车内。

（2）踩下制动踏板，按下车辆启动按钮，启动车辆，如图2-2-11所示。

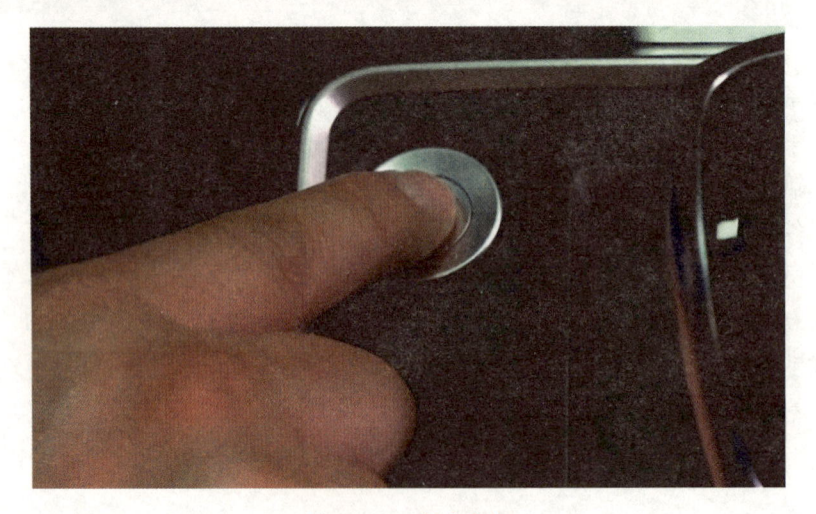

图 2-2-11　启动车辆

（3）观察仪表，查看仪表盘上的充电系统警告灯"🔋"是否点亮后熄灭。若充配电总成内的DC-DC变换器正常，则仪表盘上的充电系统警告灯"🔋"先点亮，上电成功后熄灭；若充配电总成内的DC-DC变换器工作异常，则充电系统警告灯"🔋"常亮，且仪表盘中间会出现故障提示，如图2-2-12所示。

图 2-2-12　仪表盘上的故障指示灯及故障信息

3．DC-DC变换器诊断仪检测/在线检测

（1）按下车辆启动按钮，车辆下电，如图2-2-13所示。

（2）连接诊断仪到诊断接口。

（3）踩下制动踏板，按下车辆启动按钮，启动车辆。

（4）进入诊断仪界面，进入车辆诊断系统。

（5）选择"DC-DC"模块，接着选择读取故障码，观察是否有故障码。

（6）选择"DC-DC"模块，接着选择读取数据流，如图2-2-14所示。

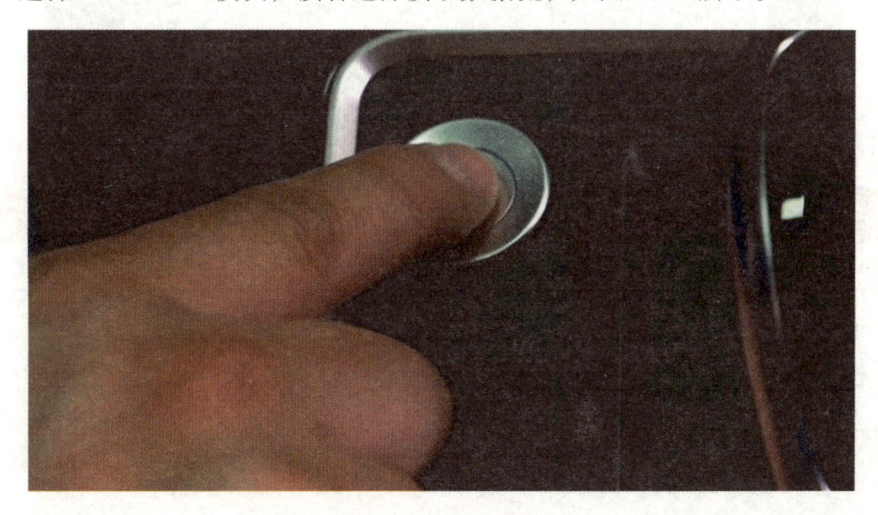

图 2-2-13　车辆下电

图 2-2-14 读取数据流

（7）选择相关数据流，如DC-DC输入电压、DC-DC输出电压、DC-DC输出电流等，观察数据是否正常，如图2-2-15所示。

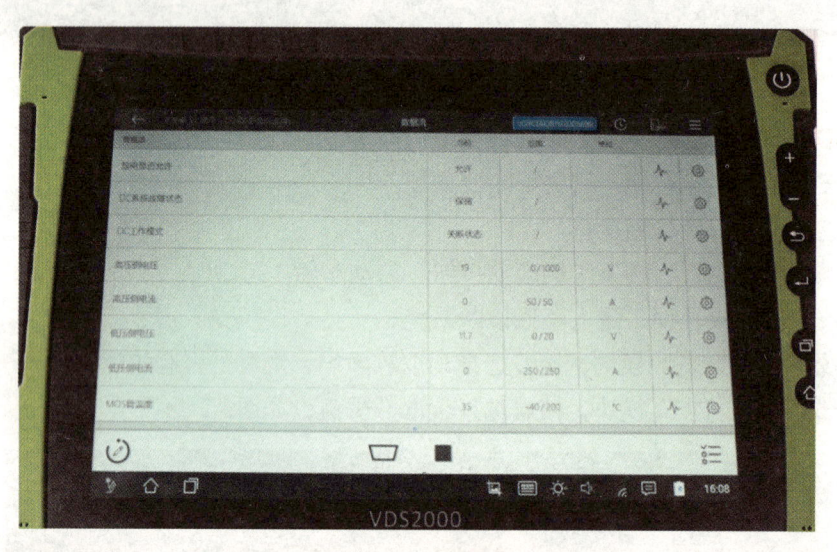

图 2-2-15 读取数据流

注意事项

若发现数据异常，请进行维修检测。

（8）退出故障诊断界面。
（9）按下车辆启动按钮，车辆下电。

4. DC-DC变换器电压检测

（1）进入车内，打开前机舱盖。
（2）取出万用表并校表。
（3）使用万用表直流电压挡位检测蓄电池电压，并记录所测数值，标准电压范围应该在10.5～13V。

> **说明**
>
> 此时车辆没有上电，DC-DC变换器也没有工作，测量值为低压蓄电池的供电电压。

（4）踩下制动踏板，按下车辆启动按钮，启动车辆。

（5）等车辆启动成功后，再次使用万用表直流电压挡位检测蓄电池电压，并记录所测数值，如图2-2-16所示。

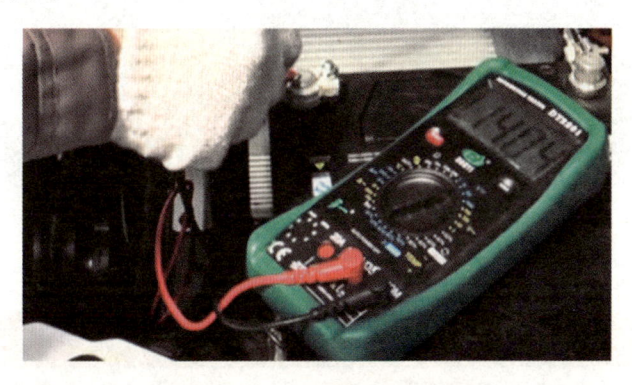

图 2-2-16　检测蓄电池电压

> **说明**
>
> 若DC-DC变换器正常，则此时测量的应该为DC-DC变换器转换后的输出电压，电压值一般高于低压蓄电池的额定电压。
>
> 若DC-DC变换器正常，则此时测量的值应该为蓄电池供电电压，电压值应该和第一次测出的电压值差不多。

（6）按下车辆启动按钮，车辆下电。

5．DC-DC变换器电流检测

（1）取出钳形电流表，并校表。

（2）将钳形电流表夹在低压蓄电池与DC-DC变换器的输出接口上，如图2-2-17所示。

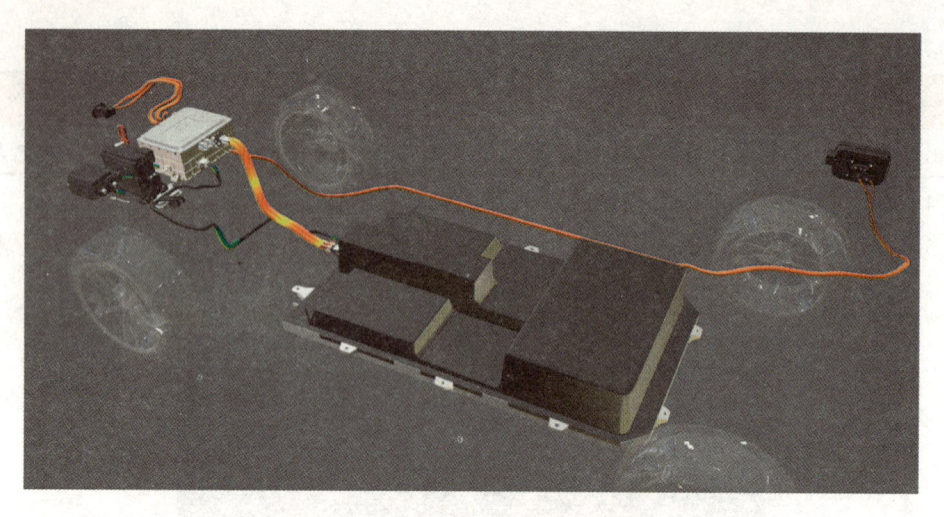

图 2-2-17　DC-DC 变换器电流检测

（3）不踩制动踏板，按下启动按钮，车辆在 ON 状态，查看钳形电流表是否有电流显示。

> **说明**
> 车辆在 ON 状态后，DC-DC 变换器就不再进入工作状态，也没有电流输出。

（4）踩制动踏板，按下启动按钮，车辆高压上电，上电后查看钳形电流表是否有正常的电流显示。

> **说明**
> 车辆高压上电后，DC-DC 变换器进入工作状态，有电流输出。

任务 2.3　车载网络系统检测

一、任务导入

张先生最近新购了一辆比亚迪秦 EV，在汽车论坛上看到关于车载网络系统的介绍，了解到现在的新能源汽车都有车载网络系统，但不知道其主要的应用和组成。正好他家旁边的一所中职学校中开设了新能源汽车专业，于是张先生希望向学校的学生求助，让他们给自己讲解一下什么是车载网络系统，以便在用车的时候能体验其效果。作为本专业的学生，你能利用自己的专业知识帮助张先生吗？如果不能，那么通过本任务的学习，希望你可以就张先生所提出的问题，做出完美的解答。

二、任务目标

知识目标：

1. 了解车载网络系统的类型。
2. 掌握车载网络系统的组成。
3. 理解车载网络数据传送的原理。

技能目标：

能够按照标准进行比亚迪秦EV动力网络系统检测。

素质目标：

1. 通过团队协作制订工作计划，培养学生的自主能力及团队协作意识。（行为目标）
2. 通过引导学生以自主探究的方式学习理论知识，培养学生的自主学习、知行合一精神。（行为目标）
3. 通过查找维修资料，正确进行比亚迪秦EV高速CAN网络检测和结果判定，提高学生的动手操作能力，并培养学生求真务实、严谨细致的工匠精神。（职业素养目标）

三、知识链接

汽车车载网络技术是通过总线使汽车上的各种电子装置与设备连成一个网络，使不同的汽车电子系统ECU能够在一个共同的环境下协调工作，实现相互之间的信息共享，其应用减少了连接导线的数量和重量，简化了布线，减少了电气节点的数量和导线的用量，提高了汽车性能，也提高了系统故障的诊断能力，满足现代汽车电子设备的功能要求。

（一）车载网络的分类

1. 按网络的拓扑结构分类

车载网络的拓扑结构（Topological Structure）是指网上计算机或设备与信息传输介质形成的节点与数据传输线的物理构成模式。汽车网络的拓扑结构主要有线形网络拓扑结构、星形网络拓扑结构、环形网络拓扑结构等几种。

（1）总线形络拓扑结构。

总线形网络拓扑结构是一种信道共享的物理结构，如图2-3-1所示。在这种结构中，总线具有信息的双向传输功能，普遍用于控制器局域网（CAN网络）的联接，总线介质一般采用同轴电缆或双绞线。

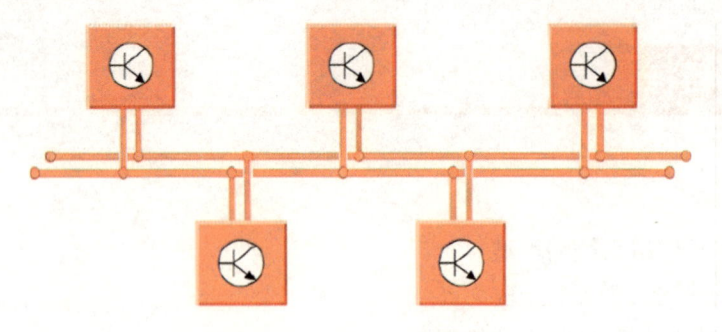

图 2-3-1　总线形网络拓扑结构

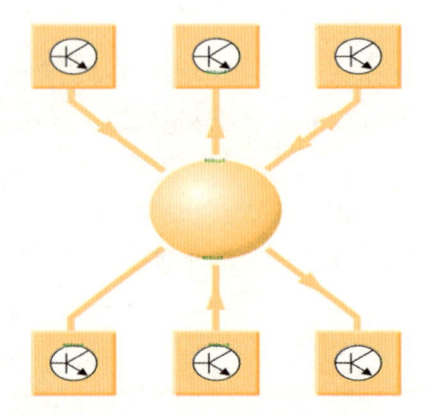

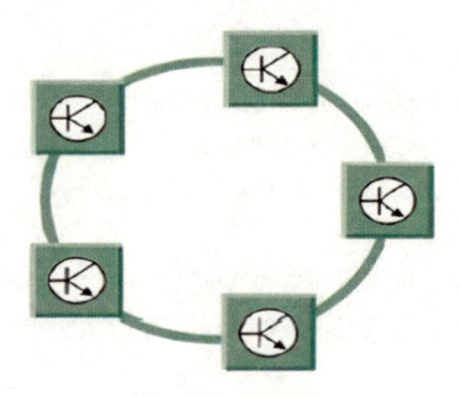

（2）星形网络拓扑结构。

星形网络拓扑结构是一种以中央节点为中心，把若干外围节点连接起来的辐射式互联结构，如图2-3-2所示。

图 2-3-2　星形网络拓扑结构

（3）环形网络拓扑结构。

环形网络拓扑结构由各节点首尾相连形成一个闭合环形线路，如图2-3-3所示。环形网络中的信息传送是单向的，即沿一个方向从一个节点传到另一个节点；每个节点需安装中继器，以接收、放大、发送信号。

图 2-3-3　环形网络拓扑结构

2. 按联网范围和控制能力分

总线按联网范围分为主总线系统、子总线系统。

（1）主总线系统。

主总线系统负责跨系统的数据交换，主总线系统相关参数见表2-3-1。

表 2-3-1　主总线系统相关参数

主总线系统名称	数据传输速率	总线拓扑结构	传输介质
K总线	9.6 KB/s	线形，单线	铜质电线
D总线	10.5~115 KB/s	线形，单线	铜质电线
CAN	100 KB/s	线形，双线	铜质电线
K-CAN	100 KB/s	线形，双线	铜质电线
F-CAN	100 KB/s	线形，双线	铜质电线
PT-CAN	500 KB/s	线形，双线	铜质电线
Byteflight	10 Mbit/s	星形	光纤
MOST	22.5 Mbit/s	环形	光纤

（2）子总线系统。

子总线系统负责系统内的数据交换，子总线系统相关参数见表2-3-2。这些系统用于交换特定系统内数据量相对较少的数据。

表 2-3-2　子总线系统相关参数

子总线系统名称	数据传输速率	总线拓扑结构	传输介质
K总线协议	9.6 KB/s	线形，单线	铜质电线
BSD	9.6 KB/s	线形，单线	铜质电线
DWA总线	9.6 KB/s	线形，单线	铜质电线
LIN总线	9.6～19.2 KB/s	线形，单线	铜质电线

（二）CAN数据总线系统的组成

CAN数据总线由一个控制器、一个收发器、两个数据传输终端及两条数据传输线组成，如图2-3-4所示。除了数据传输线，其他元器件都置于控制单元内部。

1. CAN控制器

CAN控制器接收由控制单元中的微处理器传来的数据。CAN控制器对这些数据进行处理并将其传往CAN收发器。同样，CAN控制器也接收由CAN收发器传来的数据，对这些数据进行处理并将其传往控制单元中的主控制器，如图2-3-5所示。

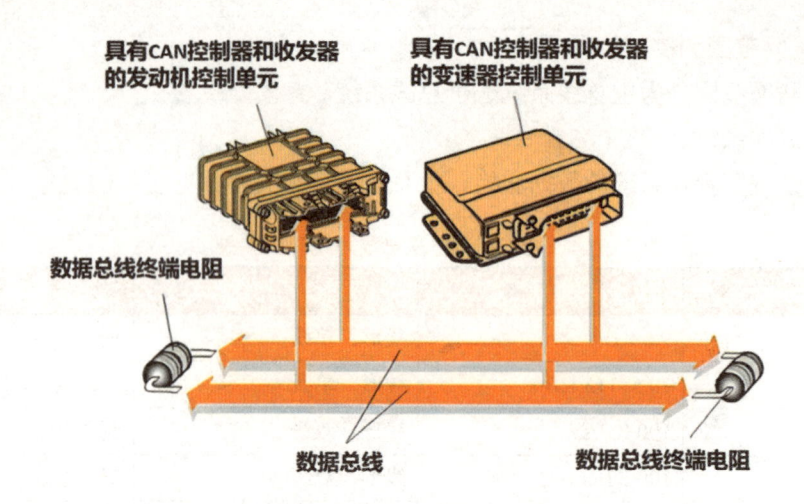

图 2-3-4　CAN 总线系统的组成

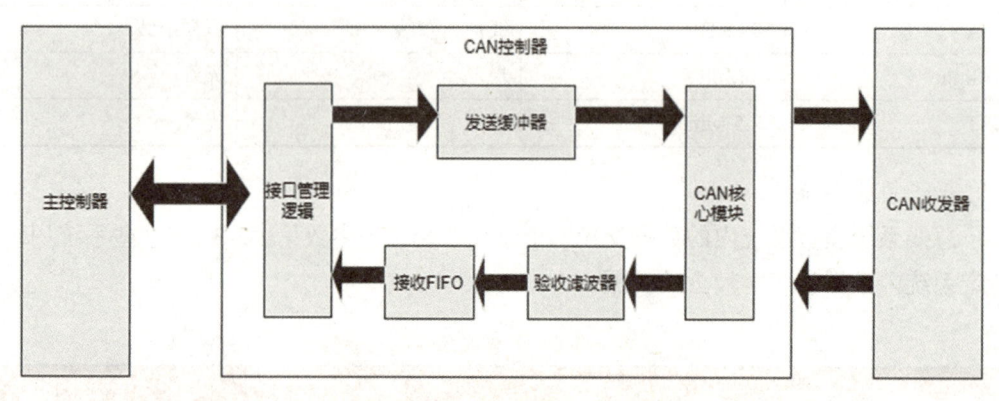

图 2-3-5　CAN 控制器的工作原理

2．CAN收发器

CAN收发器本身兼具接收与发送的功能，如图2-3-6所示。它将CAN控制器传来的数据转化为电信号并将其送入数据传输线。同样，它也为CAN控制器接收和转化数据。收发器通过TX线（发送线）或RX（接收线）与CAN构件相连。RX线通过一个放大器直接与CAN总线相连，并总在监听总线信号。

3．CAN数据传输终端

为了消除信号在线路上传输时的反射，在CAN总线中安装有负载电阻，负载电阻值取决于总线控制单元的数量和它们的电阻。

4．CAN数据传输线

传输线又称为通信介质或媒体，常用的通信传输介质有电话线、同轴电缆、双绞线、光导纤维电缆、无线与卫星通信信道等。CAN数据总线用以传输数据的双向数据线分为CAN高位（High level）和CAN低位（Low level）数据线，如图2-3-7所示。

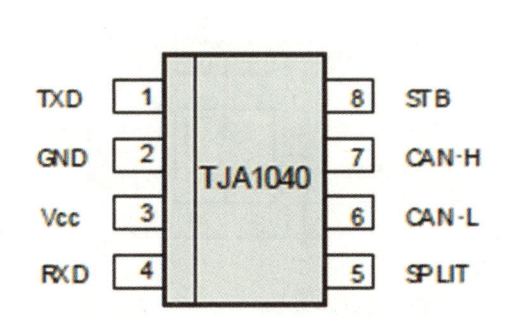

图 2-3-6　CAN 总线系统收发器总成　　　　图 2-3-7　双绞线

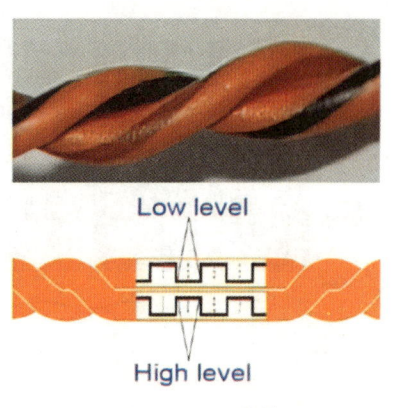

（三）CAN数据总线传递原理

CAN数据总线中的数据传递就像一个电话会议，一个用户（控制单元）将数据"讲"入网络中，而其他用户通过网络"收听"到这些数据，一些用户可能对这些数据感兴趣并应用这些数据，一些用户也许不愿理会这些数据，则选择忽略，如图2-3-8所示。

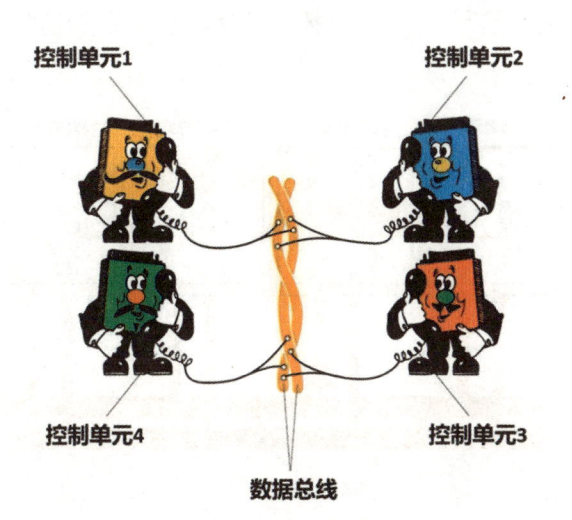

CAN 总线系统的工作过程

CAN 总线的数据传输原理

图 2-3-8　CAN 数据总线传递原理

数据在总线上传输并没有指定接收者，即数据在数据线中传输时，被所有用户接收及计算。

1. 发出数据

CAN收发器从CAN控制器处接收数据，将其转化为电信号发出。CAN构件通过RX-L线来检查总线是否有源（是否正在交换别的信息），如图2-3-9所示，必要时会等待，直至总线空闲下来为止。如果总线空闲下来（某一时间段内的电平为1，无源），则发动机信息就会被发送出去。

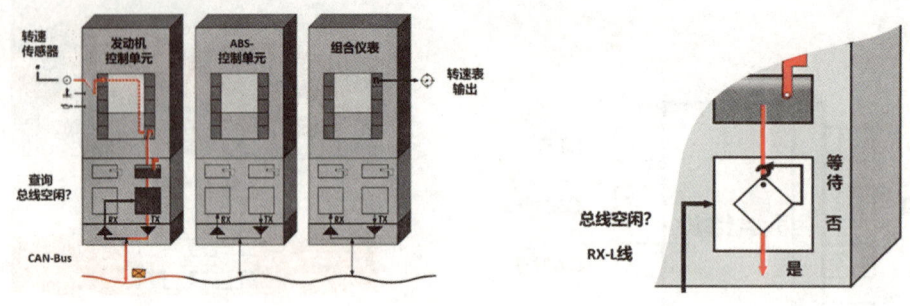

图 2-3-9　发出数据

2. 接收数据

所有与CAN 数据总线一起构成网络的控制单元称为接收器。收发器接收过程分为两步：第一步，检查信息是否正确（在监控层）；第二步，检查信息是否可用（在接收层）。

3. 检验数据

控制单元对接收到的数据进行检测，看是否是其功能所需的数据。

4. 认可数据

如果所接收的数据是重要的，则它将被认可及处理，反之则将其忽略，认可数据如图2-3-10所示。

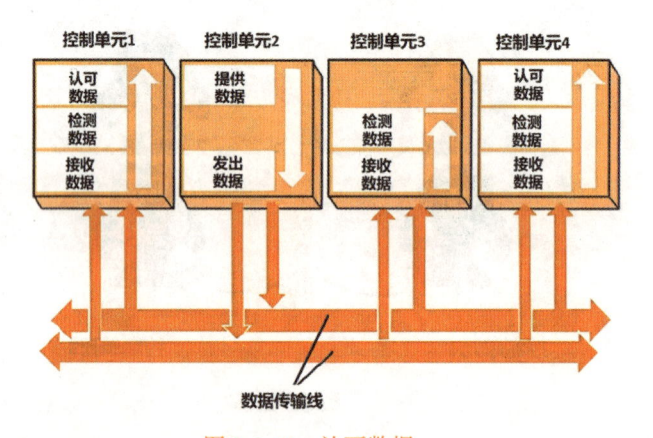

图 2-3-10　认可数据

（四）高速CAN数据总线的物理电平

CAN总线是双绞线，传输数据时，根据两根电缆之间的电压差进行传输，也称为差分传输。在没有数据传输时，两条线的电压相同，为隐性信号，逻辑信号为1。一旦有数据传输，两条线就会出现电压不同的情况，CAN总线就会表现为显性信号，逻辑信号为0。在显性状态时，CAN高线升高至大约3.5V；在隐性状态时，两根导线大约是2.5V，在显性状态时，CAN低线降低至大约1.5V，因此，在隐性状态时，CAN高线与CAN低线之间的电压差是0V；在显性状态时，至少是2V。详见表2-3-3与图2-3-11。

表 2-3-3　CAN 逻辑信号与信号电压

电位	逻辑状态	U CAN-H-对地	U CAN-L-对地	电压差
显性	0	3.5V	1.5V	2.5V
隐性	1	2.5V	2.5V	0V

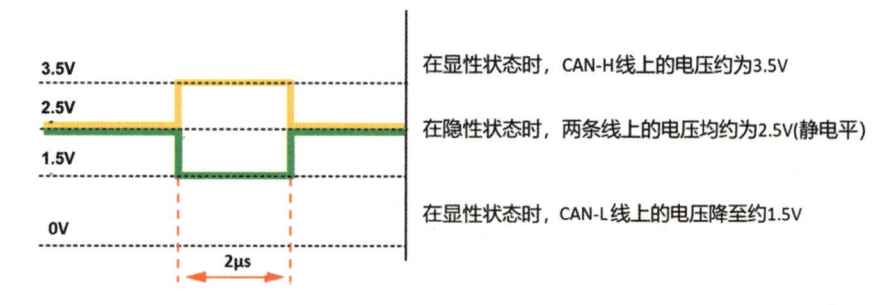

在显性状态时，CAN-H 线上的电压约为 3.5V

在隐性状态时，两条线上的电压均约为 2.5V（静电平）

在显性状态时，CAN-L 线上的电压降至约 1.5V

图 2-3-11　CAN-H 和 CAN-L 显性/隐形状态时的信号电压

（五）新能源汽车车载网络分类

新能源汽车车载网络系统主要由启动网、舒适网、空调子网、动力网、ESC网和电池子网等组成。这里为比亚迪E5的车载网络系统，如图2-3-12所示。

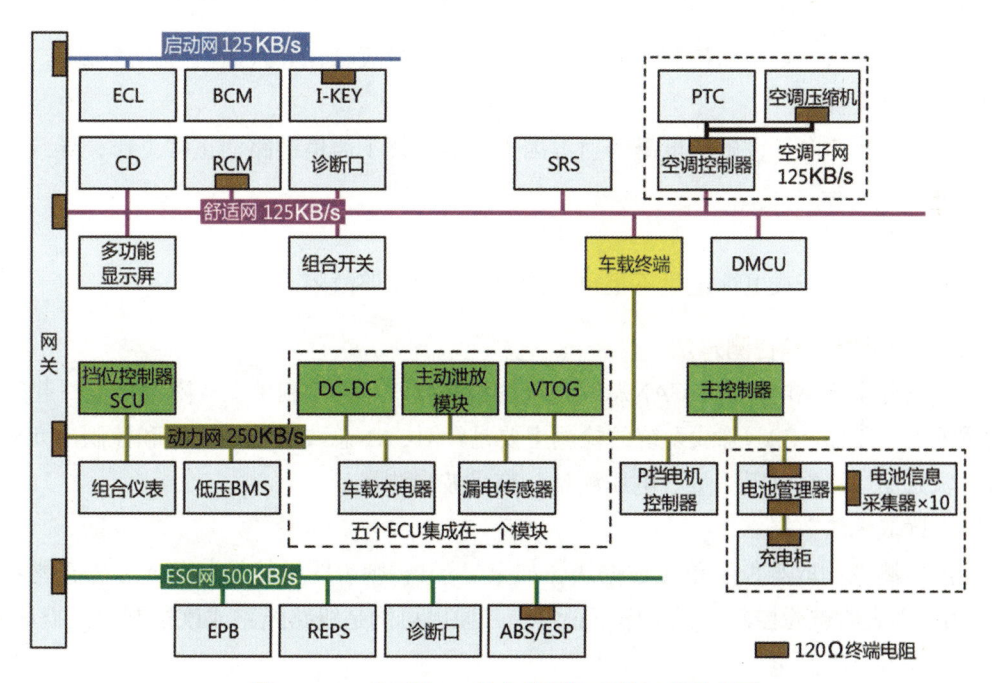

图 2-3-12　比亚迪 E5 的车载网络系统组成示意图

这里空调子网属于舒适网，电池子网属于动力网。每种信息传输网络的传输位速率不同，启动网和舒适网传输速率为125KB/s，属于中速CAN；动力网和ESC网传输速率分别为

250KB/s和500KB/s，都是高速CAN。

（六）新能源通信链路故障及检测方法

CAN总线故障主要包括硬件故障、线路故障和插接件故障，硬件本身的故障可以通过更换新硬件来判定，线路和插接件故障需要借助万用表按照CAN总线系统特点进行检测。在CAN总线系统中拥有一个CAN控制器、一个信息收发器、两个数据传输终端及两条数据传输总线，除了数据总线，其他各元器件都置于各控制单元的内部。

1. 通信链路故障现象

新能源汽车通信链路出现故障可能会导致的故障现象如下：

（1）无法启动或难以启动。

（2）仪表盘上显示异常。

（3）故障警报。

（4）功能失效。

2. 通信链路故障出现的原因

（1）电缆连接问题。

电缆接触不良、松脱或损坏等问题可能导致通信链路故障。

（2）通信模块故障。

车辆中的通信模块（如控制单元）可能受到损坏或故障，导致通信链路故障。

（3）电磁干扰。

电磁波干扰、电子设备的电磁辐射等因素可能干扰了通信链路的正常工作，导致通信故障。

（4）供电问题。

供电系统的故障或电池电量不足也可能导致通信链路故障。

3. 通信链路故障检测方法

汽车电源系统供电异常、CAN总线系统的线路异常、各控制单元故障都可能引起CAN总线系统无法工作。CAN总线系统的检测主要是针对CAN总线系统的线路和控制单元进行读取模块数据、终端电阻测量、电压测量、信号波形测量。

（1）读取模块数据。

使用检测仪读取某控制单元数据块，如果显示1，则表明被检控制单元工作正常；如果显示0，则表明被检控制单元工作不正常。其原因可能是线路断路或该控制单元损坏。

（2）终端电阻测量。

比亚迪E5纯电动汽车的CAN总线系统内有2个120Ω的终端电阻，它们是并联的。单独测量一个终端电阻大约为120Ω，CAN总线网络的正常电阻值应为60Ω，据此可以判断终端电阻正常。

在电阻测量过程中应注意：先断开车辆蓄电池的接线，大约等待5min，直到系统中所有的电容器放完电后再测量，因为控制单元内部电路的电阻是变化的。

（3）电压测量。

使用万用表测量CAN-L或CAN-H的对地电压。北汽EV 160的CAN的CAN-L对地电压大约为2.2V，CAN-H对地电压大约为2.8V；这些接近的值根据总线负载可能有大约100mV的偏差。

（4）信号波形测量。

CAN总线正常波形是CAN-H和CAN-L电压相等、波形相同、极性相反，通过使用专用示波器和综合诊断仪可以测量波形来判断故障。

① 测量方法。

将仪器第一通道的红色测量端子接CAN-H线，第二通道的红色测量端子接CAN-L线，二者的黑色测量端子同时接地。此时，可以在同一界面下同时显示CAN-H和CAN-L的同步波形。

② 波形分析。

a. CAN-H与CAN-L相交：两线波形呈现电压相等、波形相同、极性相同，如图2-3-13所示。

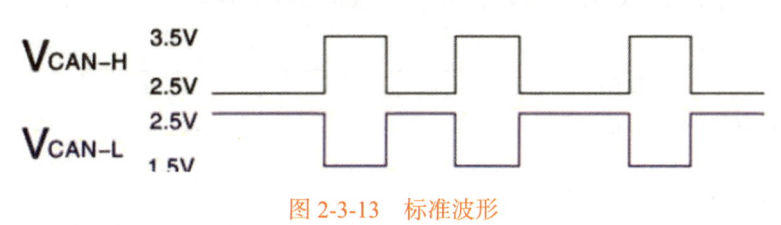

图 2-3-13 标准波形

b. CAN-H对地短路：CAN-H的电压置于0V、CAN-L的电压电位正常，在此故障下，变为单线工作状态，CAN-H 0V时的波形图如图2-3-14所示。

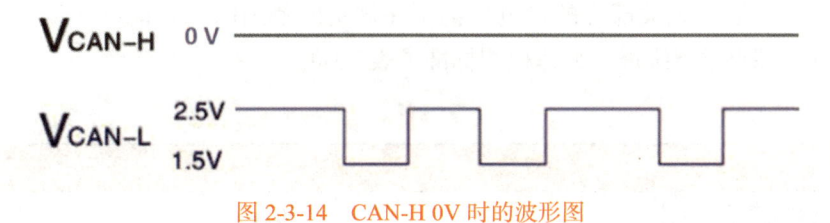

图 2-3-14 CAN-H 0V 时的波形图

c. CAN-H对正极短路：CAN-H的电压大约为12V、CAN-L的电压电位正常，在此故障下，变为单线工作状态，CAN-H 12V时的波形图如图2-3-15所示。

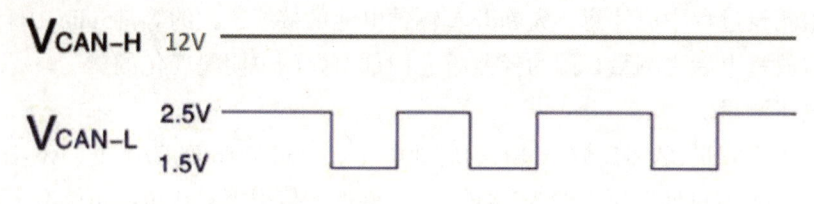

图 2-3-15　CAN-H 12V 时的波形图

d. CAN-L对地短路：CAN-L的电压置于0V、CAN-H的电压电位正常，在此故障下，变为单线工作状态，CAN-L 0V时的波形图如图2-3-16所示。

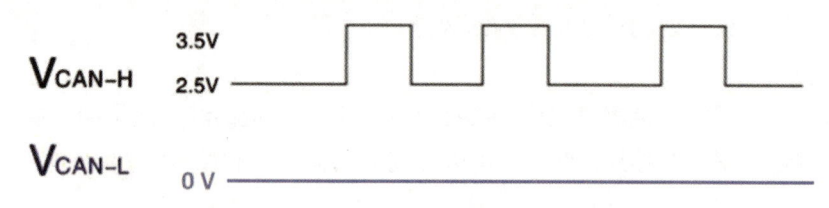

图 2-3-16　CAN-L 0V 时的波形图

e. CAN-L对正极短路：CAN-L的电压大约为12V、CAN-H的电压电位正常，在此故障下，变为单线工作状态，CAN-L 0V时的波形图如图2-3-17所示。

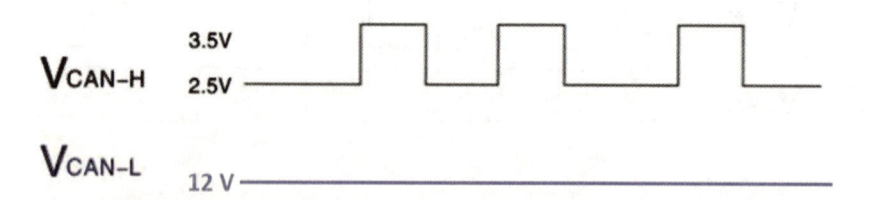

图 2-3-17　CAN-L 0V 时的波形图

若整车控制系统相关部件的检测数值不在规定的范围内，则请进一步检测并确认故障，并根据故障点进行维修，具体检测标准见表2-3-4。

表 2-3-4　CAN 网络系统检测标准

检修内容	标准值范围
CAN总线终端电阻在线测量	约60Ω
CAN总线终端电阻离线测量	约120Ω
CAN-H工作电压测量	约2.8V
CAN-L工作电压测量	约2.2V
CAN-H和CAN-L的波形对比	波形呈镜像上下相反

（七）CAN通信波形检测方法

汽车波形的检测采用汽车专用示波器进行。汽车专用示波器主要由示波器主体、示波器探头（表笔）、示波器端口、示波器充电器等组成，图2-3-18所示是一种汽车专用示波器。

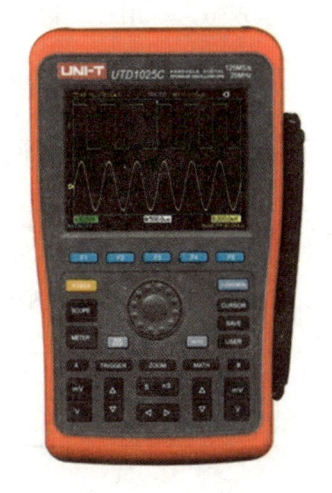

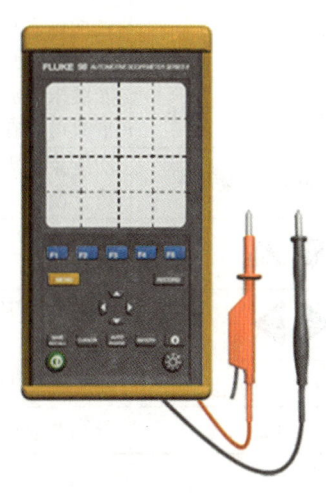

图 2-3-18　汽车专用示波器

示波器主体主要由显示屏和按键区域组成，按键区域可以进行示波器的检测操作；示波器探头主要用于连接测试端子，有些也能调节波形放大倍数；示波器端口主要有显示波形的输入连接器和充电器的连接口，用于实现显示波形的输入连接和充电连接；充电器主要可通过外接电源给示波器充电或者供电。以JHJDS2022A示波器为例介绍按钮名称及其对应的功用，如图2-3-19和表2-3-4所示。

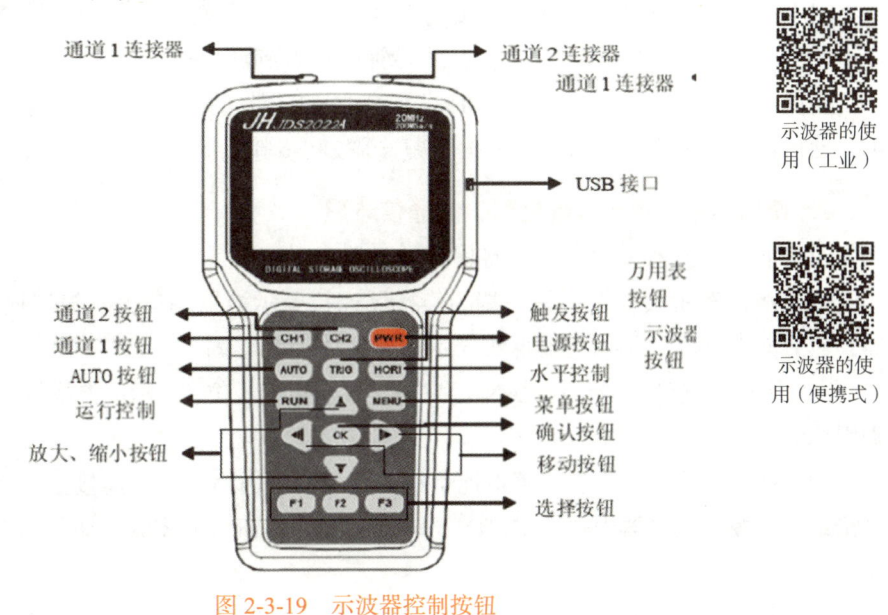

图 2-3-19　示波器控制按钮

表 2-3-4　JHJDS2022A 示波器控制按钮名称及功用

序号	控制按钮名称	控制按钮功用
1	CH1、CH2	显示通道1、通道2设置菜单
2	PWR（开关）	示波器开/关机键
3	AUTO（自动）	自动设置示波器控制状态。按下此键可实现50～40MHz的一键触发功能，通道1及通道2都可使用
4	RUN（运行/停止）	连续采集波形或停止采集。注意：在停止状态下，对于波形垂直挡位和水平时可以在一定范围内调整，相当于对信号进行水平或垂直方向上的扩展
5	MENU（菜单）	功能菜单界面，第一次按下为波形存储界面，第二次按下为显示设置界面，第三次按下为系统设置界面
6	▼▲	在示波器中用于放大、缩小波形或移动显示光标；在万用表功能中用于调节量程
7	◀▶	在示波器中可用于移动波形或移动显示光标；在万用表功能中用于选择测试类型
8	OK	此键按下即保存当前显示的指定波形
9	F1、F2、F3	分别对应选中设置中的第1、2、3选项菜单；是示波器的快捷键

1. 汽车专用示波器检查

执行一次快速功能检查，来验证示波器是否正常工作。请按如下步骤进行：

（1）确认示波器已安装上电池后，长按示波器面板上的 "PWR" 按钮（或"开/关"按钮），待显示界面出现"金涵电子"类似字时即可松手。

（2）将示波器探头上的开关设定到1X并将探头与示波器的通道1连接。将探头连接器上的插槽对准CH1同轴电缆插接件上的凸键，按下去即可连接，然后向右旋转以拧紧探头。

（3）把探头的探针和接地夹连接到信号发生器的相应连接端上（建议输入1kHZ，约3峰值的方波）。按下"AUTO"按钮，几秒钟内可看到波形显示。

用同样的方法检查CH2，按"CH1"（或"示波器"）按钮找到设置通道1的显示开关菜单，然后再按"F1"按钮关闭CH1，重复步骤2和步骤3。

2. 使用汽车专用示波器检测CAN通信波形

（1）取出示波器，检查示波器是否可正常使用。

（2）将汽车示波器探头另一端的连接器连接至示波器端口上示波器通道1的输入连接器，然后向右旋转，使示波器探头与示波器主体连接牢固。

（3）从实车找到可测试的CAN-L和CAN-H检测端子位置，示波器搭铁线从示波器COM脚引出。

（4）将示波器搭铁线连接蓄电池负极，其余两个通道线分别连接至CAN-L和CAN-H的测量端子，按下示波器中的"AUTO"（自动采样）按钮，示波器自动采样CAN-L和CAN-H波形。

（5）按下示波器中的"Run/Stop"（运行/停止）按钮，连续采集波形或停止采集；按

项目二　新能源汽车低压控制系统

下示波器按键区域"▼▲"（放大/缩小）按钮，可以调整波形大小；按下示波器中的"◀▶"（左右移动）按钮，可以移动波形；按下示波器中的"OK"按钮保存当前界面显示波形，示波器按键区域如图2-3-20所示。

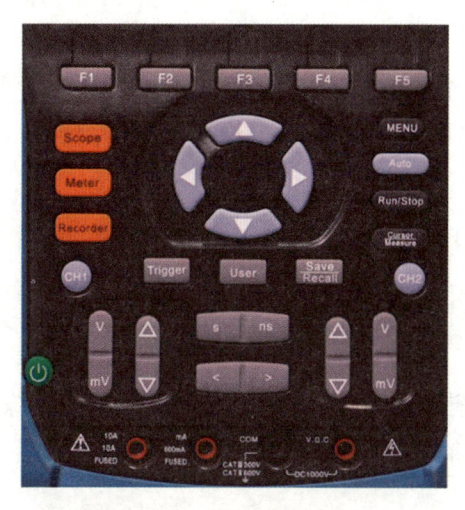

图2-3-20　示波器按键区域

4．CAN波形检测异常处理方法

当无法显示波形时，一般用以下方式处理：

（1）查看触发模式是否在自动（AUTO）模式下，在自动模式下汽车示波器有可能不触发。

（2）查看汽车示波器的屏幕显示是否处在冻结（HOD）状态。若屏幕已被冻结，则按下解除键。

（3）查看信号是否真的存在。可以用万用表先检查电压，如果确认信号是存在的，则用汽车示波器和万用表不能够捕捉到，就检查测试线和接柱的连接情况。

（4）查看触发源是否定义在所选通道上。

四、任务实施

实训1　比亚迪秦EV高速CAN总线检测
——动力网CAN

（一）任务准备

1．操作规范

新能源汽车操作车间，除了普通车间的安全要求，必须放置安全警示标志，避免他人未经允许进入高电压工位而发生危险。在实训操作前需严格按照规范穿戴安全防护装备，

比亚迪秦EV高速CAN总线检测——
动力网CAN——动力网CAN电路分析

在操作过程中要严格按照规范进行，在操作后要进行复检，确保车辆恢复原样。在对插接器线束测量时需要用探针背插测量，操作需严谨细致、专业规范，减少线束损坏。

2. 实训准备

（1）实训分组。

根据车辆及人员数量对学生进行分组，通常每组有3～4人，即1人操作、1人记录、1～2人作为安全员，完成"比亚迪秦EV高速CAN总线检测"任务。

（2）设备准备。

比亚迪秦EV 400整车。

（3）车辆防护用品。

车内三件套、车外三件套、底盘垫块、车轮挡块。

（4）工具准备。

绝缘工具套装、绝缘鞋、安全帽、绝缘手套、护目镜、绝缘胶带、举升机、维修组合工具、万用表、示波器、探针。

（5）辅助资料。

比亚迪秦EV400维修手册。

（二）任务实施

1. 动力网CAN电路分析

图2-3-21所示为电机控制器相关CAN通信电路。

2. 检测动力网CAN-H线

（1）连接蓄电池负极电缆。

（2）取出万用表，将万用表调至直流电压挡位。

（3）将万用表红表笔连接驱动电机控制器B30的9号针脚，黑表笔连接蓄电池负极，检测驱动电机控制器动力网CAN-H线的信号电压，如图2-3-22所示。

比亚迪秦 EV 高速 CAN 总线检测——动力网 CAN——检测动力网 CAN-H 通信线

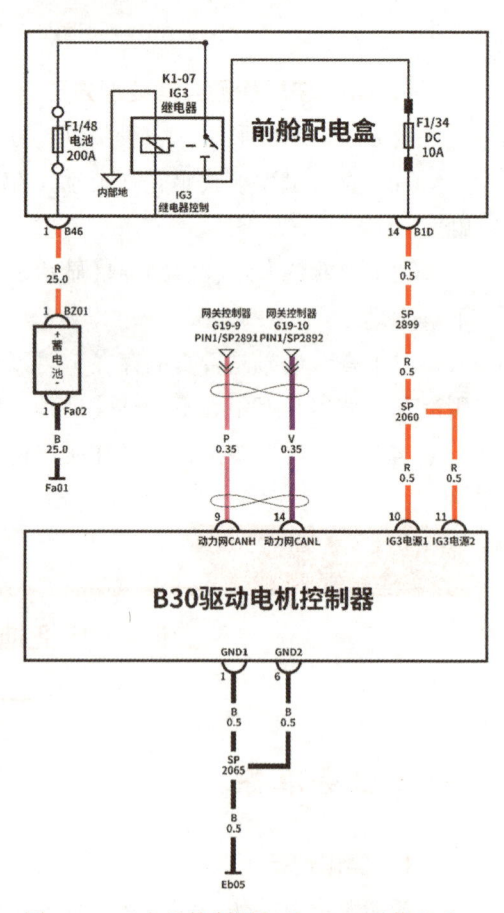

图 2-3-21 电机控制器相关 CAN 通信电路

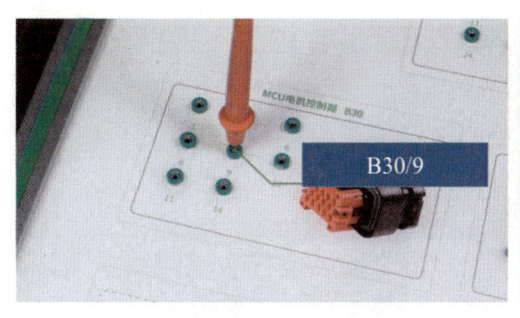

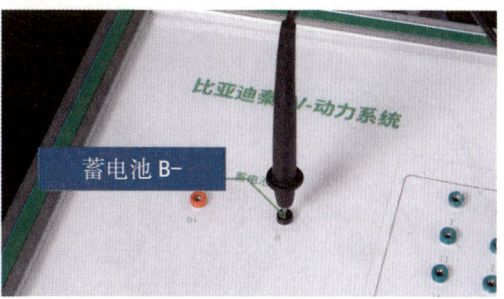

图 2-3-22　驱动电机控制器动力网 CAN-H 线电压检测

（4）若测量值与标准值不符，则说明驱动电机控制器动力网 CAN-H 线可能存在异常，需进一步检修。

检测内容	检测条件	标准值
B30/9 — 蓄电池负极	车辆启动开关打开，将万用表调至直流电压挡	2.5～3.5V

3. 检测动力网 CAN-L 线

（1）将万用表红表笔连接驱动电机控制器 B30 的 14 号针脚，黑表笔连接蓄电池负极，检测驱动电机控制器动力网 CAN-L 线的信号电压，如图 2-3-23 所示。

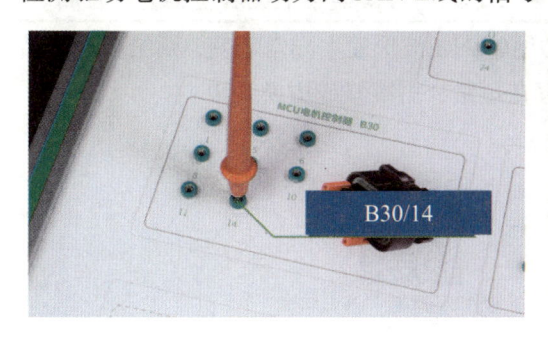

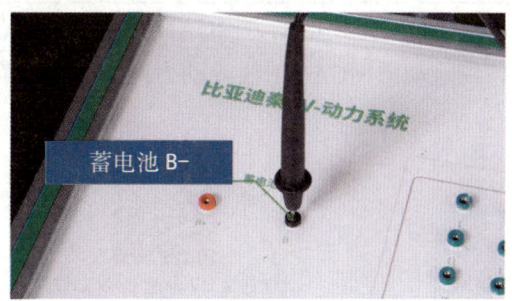

图 2-3-23　驱动电机控制器动力网 CAN-L 线电压检测

（2）若测量值与标准值不符，则说明驱动电机控制器动力网 CAN-L 线可能存在异常，需进一步检修。

检测内容	检测条件	标准值
B30/14 — 蓄电池负极	车辆启动开关打开，将万用表调至直流电压挡	2.5～3.5V

4. 示波器波形验证 CAN 通信线

（1）取出示波器，检查示波器是否可正常使用。

（2）将示波器搭铁线连接蓄电池负极，其余两根通道线分别连接驱动电机控制器 B30/9 和驱动电机控制器 B30/14。并读取驱动电机控制器 B30 的动力网 CAN-H 波形和 CAN-L 波形，如图 2-3-24 所示。

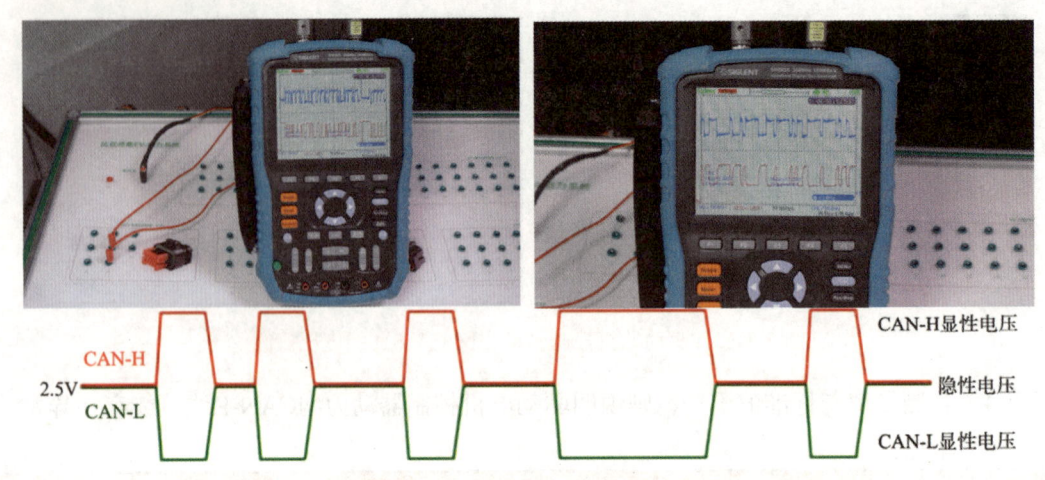

图 2-3-24　驱动电机控制器 CAN 通信线波形检测和正常波形图片

（3）调整示波器波形，截取部分波形进行观察。

> **注意事项**
>
> 正常的动力网 CAN 信号波形为标准的方波信号，动力网 CAN-H 波形和 CAN-L 波形应呈上下对称，波形应平整无毛刺。若波形存在干扰，则需排除干扰后重新进行检测。

（4）若测量出的动力网 CAN-H 波形和动力网 CAN-L 波形发生异常畸变，则结合检测结果，判定动力网 CAN-H 线或动力网 CAN-L 线存在短路，需维修或更换线束。

比亚迪秦 EV 高速 CAN 总线检测——动力网 CAN——检测动力网 CAN-L 通信线

比亚迪秦 EV 高速 CAN 总线检测——动力网 CAN——示波器波形验证 CAN 通信线

项目三　新能源汽车高压控制系统

任务 3.1　高压控制系统认知

一、任务导入

小王是一名汽车维修工，他不了解比亚迪秦EV400KM高压控制系统的相关知识，但这些是每一位维修工应该要了解的知识。本任务就让我们帮助小王一起来了解并学会识别高压控制系统的组成部分、功用及工作原理。

二、任务目标

知识目标：

1. 了解高压控制系统的功用。
2. 理解高压控制系统的组成。
3. 熟悉高压控制系统的工作原理。

技能目标：

1. 能够描述高压控制系统的组成。
2. 能够简述高压控制系统的基本工作原理。

素质目标：

1. 通过规范做好安全防护再进行高压控制系统认知，帮助学生养成"安全第一、规范操作"的工作意识。（行为目标）
2. 通过查找维修资料，正确进行高压控制系统的认知，培养学生查阅维修手册的能力，进而培养学生求真务实、严谨细致的工匠精神。（职业素养目标）

三、知识链接

电动汽车因为可能出现高压漏电和高压触电的风险，为了警示用户和维修人员，必须在视觉上与普通汽车高压部件及电缆加以区分，因此，高压部件会有危险标识，高压线束采用橙色线缆并用橙色波纹管对其进行防护，高压连接器设计为橙色。

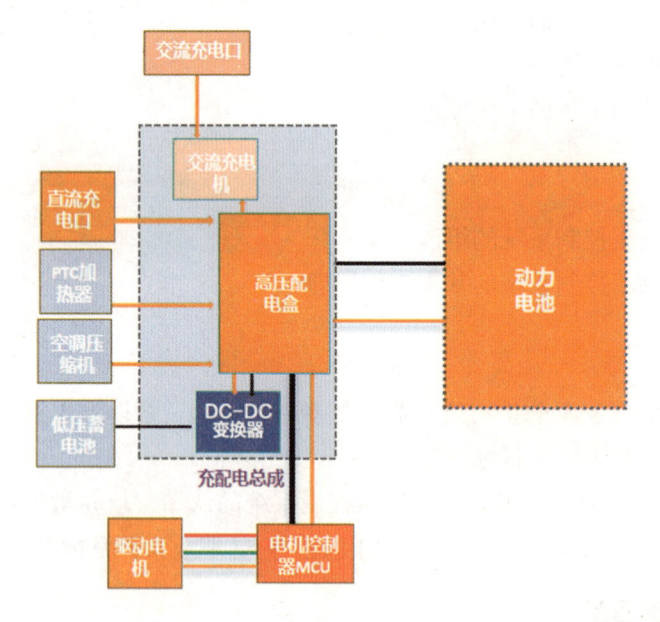

（一）高压控制系统的功用

高压控制系统的功用主要有以下几方面。

（1）控制高压交/直流电双向逆变，驱动电机运转，实现充、放电功能（VTOG、车载充电器）。

（2）实现高压直流电转化低压直流电为整车低压电器系统供电（DC-DC）。

（3）高压用电器及高压线束短路或过流时起到保护作用，实现整车高压回路配电功能及高压漏电检测功能（高压配电箱、漏电传感器模块）。

（4）直流充电升压功能。

（5）CAN通信、故障处理记录、在线CAN烧写，以及自检等功能。

（6）将高压电池的电流进行分配。

（7）充电保护措施，在动力电池充电时，能自动断开驱动系统。实现充电与驱动功能之间的互锁。

（8）动力电池电流监测。

（9）正极、负极继电器状态监测（继电器自身功能）。

（10）高压环路互锁功能。

高压控制系统的功用如图3-1-1所示。

图 3-1-1　高压控制系统的功用

（二）高压控制系统的组成

纯电动汽车高压控制系统主要由双向交流逆变式电机控制器（VTOG）、高压配电箱和漏电传感器、双向车载充电器和DC-DC变换器等组成，比亚迪秦EV400KM高压控制系统的高压配电箱、车载充电器和DC-DC变换器位于充配电总成内，如图3-1-2所示。

1. 高压配电箱

高压配电箱的外观如图3-1-3所示。

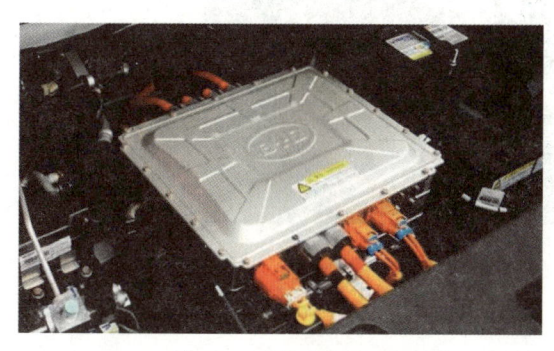

图 3-1-2　充配电总成

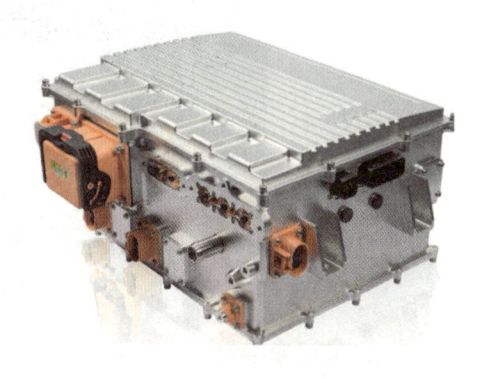

图 3-1-3　高压配电箱的外观

2. 双向交流逆变式电机控制器（VTOG）

电机控制器的内部结构如图3-1-4所示。

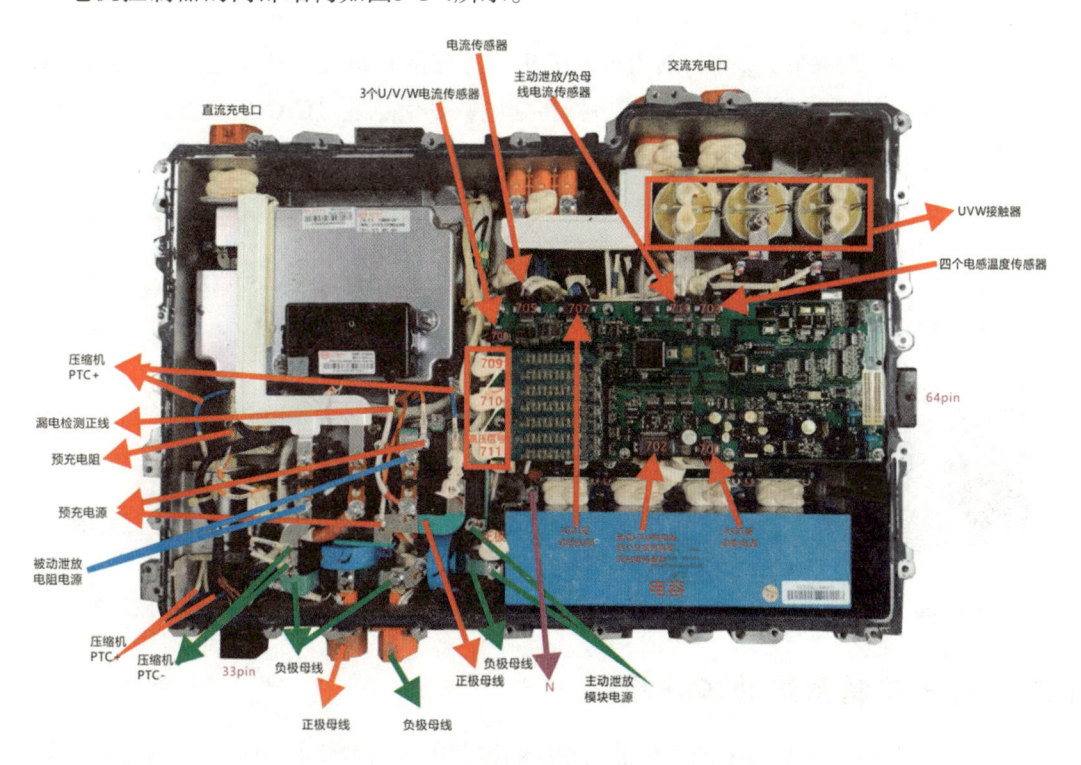

图 3-1-4　电机控制器的内部构造

3. 双向车载充电器

图3-1-5所示是车载充电机，主要功能是将220V交流电转换为高压直流电给动力电池进行充电，保证车辆正常行驶。

图 3-1-5　车载充电机

4. DC-DC变换器

DC-DC变换器，全称为直流变（到）交流（不同直流电源值的转换）变换器，是一种在直流电路中将一个电压值的电能变为另一个电压值的电能的装置。DC-DC变换器的外观如图3-1-6所示。

5. 漏电传感器

比亚迪秦EV车型通过监测与动力电池输出相连接的正母线与车身底盘之间的绝缘电阻判定高压系统是否存在漏电，漏电传感器将漏电数据信息通过CAN信号发送给电池管理器、VTOG，采取相应保护措施。图3-1-7所示为漏电传感器检测电池包的原理图。

图 3-1-6　DC-DC 变换器的外观 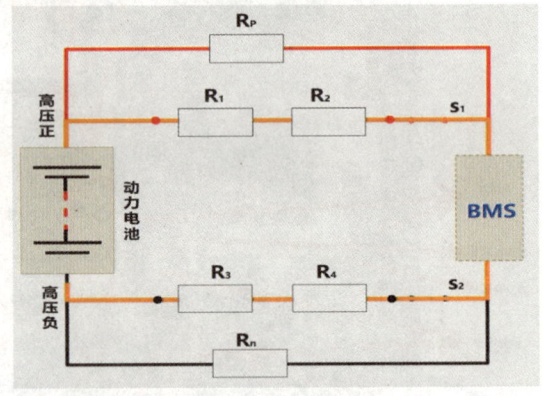　　　　图 3-1-7　漏电传感器检测电池包的原理图

（三）高压控制系统的工作原理

新能源汽车高压控制系统的工作通过VTOG控制电动机的运行和驱动，高压配电箱和漏电传感器分配和监测高压电能的分配与安全，双向车载充电器实现车辆与外部电源的充电和放电，DC-DC变换器将电池的高压直流电能转换为低压直流电能供给低压设备和辅助系统使用。整个系统协同工作，实现了电能的高效利用和车辆的动力驱动，如图3-1-8所示，其具体工作原理如下。

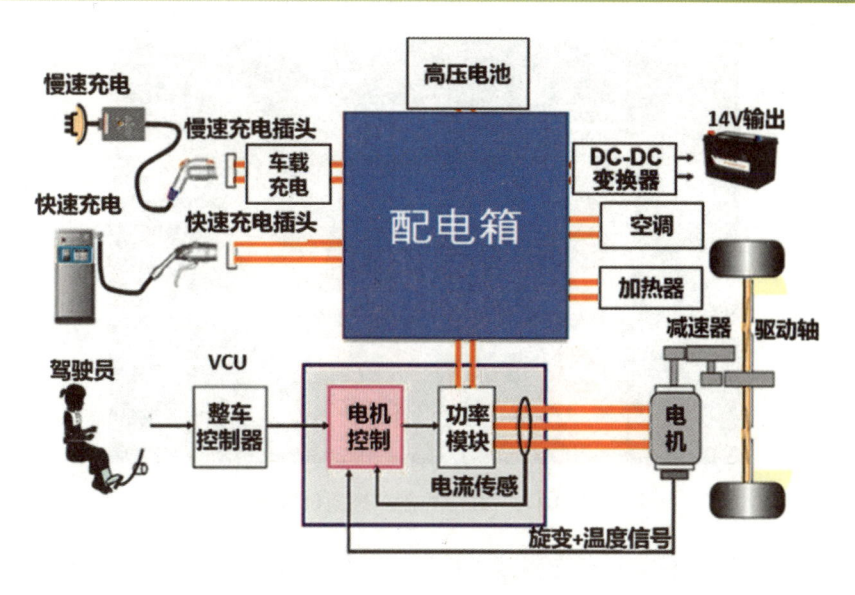

图 3-1-8 新能源汽车高压控制系统的工作原理

1. 车辆驱动和运行

VTOG可以将直流电源中的电能转换为交流电能,以便电机进行驱动。在加速时,VTOG将高压直流电能转换为交流电能供给电机,驱动车辆运行;而在制动或减速时,可以将电机的动能转化为电能并回馈到电池中,实现能量回收。

2. 高压配电和安全检测

高压配电箱是负责分配高压电能的装置,将电能引导到不同的电路和设备中。漏电传感器用于监测电路中是否有漏电现象,以保证电路的安全。

3. 车辆充电与放电

新能源汽车的双向车载充电器是用于电动车辆与外部电源进行充电和放电的装置。它可以根据需求和相关车辆操作信息,将外部电源的交流电能转换为直流电能充电到电池中,同时也可以将电池的直流电能逆变为交流电能供给VTOG驱动电机。

4. 低压供电

新能源汽车的DC-DC变换器根据控制信号将电池的高压直流电能转换为低压直流电能,以供给车辆的低压电子设备和辅助系统使用,如照明、音响和空调等。

(四)比亚迪秦EV高压控制系统

比亚迪秦EV400KM高压控制系统主要在前机舱,它是四合一,即由双向交流逆变式电机控制器(VTOG)、高压配电和漏电传感器、双向车载充电器、DC-DC变换器组成。图3-1-9所示为高压控制系统的位置图。

图 3-1-9　高压控制系统的位置图

高压控制系统的前端主要有交流输入接口L1、L3、N、L1、三相交流输出接口、出水口及直流充电输入接口，其分布如图3-1-10所示。

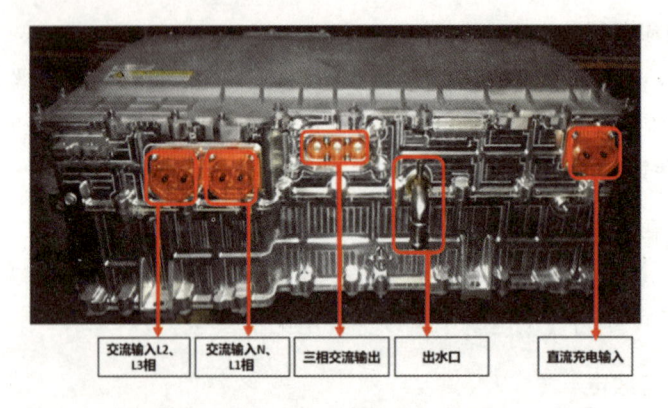

图 3-1-10　高压控制系统的前端接口分布

高压控制系统的右侧主要有DC-DC低压输出接口及32A空调保险，其分布如图3-1-11所示。

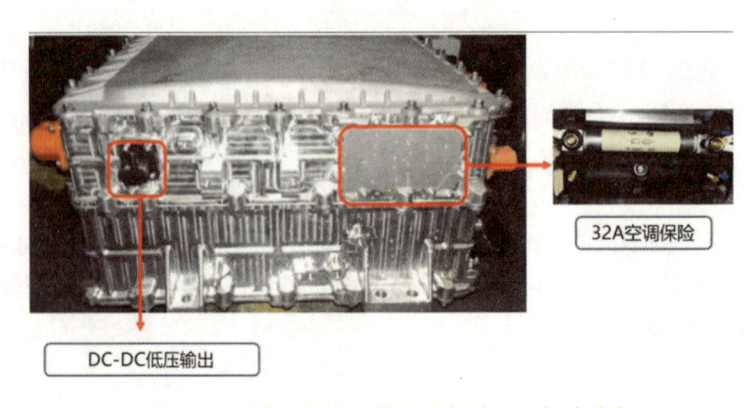

图 3-1-11　高压控制系统的右侧接口及保险分布

高压控制系统的后端主要有电动压缩机插接器、33PIN低压插接器、PTC插接器、电池包高压直流输入，其分布如图3-1-12所示。

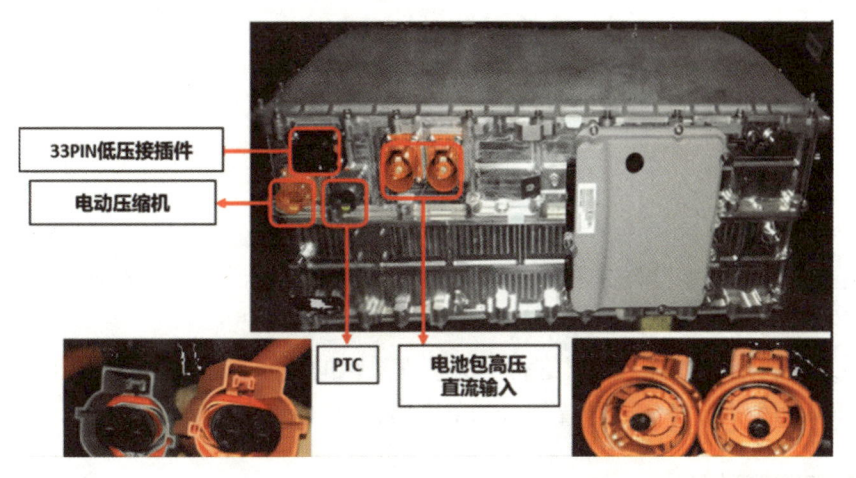

图 3-1-12　高压控制系统的后端接口分布

任务 3.2　电池管理系统检测

一、任务导入

某比亚迪秦EV400KM的车主反应，该车无法启动，动力电池故障指示灯点亮。经维修技师检查发现诊断仪显示与BMS通信异常，需要对动力电池管理系统（BMS）进行全面的检查。

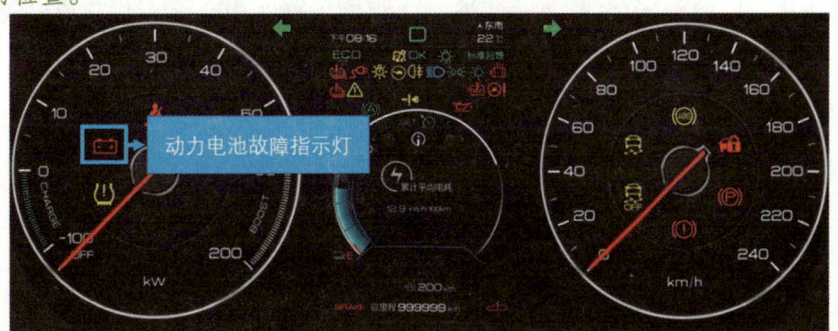

二、任务目标

知识目标：

1. 了解电池管理系统的组成、组件位置。
2. 熟悉电池管理系统的功能。

3. 掌握电池管理系统的检测。

技能目标：

1. 能够指出电池管理系统的组成、组件位置和功能。
2. 能够阐述电池管理系统的功能。
3. 能够对电池管理系统进行检测。

素质目标：

1. 通过规范做好安全防护再进行电池管理系统检测，帮助学生养成"安全第一、规范操作"的工作意识。（行为目标）
2. 通过查找维修资料，正确进行电池管理系统的检测，培养学生查阅维修手册的能力，进而培养学生求真务实、严谨细致的工匠精神。（职业素养目标）

新能源汽车电池管理系统工作原理（比亚迪秦EV）

三、知识链接

电池管理系统（Battery Management System，简称BMS），它的主要功能有充放电管理、继电器控制、功率控制、电池异常状态报警和保护、SOC/SOH计算、自检和通信功能等。通信转换模块和电池信息采集器的主要功能有电池电压采样、温度采样、电池均衡、采样线异常检测等。

（一）BMS系统的组成

比亚迪E5采用分布式电池管理系统，由电池管理控制器（BMC）、信号转换器、电池信息采集器（BIC）、电池采样线、电流传感器、温度传感器和电压/温度集成检测电路等组成，如图3-2-1所示，比亚迪E5电池管理系统组成部件图片，如图3-2-2所示。其中，电池管理系统中的温度传感器集成安装在每个电池模组的电压、温度集成检测电路中，如图3-2-3所示。

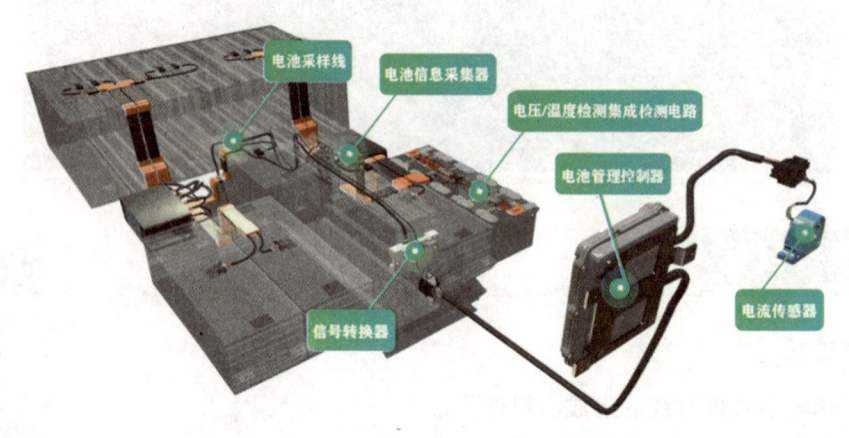

图 3-2-1　比亚迪 E5 电池管理系统的组成

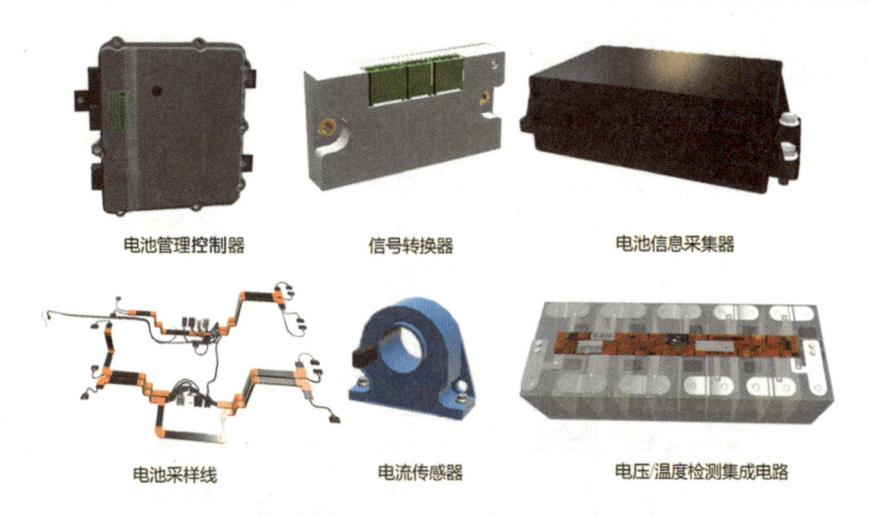

图 3-2-2　比亚迪 E5 电池管理系统组成部件图片

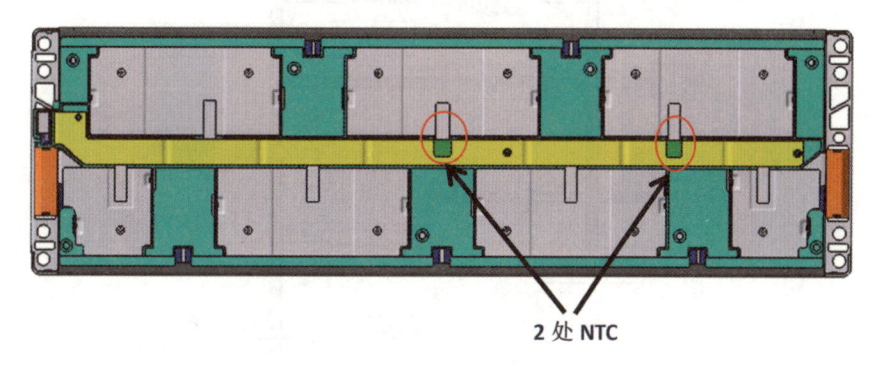

图 3-2-3　温度传感器安装位置

（二）BMS 的功用

BMS 的功用主要包括数据采集、状态估算、能量管理、安全保护、热管理、数据通信与显示和故障诊断等，如图 3-2-4 所示。

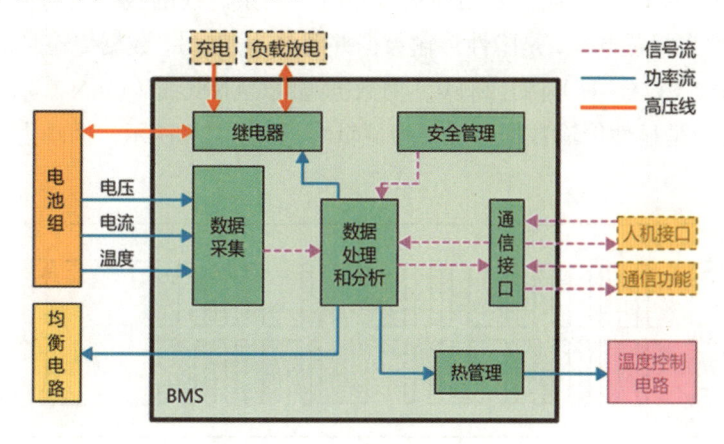

图 3-2-4　电池管理系统的功能

（三）检查BMS通信电路

CAN是控制器局域网络总线，各电子控制单元通过CAN总线连接，相互交换信息，形成汽车电子控制网络。本车辆有2路CAN通信总线，动力CAN（P-CAN）和多媒体CAN（V-CAN）。电池管理系统（BMS）与整车控制器（VCU）、P挡控制单元（PCU）、驾驶模式开关（DMS）、电机控制器等组成动力CAN网络，如图3-2-5所示。

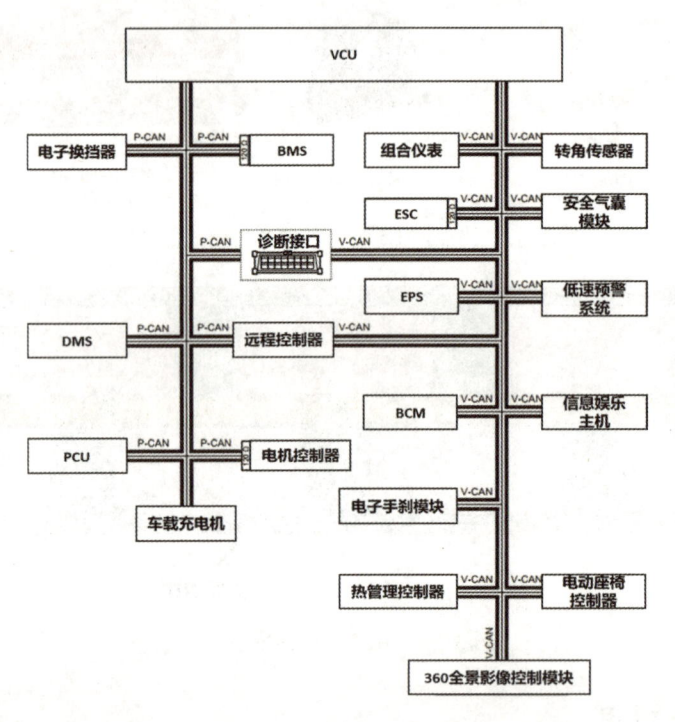

图 3-2-5　动力 CAN 网络

动力CAN总线的通信采用双绞线，一条为数据总线CAN高线（CAN-H），一条为数据总线CAN低线（CAN-L），控制器发出通信信号时，两条总线的数据互为镜像。总线信号电压为2.5V时，称为闲置电平，是隐性传输数据并解释为逻辑1；数据传输时，线路被驱动，数据总线CAN高线（CAN-H）将升高1V，而数据总线CAN低线（CAN-L）将降低1V。极限电压差2V被认为是显性传输数据并解释为逻辑0，如图3-2-6所示，为动力CAN总线通信数据波形。

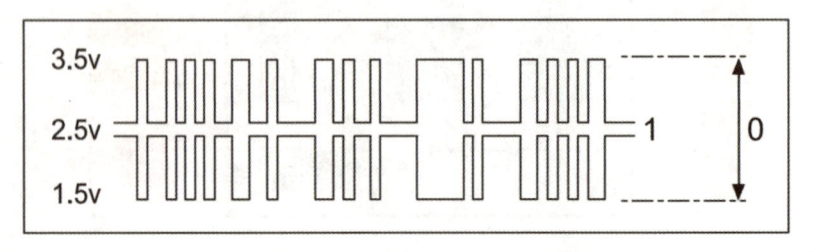

图 3-2-6　动力 CAN 总线通信数据波形

四、任务实施

实训1　比亚迪秦EV电池管理系统检测

（一）任务准备

1. 操作规范

新能源汽车操作车间，除了普通车间的安全要求外，必须放置安全警示标志，避免他人未经允许进入高电压工位而发生危险。实训操作前需严格按照规范穿戴安全防护装备，操作过程中要严格按照规范进行，操作后要进行复检，确保车辆恢复原样。

2. 实训准备

（1）实训分组

根据车辆及人员数量对学生进行分组，通常每组有3～4人，即1人操作、1人记录、1～2人作为安全员，完成"比亚迪秦EV400电池管理系统检测"任务。

（2）工具准备

绝缘工具套装、绝缘胶带、维修组合工具、万用表、示波器。

（3）设备准备

比亚迪秦EV400整车、比亚迪专用诊断仪、T-Box新能源汽车故障考训盒（秦EV）。

（4）车辆防护用品

车内三件套、车外三件套、底盘垫块、车轮挡块。

（5）人员防护用品

绝缘手套、绝缘鞋、护目镜、安全帽。

（6）辅助资料

比亚迪秦EV400维修手册。

电池管理器及相关电路故障诊断（比亚迪秦 EV）

（二）任务实施

1. 电池管理系统在线检测

（1）将诊断仪插头连接至车辆OBD接口。

（2）打开车辆启动开关。

（3）打开诊断仪电源开关，选择对应车型。

（4）选择"ECU模块"进行全车模块扫描。

（5）待扫描完成后，选择"整车控制器（比亚迪）"模块，读取故障码，记录下读取的故障码；选择"DC-DC总成（比亚迪）"模块，读取故障码，记录下读取的故障码；选择"组合仪表（新通达）"模块，读取故障码，记录下读取的故障码。

（6）查阅维修手册，确认故障码定义。

> **注意事项**
>
> 若读取到故障码,为确保读取的为当前故障码,则需清除故障码后再次读取。

(7)读取相关数据流,无电池管理器相关数据流显示。

(8)检查完毕,退出诊断界面。

(9)关闭诊断仪启动开关和车辆电源,并取下诊断仪套件。

2. 电池管理器电路分析

电池管理器主要由电源电路和CAN通信电路组成,如图3-2-7所示。下面进行相关电路分析。

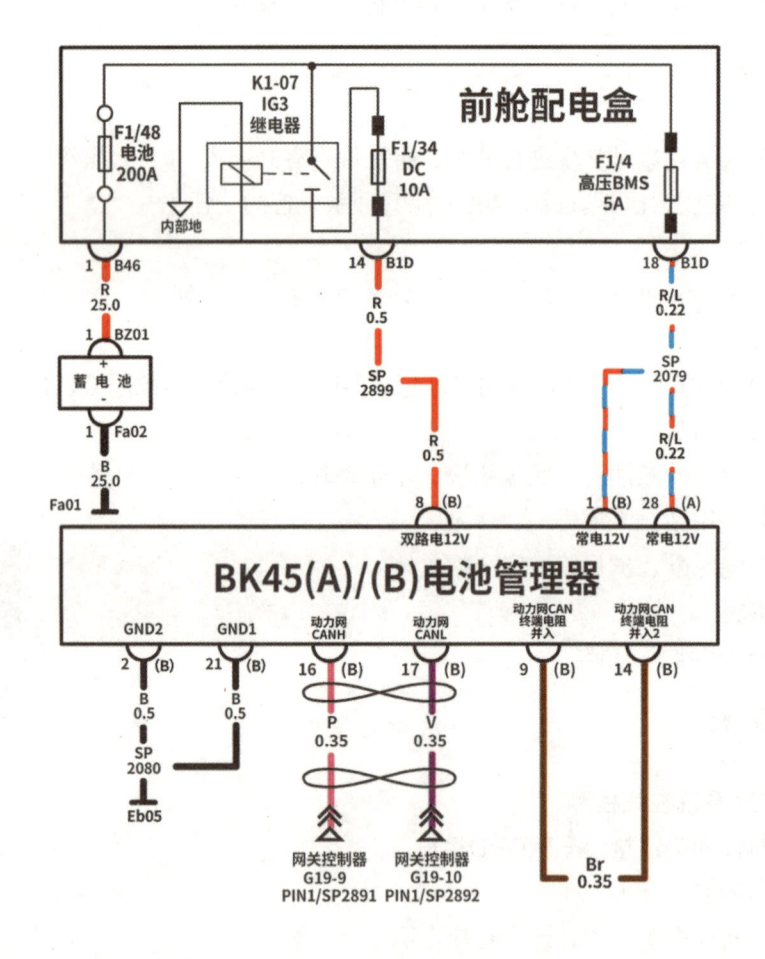

图 3-2-7　电池管理器相关电路图

(1)电源电路。

电池管理器的电源电路有两种,分别为双路电电源电路和常电电源电路,这两种电源电路共用搭铁线,所以电池管理器主要由双路电、常电电源线和搭铁线组成。

若电池管理器常电电源中的一根导线损坏,仍有另外一根常电电源线为电池管理器进行供电，车辆可正常上电，无任何故障现象和故障码存在；若电池管理器两根常电电源线均损坏，电池管理器就不能正常工作，为电池管理器电源电路故障。

当电池管理器双路电电源线为电池管理器主供电电源时，又称唤醒电源。若双路电电源线断路，那么电池管理器内部控制组件就不能正常工作，为电池管理器电源电路故障。

若电池管理器两根GND1搭铁线同时断路，那么常电电源和双路电电源均不能形成闭合回路，电池管理器就不能正常工作。

（2）CAN通信电路。

电池管理器的CAN通信电路通过网关控制器与动力CAN相连，由CAN-H线路、CAN-L线路和终端电阻组成。

若电池管理器的CAN通信电路损坏，那么电池管理器因不能接收和发送动力网相关的信号，而不能正常工作。

若电池管理器的电源电路和CAN通信电路均正常，那么可能是电池管理器本体损坏。

3. 检测电池管理器电源电路

（1）检测电池管理器常电电源线。

① 检测电池管理器BK45（B）常电电源、电压。

a. 打开车辆启动开关。

b. 取出万用表，校表确认万用表正常可用，将万用表调至直流电压挡位。

c. 将万用表红表笔连接电池管理器BK45（B）/1，黑表笔连接蓄电池负极，检测电池管理器BK45（B）常电电源、电压，如图3-2-8所示。

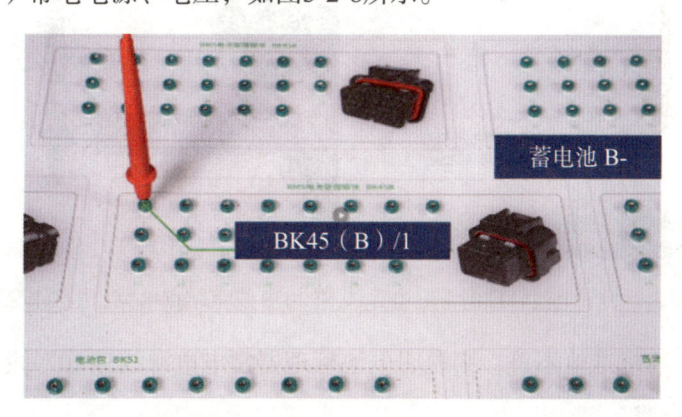

图 3-2-8　电池管理器 BK45（B）常电电源、电压检测

d. 若测量值与标准值不符，则说明电池管理器BK45（B）常电电源线供电存在异常，需对导线进行导通性测试。

检测内容	检测条件	标准值
BK45（B）/1 — 蓄电池/B-	打开车辆启动开关，将万用表调至直流电压挡位	11～14V

② 检测电池管理器BK45（A）常电电源、电压。

a. 将万用表红表笔连接电池管理器BK45（A）/28，黑表笔连接蓄电池负极，检测电池管理器BK45（A）常电电源、电压，如图3-2-9所示。

图 3-2-9　电池管理器 BK45（A）常电电源、电压检测

b. 若测量值与标准值不符，则说明电池管理器BK45（A）常电电源线供电存在异常，需对导线进行导通性测试。

	检测条件	标准值
BK45（A）/28—蓄电池/B-	打开车辆启动开关，将万用表调至直流电压挡位	11～14V

③ 检测电池管理器常电电源线SP2079线束结点的电源、电压。

a. 将万用表红表笔连接线束结点SP2079针脚，黑表笔连接蓄电池负极，检测电池管理器常电电源线SP2079线束结点的电源、电压，如图3-2-10所示。

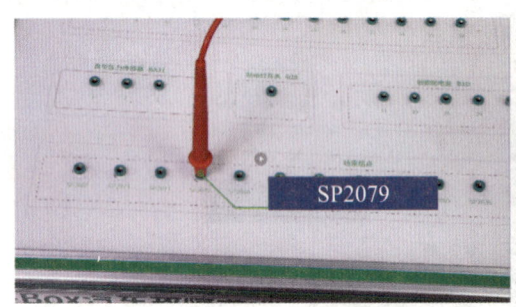

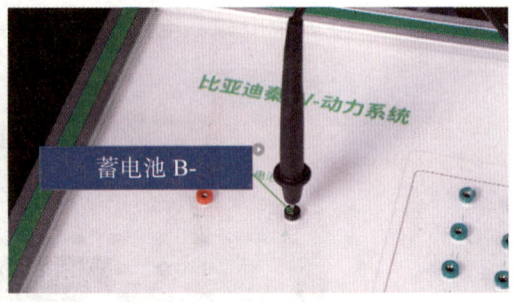

图 3-2-10　电池管理器常电电源线 SP2079 线束结点电源、电压检测

b. 若测量值与标准值不符，则说明电池管理器常电电源线SP2079线束结点供电存在异常，需进一步检修。

检测内容	检测条件	标准值
SP2079—蓄电池/B-	打开车辆启动开关，将万用表调至直流电压挡位	11～14V

④ 检测电池管理器BK45（B）/1至SP2079导线的电阻。

  a. 关闭车辆启动开关。

  b. 断开蓄电池负极电缆。

  c. 将万用表调至电阻挡位。

d. 将万用表红表笔连接电池管理器BK45（B）/1，黑表笔连接线束结点SP2079针脚，检测电池管理器BK45（B）/1至SP2079导线的电阻，如图3-2-11所示。

图 3-2-11　电池管理器 BK45（B）/1 至 SP2079 导线电阻检测

e. 若测量值与标准值不符，则可确认电池管理器BK45（B）/1至SP2079导线断路，需维修或更换线束。

检测内容	检测条件	标准值
BK45（B）/1 — SP2079	关闭车辆启动开关，断开蓄电池负极电缆，将万用表调至电阻测试挡位	<1Ω

⑤ 检测电池管理器BK45（A）/28至SP2079导线的电阻。

a. 将万用表红表笔连接电池管理器BK45（A）/28，黑表笔连接线束结点SP2079针脚，检测电池管理器BK45（A）/28至SP2079导线的电阻，如图3-2-12所示。

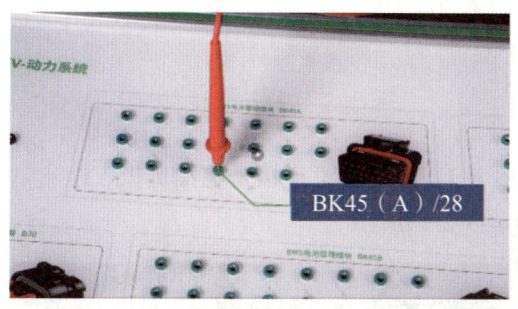

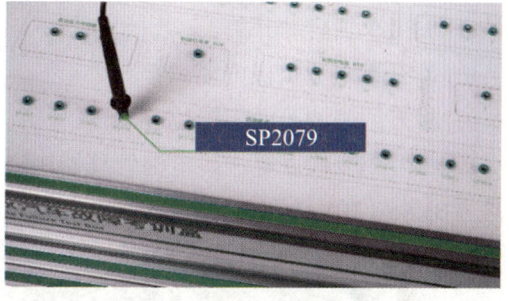

图 3-2-12　电池管理器 BK45（A）/28 至 SP2079 导线电阻检测

b. 若测量值与标准值不符，则可确认电池管理器BK45（A）/28至SP2079线断路，需维修或更换线束。

检测内容	检测条件	标准值
BK45（B）/1 — SP2079	关闭车辆启动开关，断开蓄电池负极电缆，将万用表调至电阻测试挡位	<1Ω

（2）检测电池管理器双路电电源线。

① 检测电池管理器双路电电源、电压。

a. 连接蓄电池负极电缆。

b. 打开车辆启动开关。

c. 将万用表调至直流电压挡位。

d. 将万用表红表笔连接电池管理器BK45（B）/8，黑表笔连接蓄电池负极，检测电池管理器双路电电源、电压，如图3-2-13所示。

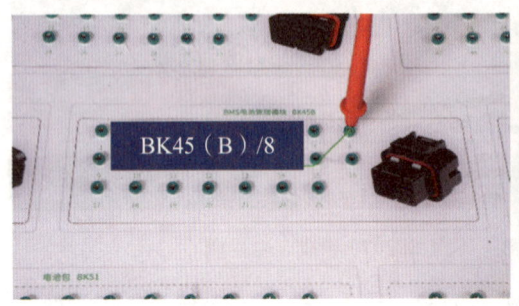

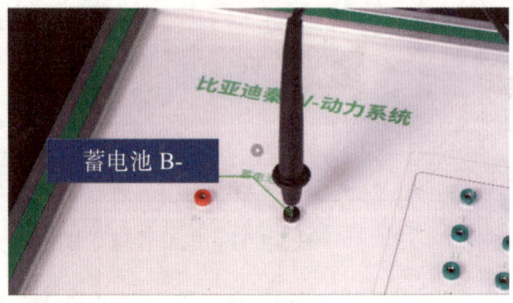

图 3-2-13　电池管理器双路电电源、电压检测

e. 若测量值与标准值不符，则说明电池管理器双路电电源线供电存在异常，需进一步检修。

检测内容	检测条件	标准值
BK45（B）/8 — 蓄电池/B-	打开车辆启动开关，将万用表调至直流电压挡位	11V～14V

（3）检测电池管理器搭铁线。

① 检测电池管理器BK45（B）/2至Eb05搭铁线的电阻。

a. 关闭车辆启动开关。

b. 断开蓄电池负极电缆。

c. 将万用表调至电阻挡位。

d. 将万用表红表笔连接电池管理器BK45（B）/2，黑表笔连接蓄电池负极，检测电池管理器BK45（B）/2至Eb05搭铁线的电阻，如图3-2-14所示。

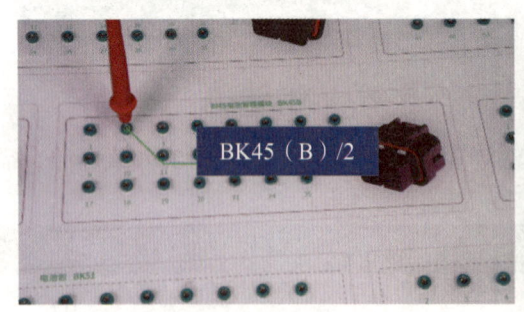

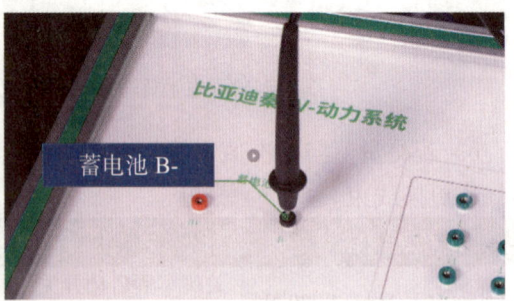

图 3-2-14　电池管理器 BK45（B）/2 至 Eb05 搭铁线电阻检测

e. 若测量值与标准值不符，则可确认电池管理器BK45(B)/2至Eb05搭铁线断路或Eb05搭铁点故障，需维修或更换线束。

检测内容	检测条件	标准值
BK45（B）/2 — 蓄电池B-	关闭车辆启动开关，断开蓄电池负极电缆，将万用表调至电阻测试挡位	<1Ω

② 检测电池管理器BK45（B）/21至Eb05搭铁线的电阻。

a. 将万用表红表笔连接电池管理器BK45（B）/21，黑表笔连接蓄电池负极，检测电池管理器BK45（B）/21至Eb05搭铁线的电阻，如图3-2-15所示。

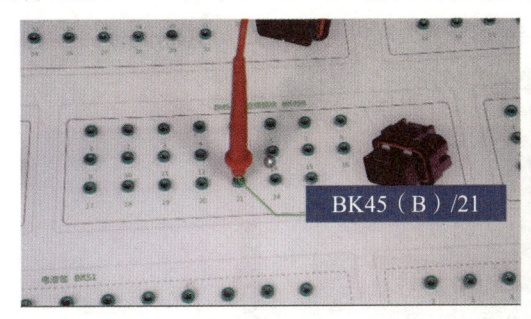

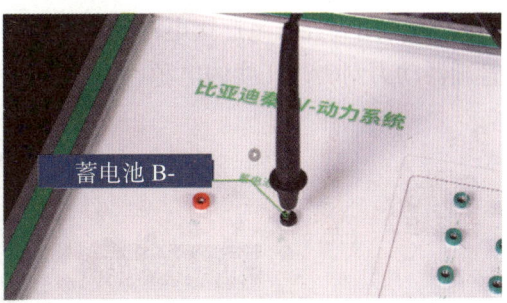

图 3-2-15　电池管理器 BK45（B）/21 至 Eb05 搭铁线电阻检测

b. 若测量值与标准值不符，则可确认电池管理器BK45（B）/21至Eb05搭铁线断路，需维修或更换线束。

检测内容	检测条件	标准值
BK45（B）/21 — 蓄电池/B-	关闭车辆启动开关，断开蓄电池负极电缆，将万用表调至电阻测试挡位	<1Ω

5. 电池管理器CAN通信电路检测

（1）检测CAN-H线。

① 检测电池管理器动力网CAN-H线的电源、电压。

a. 连接蓄电池负极电缆。

b. 打开车辆启动开关。

b. 将万用表调至直流电压挡位。

c. 将万用表红表笔连接电池管理器BK45（B）/16，黑表笔连接蓄电池负极，检测电池管理器动力网CAN-H线的电源、电压，如图3-2-16所示。

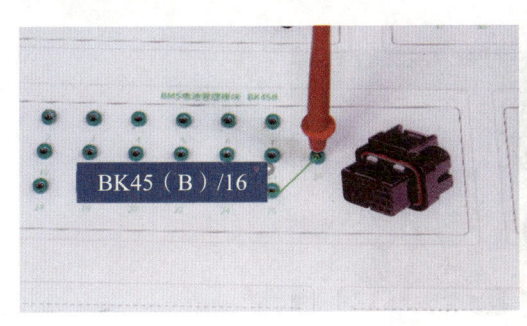

图 3-2-16　电池管理器动力网 CAN-H 线电源、电压检测

d. 若测量值与标准值不符,则说明电池管理器动力网CAN-H线可能存在异常,需进一步检修。

检测内容	检测条件	标准值
BK45(B)/16 — 蓄电池/B-	打开车辆启动开关,将万用表调至直流电压挡位	2.5V～3.5V

(2)检测CAN-L线。

① 检测电池管理器动力网CAN-L线的电源、电压。

a. 将万用表红表笔连接电池管理器BK45(B)/17,黑表笔连接蓄电池负极,检测电池管理器动力网CAN-L线的电源、电压,如图3-2-17所示。

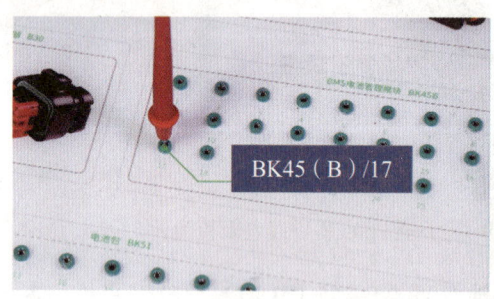

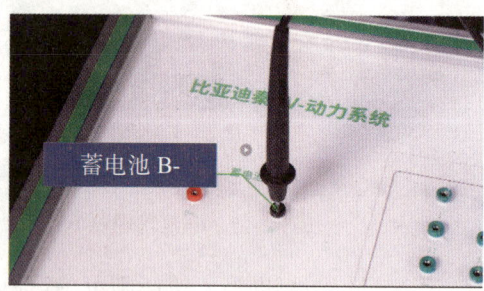

图 3-2-17 电池管理器动力网 CAN-L 线电源、电压检测

b. 若测量值与标准值不符,则说明电池管理器动力网CAN-L线可能存在异常,需进一步检修。

检测内容	检测条件	标准值
BK45(B)/17—蓄电池/B-	打开车辆启动开关,将万用表调至直流电压挡位	1.5～2.5V

(3)示波器波形验证CAN通信线。

① 读取电池管理器BK45(B)的动力网CAN-H波形和CAN-L波形。

a. 取出示波器。

b. 检查示波器正常可用。

c. 将示波器搭铁线连接蓄电池负极,其余两个通道线分别连接电池管理器BK45(B)/16和电池管理器BK45(B)/17。并读取电池管理器BK45(B)的动力网CAN-H波形和CAN-L波形,如图3-2-18所示。

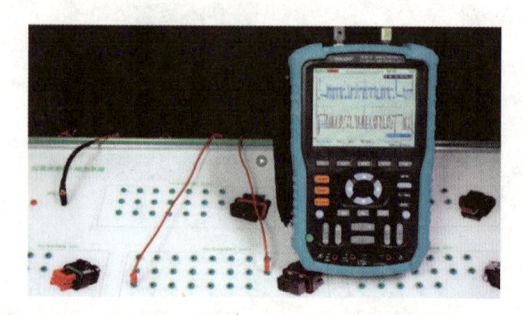

图 3-2-18 电池管理器 BK45(B)的动力网波形检测

d. 调整示波器波形，截取部分波形进行观察。正常波形如图3-2-19所示。

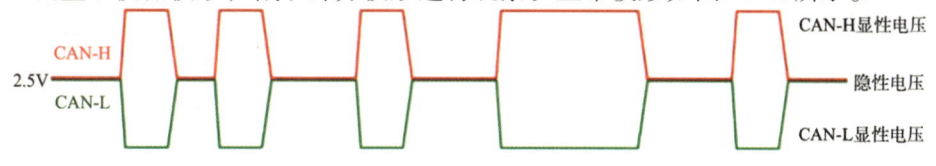

图 3-2-19　正常波形

e. 若测量出的动力网CAN-H波形和动力网CAN-L波形发生异常畸变，结合检测结果，判定动力网CAN-H线或动力网CAN-L线存在断路，需维修或更换线束。

检测内容	检测条件	标准值
通道1：BK45（B）/16 通道2：BK45（B）/17 — 蓄电池/B-	打开车辆启动开关，示波器正常可用	标准的方波信号

> **注意事项**
>
> 正常的动力网CAN信号波形为标准的方波信号，动力网CAN-H波形和动力网CAN-L波形应呈上下对称，波形应平整无毛刺。若波形存在干扰，则需排除干扰后重新进行检测。

任务 3.3　电机控制器检测

一、任务导入

张先生购买的新能源汽车在下班途中，出现上电后，仪表盘上显示OK灯不亮，动力系统故障警告灯点亮（主警告灯点亮），仪表盘上提示"EV功能受限""请检查动力系统"的故障现象，经维修技师判定，电机控制可能存在故障，现需要你进行检修。那么请你通过本任务的学习，完成车辆的检测维修。

二、任务目标

知识目标：

1. 了解电机控制器的组成。
2. 熟悉电机控制器的组件位置。
3. 掌握电机控制器的功能。

技能目标:

能够正确完成电机控制器的检测操作。

素质目标:

1. 通过团队协作制订工作计划,培养学生的自主能力及团队协作意识。(行为目标)
2. 通过工学结合的方式,让学生提前适应工作岗位,避免在今后工作中发生欺瞒客户、夸大故障等现象,培养学生的诚实守信精神。(行为目标)
3. 通过规范完成比亚迪秦EV电机控制器电源电路检测任务,提高学生的动手操作能力,并培养学生求真务实、严谨细致的工匠精神。(职业素养目标)

三、知识链接

电机控制器,通常简称MCU,主要用于管理和控制驱动电机的运转速度、方向以及将驱动电机作为逆变电机发电。

(一)电机控制器概述

1. 电机控制器的组成

电机控制器主要由功率变换电路、主控单元CPU、电流检测模块、通信单元等组成。

(1)主控单元。

主控单元是电机控制器的核心部分,能够根据车辆的需求,精确控制电机的运行状态。其主要负责接收来自车辆控制系统的指令,并对电机进行控制。它包含了控制算法和逻辑电路可以实现电机的启动、停止、调速和控制模式切换等功能。主控单元结构图如图3-3-1所示。

图3-3-1 主控单元结构图

（2）电流检测模块。

电机控制器主要依靠电流传感器、电压传感器、温度传感器来进行电机运行状态的监测，根据相应参数进行电压、电流的调整控制及其他控制功能的完成。电流传感器的外观如图3-3-2所示。

（3）功率变换电路。

功率变换电路的作用就是通过合理、有效地控制电源系统电压、电流的输出和驱动电机电压、电流的输入，完成对驱动电机的转矩、转速和旋转方向的控制。IGBT的外观如图3-3-3所示。

图 3-3-2　电流传感器的外观

图 3-3-3　IGBT 的外观

（4）通信单元。

通信单元给主控单元输送电压、电流、温度等各种信号，并传输主控单元发出的控制指令。

MCU根据转矩需求信号（加速踏板位置传感器）、制动开关（踏板）信号、前进挡、倒车（倒车挡）、电机转速（旋变）、电机转子位置（旋变）、电机温度等信号控制电机转速、电机旋转方向，同时发出冷却系统启动请求、故障保护请求（过电流、过电压高温）等。MCU原理控制图如图3-3-4所示。

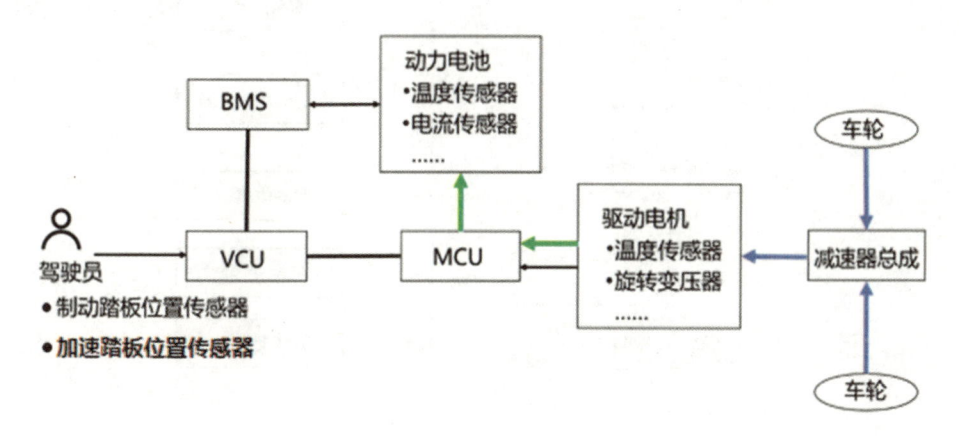

图 3-3-4　MCU 原理控制图

2. 比亚迪秦EV电机控制器组件位置

比亚迪秦EV的电机驱动系统采用的是电驱三合一结构，其驱动电机、电机控制器和减速器总成构成电驱动桥总成，其中电机控制器位于前机舱驱动电机的上方。电机控制器组件位置如图3-3-5所示。

图 3-3-5　电机控制器组件位置

3. 电机控制器的功能

电机控制器的功能如图3-3-6所示。

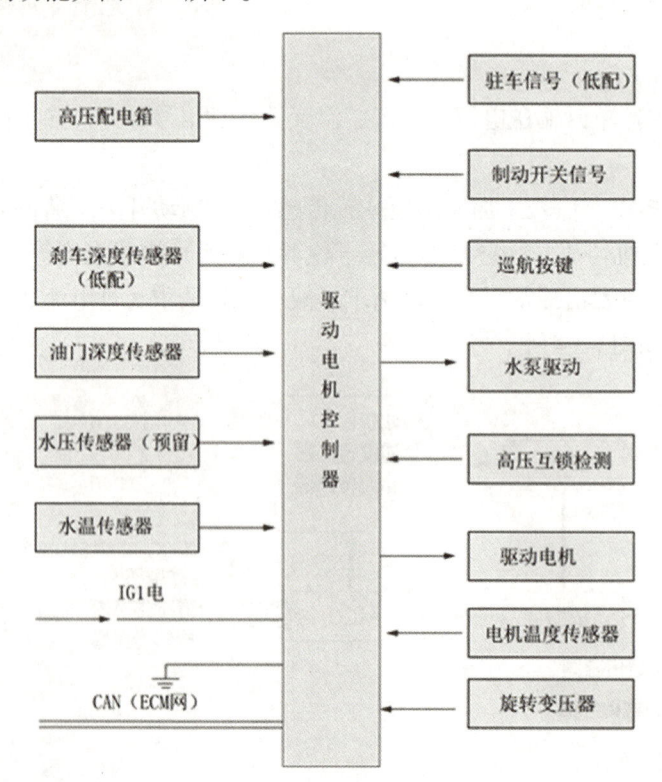

图 3-3-6　电机控制器的功能

驱动电机控制器的功用如下：

（1）作为动力系统的总控中心，驱动电机的运行，根据工况控制电机的正反转、功率、扭矩、转速等；协调驱动电机管理系统工作。

（2）通过传感器采集电机的旋变、温度信号以及制动、油门踏板深度信号。

（3）通过CAN通信采集刹车深度（制动踏板位置）、挡位信号、驻车开关信号、启动命令、电池管理控制器相关数据、控制器的故障信息。

（4）内部处理的信号有直流侧母线电压、交流侧三相电流、IGBT温度、电机的三相绕组阻值。

（二）电机控制器自检

驱动电机管理系统（控制器）在控制驱动电机的同时，还会对驱动电机、相关的传感器及自身控制模块进行实时自检。大多数混合动力汽车或纯电动汽车的驱动电机控制器主要在以下方面实施自检。

1. 控制器供电和程序检测

（1）供电检测。

电机控制器内部会有来自车辆蓄电池的12V参考电源，以运行驱动电机传感器及其他处理器。当连接的参考电源、电压过低或过高时，控制器将会实行自我关闭，并对外输出诊断故障码。

（2）内部软件的自检测。

电机控制器内部包括有电机控制单元、逆变器控制单元等，这些部件都有集成电路及CPU单元，在正常运行过程中，系统会对读写存储器的能力进行监测，这属于控制器的内部故障检测。

2. IGBT性能检测

驱动电机控制器MCU会根据整车控制器VCU的指令，控制IGBT的接通和断开，从而实现驱动电机的输出或作为发电机工作。在对电机逆变的过程中，通过顺序启动IGBT的高电流开关晶体管，控制其相应的驱动电机或发电机的速度、方向和输出扭矩。同时，控制器会检测每个IGBT的故障情况，当发现相应故障后，会关闭逆变器功能。IGBT的外观如图3-3-7所示。

电机控制器检测

图 3-3-7　IGBT 的外观

3. 驱动电机U-V-W 相电流检测

由于驱动电机或发电机使用三相交流电运行，且IGBT通常会对应控制驱动电机或发电机的其中一个相，各相分别标识为U、V、W。控制器利用电流传感器监测连接到各驱动电机或发电机的三相电流，以便检测逆变器是否存在电流过大故障。电机控制器内的电流传感器如图3-3-8所示。

图3-3-8 电机控制器内的电流传感器

4. 电机温度检测

电机控制器内的IGBT控制模块有多个热敏电阻式温度传感器，用于检测IGBT控制模块的工作温度的温度传感器。控制器通常向温度传感器提供一个5V参考电压信号，并测量电路中的电压降。当温度升高时，传感器电阻减小，信号电压也降低。

5. 驱动电机位置传感器的检测

驱动电机位置传感器由电机控制器监测，常用的为旋转变压器型位置传感器信号，电机控制器监测驱动电机发电机转子的角位置、转速和方向，旋转变压器如图3-3-9所示。

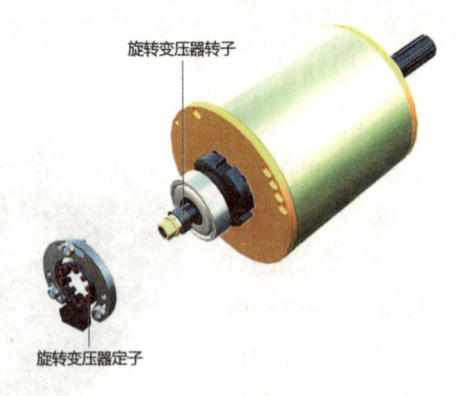

图3-3-9 旋转变压器

车辆启动时，电机控制器输出一个7V交流电、10KHZ的励磁信号至驱动线圈。主动线圈励磁信号生成一个环绕两个从动线圈和不规则形状转子的磁场。然后，电机控制模块监测两个从动线圈电路，以获得一个返回信号。通过对比两个从动线圈信号，电机控制器能够确定驱动电机发电机转子的精确位置、速度和方向。

6. 控制器高压绝缘检测

驱动电机控制器测试高电压正极电路或高电压负极电路和车辆底盘之间是否存在失去绝缘的情况，当检测到电机控制器或者相关电路在动力电池输出高电压后，存在对车辆底盘的电阻过低情况，系统将会将这一情况反馈给整车控制器，并与整车控制器一起切断车辆的高电压，避免发生事故。

（三）电机控制器数据分析

通过连接诊断仪读取的相关数据流有电机转速、电机转矩、电机温度、控制信号、电机控制器IPM状态、过流状态、软件包版本、驱动电机零位置、驱动电机标定状态和电机编号等信号。读取数据流图片如图3-3-10所示。

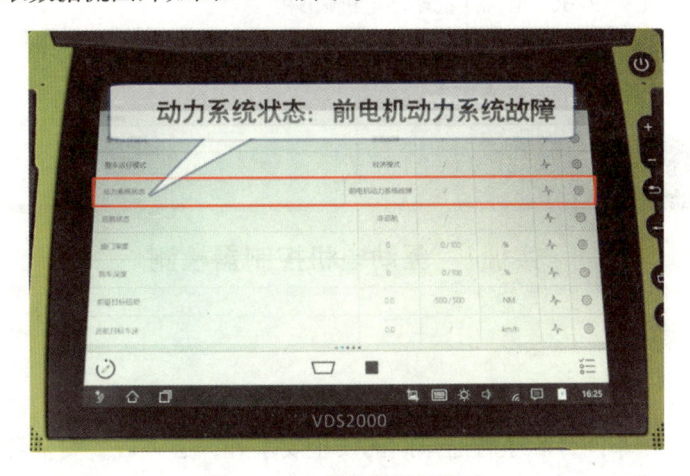

图 3-3-10　读取数据流图片

电机控制器读取的数据名称和数据意义如表3-3-1所示。

表 3-3-1　电机控制器读取的数据名称和数据意义

序号	数据名称	数据意义
1	电机转速	驱动电机转动的速度
2	电机温度	电机输出的力矩
3	电机转矩	电机内部的温度
4	控制信号	指用于控制电机转速和转矩的输入信号
5	电机控制器IPM的状态	电机控制器IPM的工作状态
6	过流状态	驱动电机运行时电流超过额定值的状态
7	驱动电机零位置	指电机控制系统所使用的软件包的版本号
8	驱动电机标定状态	电机控制系统对电机参数进行标定的状态
9	电机编号	用于电机进行标识的编号

电机控制器常见的故障码及故障定义如表3-3-2所示。

表 3-3-2　常见的故障码及故障定义

故障码	故障定义
P1BB000	前驱动电机过流
P1BB200	前驱动电机一般过温告警
P1BB298	前驱动电机严重过温告警
P1BBF00	前驱动电机旋变故障-信号丢失
P1BC000	前驱动电机旋变故障-角度异常
P1BC100	前驱动电机旋变故障-信号幅值减弱
P1BC200	前驱动电机缺A相
P1BC300	前驱动电机缺B相
P1BC400	前驱动电机缺C相

四、任务准备

实训1　驱动电机控制器检测

（一）任务准备

1. 操作规范

新能源汽车操作车间，除了普通车间的安全要求外，必须放置安全警示标志，避免他人未经允许进入高电压工位而发生危险。实训操作前需严格按照规范穿戴安全防护装备，操作过程中严格按照规范进行，操作后要进行复检，确保车辆恢复原样，逐步引导学生养成求真务实、严谨细致的操作习惯。

2. 实训准备

（1）实训分组。

根据车辆及人员数量对学生进行分组，通常每组有3~4人，即1人操作、1人记录、1~2人作为安全员，完成"驱动电机控制器电源电路检测"任务。

（2）工具准备。

绝缘工具套装、绝缘胶带、维修组合工具、万用表。

（3）设备准备。

比亚迪秦EV400整车、电脑诊断仪。

（4）车辆防护用品。

车内三件套、车外三件套、底盘垫块、车轮挡块。

（5）人员防护用品。

绝缘手套、绝缘鞋、护目镜、安全帽。

（6）辅助资料。

比亚迪秦EV400维修手册。

（二）任务实施

1. 电机控制器在线检测

高速CAN总线检测
（比亚迪秦EV）

电机控制器在线检测主要有以下几种方法。

（1）使用故障诊断仪读取故障码。

（2）查阅维修手册，确认故障码定义。

（3）读取相关数据流。

（4）结合故障现象和检查结果，初步判断驱动电机控制器及相关电路可能存在的故障。

2. 电机控制器电路分析

查阅比亚迪秦EV400维修手册，找到驱动电机控制器的相关电路图，如图3-3-11所示。

电机控制器电路分析
（比亚迪秦EV）

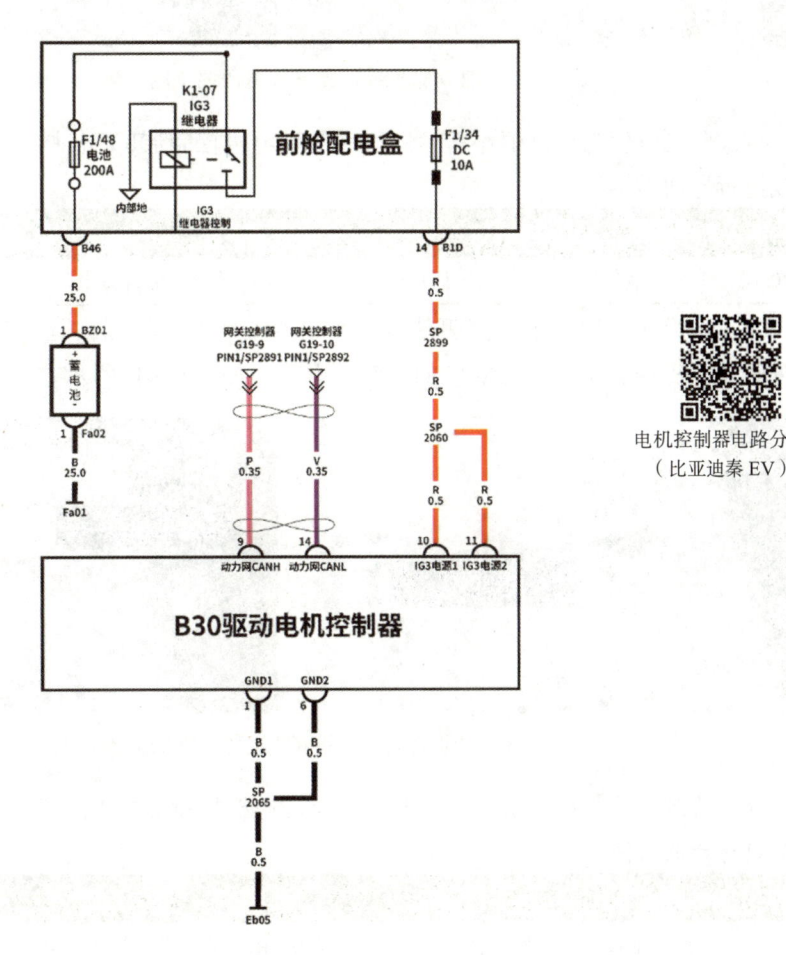

图 3-3-11　驱动电机控制器的相关电路图

电机控制器的电源电路为IG3电源电路，它为电机控制器提供12V的IG3电源、电压，由电源线和搭铁线组成。

3. 检测电机控制器电源线

（1）打开车辆启动开关。

（2）取出万用表，校表确认万用表正常可用，将万用表调至直流电压挡位。

（3）将万用表黑表笔连接驱动电机控制器B30的10号针脚，红表笔连接蓄电池负极，检测驱动电机控制器IG3电源线1的电源、电压，如图3-3-12所示。

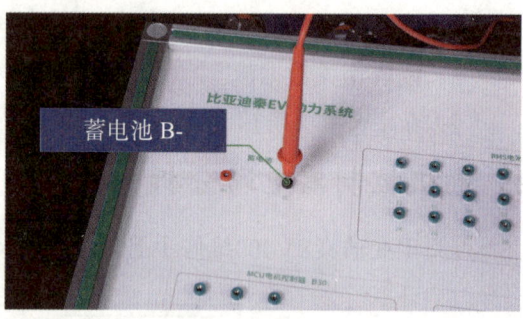

图3-3-12　驱动电机控制器IG3电源线1的电源、电压检测

（4）若测量值与标准值不符，则说明驱动电机控制器IG3电源线1供电存在异常，需对导线进行导通性测试。

检测内容	检测条件	标准值
B30/10 — 蓄电池负极	车辆启动开关打开，将万用表调至直流电压挡	11~14V

（5）将万用表黑表笔连接驱动电机控制器B30的11号针脚，红表笔连接蓄电池负极，检测驱动电机控制器IG3电源线2的电源、电压，如图3-3-13所示。

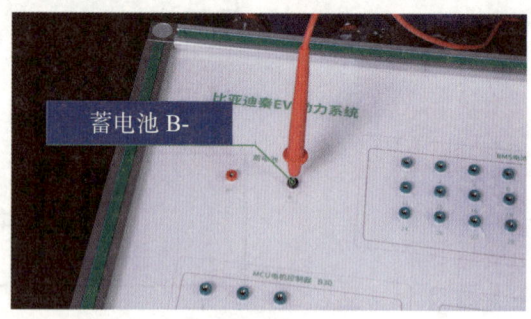

图3-3-13　驱动电机控制器IG3电源线2的电源、电压检测

（6）若测量值与标准值不符，则说明驱动电机控制器IG3电源线2供电存在异常，需对导线进行导通性测试。

检测内容	检测条件	标准值
B30/11 — 蓄电池负极	车辆启动开关打开，将万用表调至直流电压挡位	11~14V

项目三　新能源汽车高压控制系统

（7）将万用表红表笔连接线束结点SP2060针脚，黑表笔连接蓄电池负极，检测IG3电源电路线束结点SP2060的工作电压，如图3-3-14所示。

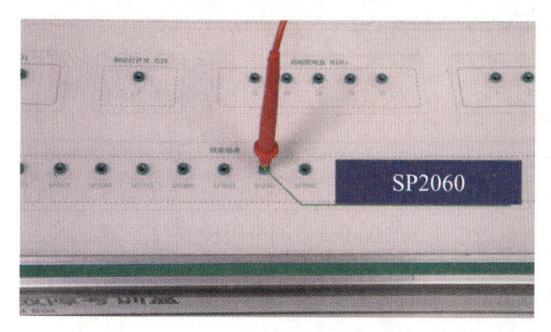

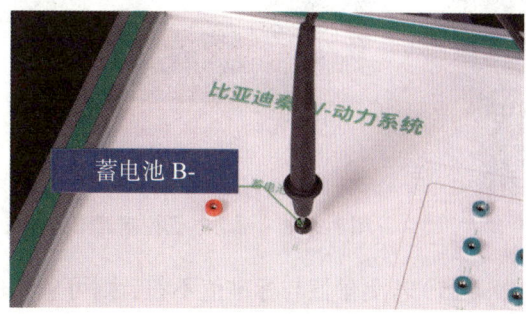

图 3-3-14　IG3 电源电路线束节点 SP2060 的工作电压检测

（8）若测量值与标准值不符，则说明IG3电源电路线束结点SP2060供电存在异常，需进一步检修。

检测内容	检测条件	标准值
SP2060 — 蓄电池负极	车辆启动开关打开，将万用表调至直流电压挡位	11～14V

（9）关闭车辆启动开关。
（10）断开蓄电池负极电缆。
（11）将万用表调至电阻挡位。
（12）将万用表黑表笔连接驱动电机控制器B30的10号针脚，红表笔连接线束结点SP2060针脚，检测驱动电机控制器B30的IG3电源1至SP2060线束电阻，如图3-3-15所示。

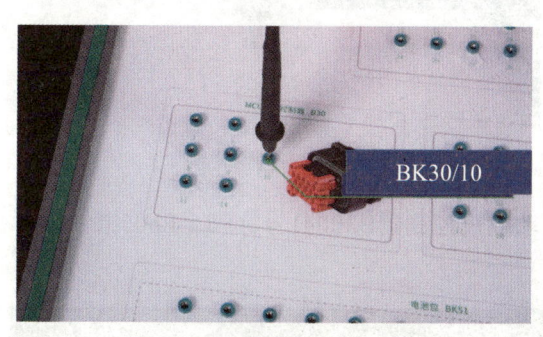

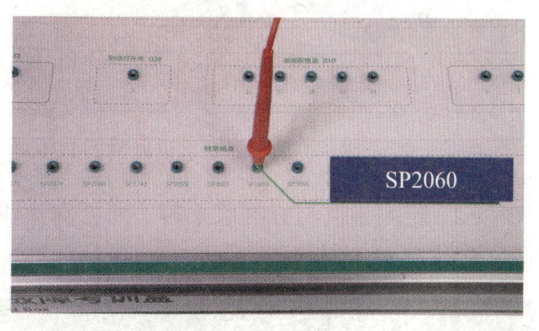

图 3-3-15　驱动电机控制器 B30 的 IG3 电源 1 至 SP2060 线束电阻检测

（13）若测量值与标准值不符，则可确认驱动电机控制器B30的IG3电源1至SP2060线束断路，需维修或更换线束。

检测内容	检测条件	标准值
B30/10 — SP2060	车辆启动开关关闭，蓄电池负极断开，将万用表调至电阻挡位	<1Ω

（14）将万用表黑表笔连接驱动电机控制器B30的11号针脚，红表笔连接线束结点SP2060针脚，检测驱动电机控制器B30的IG3电源2至SP2060线束电阻，如图3-3-16所示。

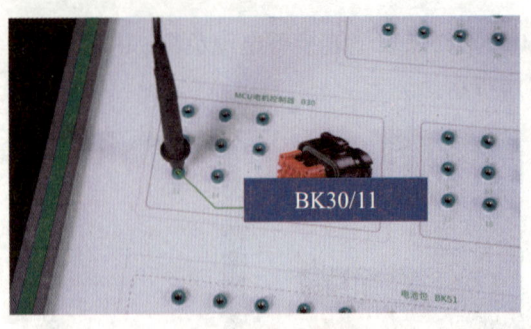

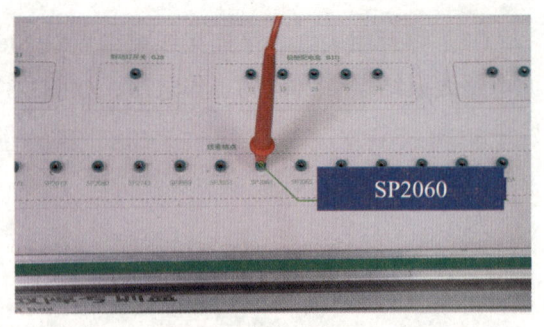

图 3-3-16 驱动电机控制器 B30 的 IG3 电源 2 至 SP2060 线束的电阻检测

（15）若测量值与标准值不符，则可确认驱动电机控制器B30的IG3电源2至SP2060线束断路，需维修或更换线束。

检测内容	检测条件	标准值
B30/11 — SP2060	车辆启动开关关闭，蓄电池负极断开，将万用表调至电阻挡位	<1Ω

4. 检测电机控制器搭铁线

（1）将万用表红表笔连接驱动电机控制器B30的1号针脚，黑表笔连接蓄电池B-针脚，检测驱动电机控制器B30的1号针脚至Eb05搭铁线的电阻，如图3-3-17所示。

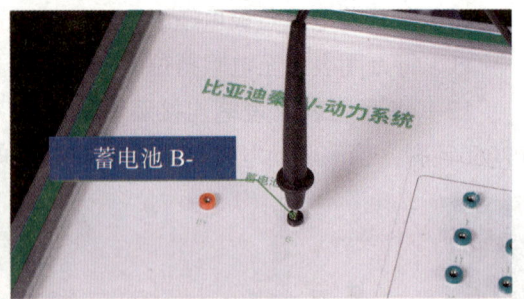

图 3-3-17 驱动电机控制器 B30 的 1 号针脚至 Eb05 搭铁线的电阻检测

（2）若测量值与标准值不符，则可确认驱动电机控制器B30的1号针脚至Eb05搭铁线断路，需维修或更换线束。

检测内容	检测条件	标准值
B30/1 — 蓄电池负极	车辆启动开关关闭，蓄电池负极断开，将万用表调至电阻挡位	<1Ω

（3）将万用表红表笔连接驱动电机控制器B30的6号针脚，黑表笔连接蓄电池B-针脚，检测驱动电机控制器B30的6号针脚至Eb05搭铁线的电阻，如图3-3-18所示。

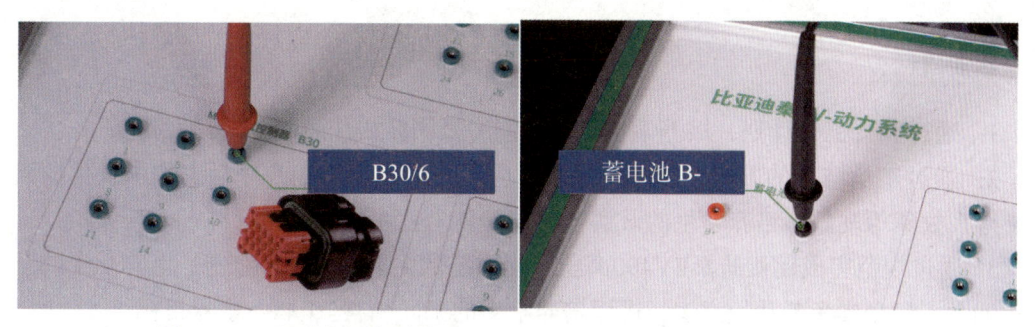

图 3-3-18　驱动电机控制器 B30 的 6 号针脚至 Eb05 搭铁线的电阻检测

（4）若测量值与标准值不符，则可确认驱动电机控制器B30的6号针脚至Eb05搭铁线断路，需维修或更换线束。

检测内容	检测条件	标准值
B30/6 —— 蓄电池负极	车辆启动开关关闭，蓄电池负极断开，将万用表调至电阻挡位	<1Ω

任务 3.4　高压分配系统检测

一、任务导入

张先生反映自己的新能源汽车上电后，仪表盘上显示OK灯不亮，充电连接指示灯常亮，低压蓄电池故障指示灯常亮，仪表盘上提示："低压供电系统故障，请安全停车并联系服务门店"，"请断开充电枪，将车辆启动后挂挡行驶"，且外部机舱内散热风扇高速运转。

作为本专业的学生，你能利用自己的专业知识帮助张先生吗？如果不能，那么通过本任务的学习，希望你可以就张先生遇到的问题，做出完美的解答。

二、任务目标

知识目标：

1. 了解高压分配系统的作用。
2. 熟悉高压分配系统的组成。
3. 理解高压分配系统的工作过程。

技能目标：

能够对比亚迪秦EV400高压分配系统的主要部件进行检测。

素质目标：

1. 通过制订工作计划，培养学生的自主能力及团队协作意识。（行为目标）

2. 通过工学结合的方式，让学生提前适应工作岗位，避免在今后工作中发生欺瞒客户、夸大故障等现象，培养学生的诚实守信精神。（行为目标）

3. 通过规范完成比亚迪秦EV400高压分配系统的主要部件检测任务，培养学生的动手操作能力，树立崇尚劳动的意识，进而培养学生的工匠精神。（职业素养目标）

三、知识链接

高压分配系统是指将高压电能从高压电池传输到驱动电机、电动压缩机、PTC加热器等其他高压设备的系统。高压分配系统依靠高压控制盒或高压配电箱分配和控制高压电能。

（一）高压分配系统概述

高压分配系统是电动汽车或混合动力汽车中的一个重要部分，它的作用是将高压电能从高压电池传输到电动机或其他高压设备，以驱动车辆运行。

1. 高压分配系统组成

高压分配系统主要由高压线束和高压控制盒（即高压配电箱）等组成。高压电池是新能源汽车的电能储存装置；高压线束用于将电能从高压电池传输到其他高压设备；高压控制盒（即高压配电箱）负责分配和控制高压电能的传输和使用；驱动电机是高压分配系统的最终驱动设备，接收高压电能并将其转化为机械能，驱动车辆运行。

2. 高压分配系统工作过程

高压分配系统工作时，高压电池提供储存的电能，通过高压电缆传输到高压控制盒（即高压配电箱），高压控制盒（即高压配电箱）根据车辆的需求，将电能分配给电动机或其他高压设备，驱动电机接收到高压电能后，将其转化为机械能，驱动车辆运行。高压分配系统工作过程如图3-4-1所示。

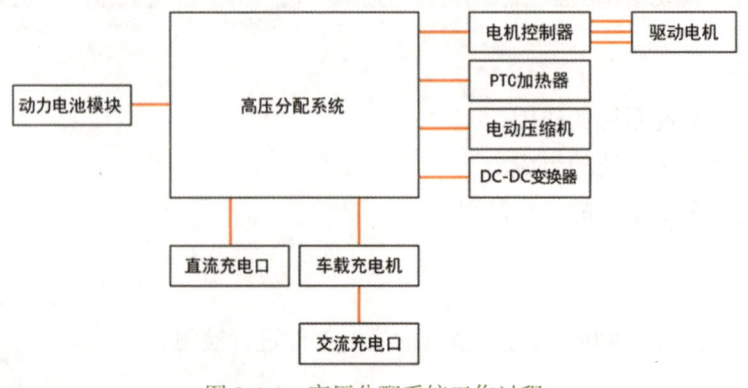

图3-4-1　高压分配系统工作过程

（二）高压配电箱

新能源汽车的高压配电箱即为高压控制盒，通过继电器、开关等元器件，实现对高压电能的精确控制和管理，保证电能的安全传输和使用。高压控制盒的外部结构如图3-4-2所示，高压控制盒的内部结构如图3-4-3所示。

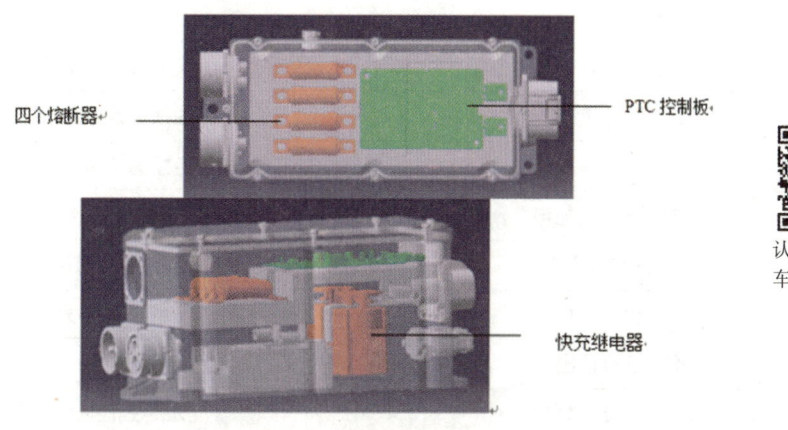

图 3-4-2　高压控制盒的外部结构

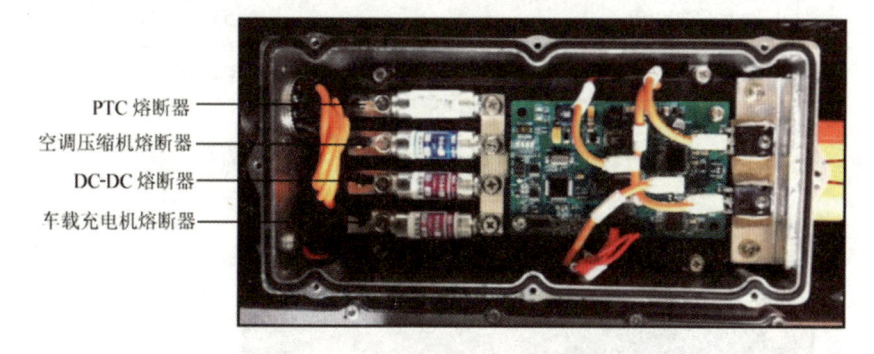

图 3-4-3　高压控制盒的内部结构

1. 高压配电箱位置

高压配电箱将电池包的高压直流电分配给整车高压电器使用，其上游是动力电池包，下游包括驱动电机控制器及DC总成、PTC水加热器、电动压缩机；也将车载充电器的高压直流电分配给电池包。

比亚迪秦EV充配电总成布置在车辆前舱上部，充配电总成集成车载充电器模块、DC-DC变换器模块、高压配电模块和漏电传感器，安装在前舱车身大支架上。比亚迪秦EV充配电总成外部连接如图3-4-4所示，比亚迪秦EV充配电总成外围结构如图3-4-5所示，比亚迪秦EV充配电总成低压插接件位置如图3-4-6所示，比亚迪秦EV充配电总成低压插接件端子视图如图3-4-7所示，比亚迪秦EV充配电总成低压接插器各针脚定义如图3-4-8所示。

序号	定义	对接说明
1	辅助定位（Φ11）	安装在前舱大支架上
2	出水口	连接冷却水管
3	排气口	连接排气管
4	进水口	连接冷却水管
5	主定位（Φ9）	安装在前舱大支架上
6	交流充电输入	连接交流充电口
7	直流充电输入	连接直流充电口
8	空调压缩机配电	连接空调压缩机
9	空调 PTC 配电	连接空调 PTC
10	辅助定位（Φ9）	安装在前脑大支架上
11	低压正极输出	连接蓄电池
12	辅助定位（Φ11）	安装在前舱大支架上
13	低压信号	连接低压线束
14	电机控制器配电	连接电机控制器
15	高压直流输入/输出	连接电池包

图 3-4-4　比亚迪秦 EV 充配电总成外部连接含义

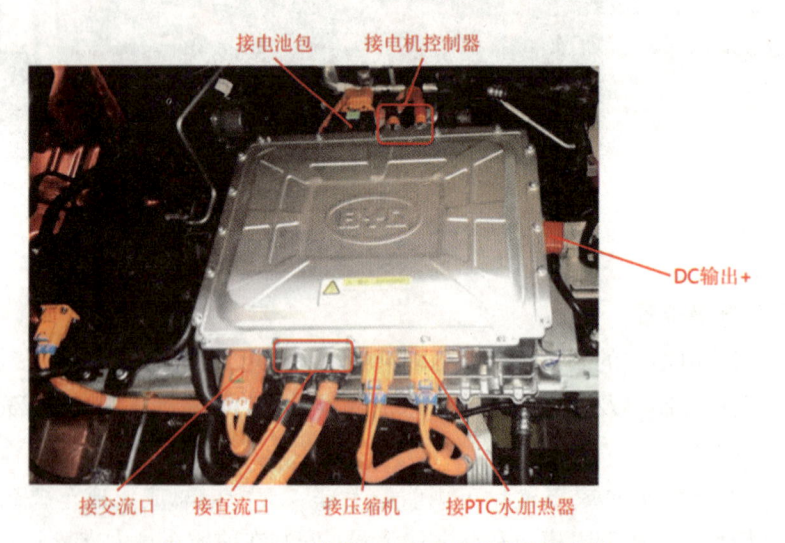

图 3-4-5　比亚迪秦 EV 充配电总成外围结构

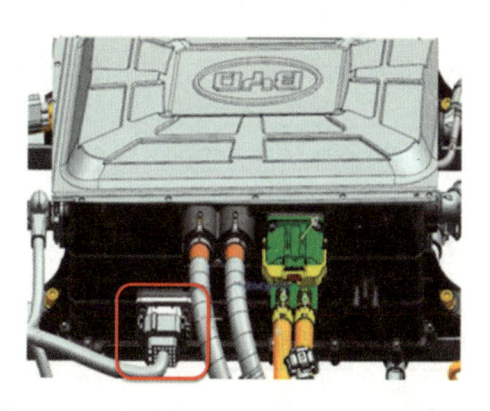

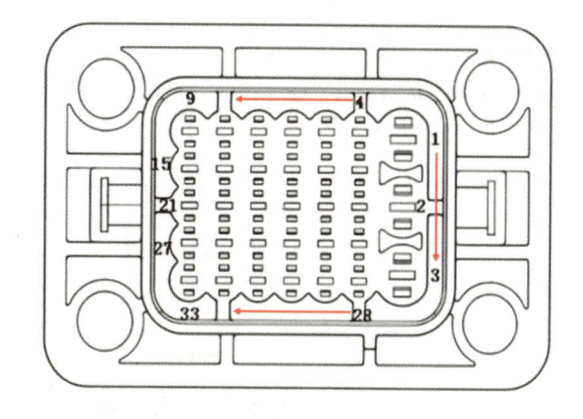

图 3-4-6　比亚迪秦 EV 充配电总成低压插接件位置　图 3-4-7　比亚迪秦 EV 充配电总成低压插接件端子视图

引脚号	端口名称	端口定义	线束接法	备注
1	OFF-12V-1	常电 1	接 12V 常电	
2	OFF-12V-1	常电 2	接 12V 常电	
3	GND	常电电源地 1	电源地	
4	CC	充电连接确认	接交流充电口-2	
5	CP	充电控制导引	接交流充电口-1	
6	CC-BMC	充电连接信号	接 BMC02-20	
7	T-CDK	充电口温度检测	接交流充电口-7	
8	SOURSE-JCQ	直流充电正极/直流充电负极接触器电	接 BMC01-15	
9	CONTROL-JCQ+	直流充电正极接触器控制信号	接 BMC01-33	
10	CONTROL-JCQ-	直流充电负极接触器控制信号	接 BMC01-24	
11	SJJC	直流充电接触器烧结检测信号	接 BMC02-7	
12	DCHS-IN	直流高压互锁输入	接 PTC 控制器互锁	风加热 PTC 配置
13	DCHS-IN	直流高压互锁输入	接电池包 D-29	水加热 PTC 二合一配置
14	DCHS-OUT	直流高压互锁输出	接 BMC02-05	
15	DCHS-IN	交流高压互锁输出	接 BMC02-11	
16	DCHS-OUT	交流高压互锁输入	接 BMC02-10	
17	CAN-H	动力网 CAN 线		
18	CAN-L	动力网 CAN 线		
19	GND	直流充电接触器烧结检测信号地	信号地	
20	GND	常电电源地 2	电源地	

图 3-4-8　比亚迪秦 EV 充配电总成低压接插器各针脚定义

2. 高压配电箱功能

高压配电箱功能如图 3-4-9 所示，其具体含义如下。

（1）高压直流输出：通过电池管理器控制预充继电器、主继电器吸合，使得放电回路导通，为前、后电机控制器和空调负载供电。

（2）车载充电机单项充电输入：通过电池管理器控制车载充电器吸合，使车载充电器回路导通，为高压电池充电。

（3）电流采样：通过霍尔电流传感器采样高压电池正极母线中的电流，为电池管理系统提供电流信号。

（4）高压互锁：通过低压信号确认整个高压系统盖子及高压插件是否已经完全连接。

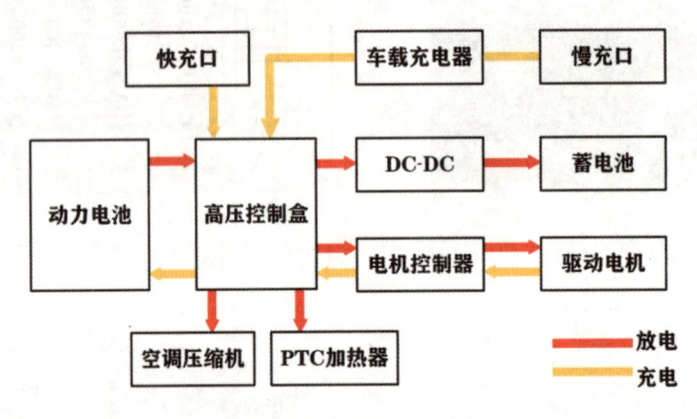

图 3-4-9　高压配电箱功能

3. 高压配电箱组成

高压配电箱是控制高电压接通与关闭的执行部件，其主要由外壳、进线口、熔断器、继电器（高压继电器）、开关、保护装置等组成，如图3-4-10所示。通过这些部件的配合和控制，实现对高压电能的精确控制和管理。

图 3-4-10　高压控制盒部分组成部件

4. 高压配电箱（高压控制盒）工作原理

高压配电盒（高压控制盒）在不同模式下工作原理是不同的。

（1）充电模式。

当电动汽车处于充电模式时，经由慢充和快充转换的高压直流电经过高压控制盒连接到动力电池组件中。充电模式下高压控制盒工作原理示意图如图3-4-11所示。

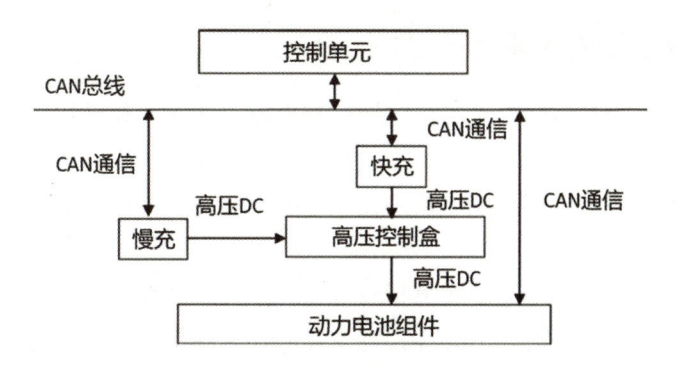

图 3-4-11　充电模式下高压控制盒工作原理示意图

（2）驱动模式。

当汽车处于驱动模式时，动力电池组件中储存的高压直流电经高压控制分配盒分配到各用电部件，保证各部件的电能需求。驱动模式下高压控制盒工作原理示意图如图3-4-12所示。

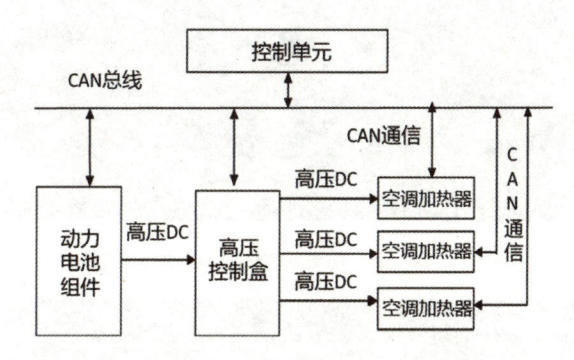

图 3-4-12　驱动模式下高压控制盒工作原理示意图

（3）制动能量回收模式。

当电动汽车处于制动能量回收模式时，回收的电能经高压控制盒直接以高压直流电形式储存到动力电池组件中。制动模式下高压控制盒工作原理示意图如图3-4-13所示。

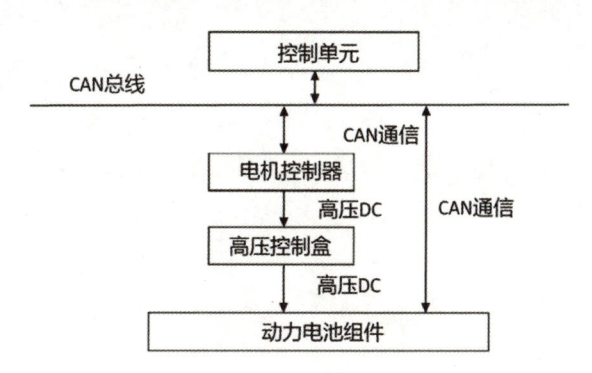

图 3-4-13　制动模式下高压控制盒工作原理示意图

（三）高压分配系统主要部件进行检测

电源管理控制器是高压配电箱内继电器与继电器的诊断主控模块，会诊断继电器是否按照预定的要求打开与关闭，不正常的吸合，如触电烧蚀会产生继电器类DTC。

（1）高压配电箱内继电器或继电器存在故障时，会导致高压配电系统内继电器不能工作，使车辆失去动力。

（2）位于车辆仪表内动力系统故障指示灯 ⛎ 点亮，如图3-4-14所示。

（3）当故障指示灯点亮时，需要连接电脑诊断仪，在车辆高压上电以后，读取故障码和数据流，从而判定充配电总成（高压配电系统）及相关电路是否存在故障，如图3-4-15所示。

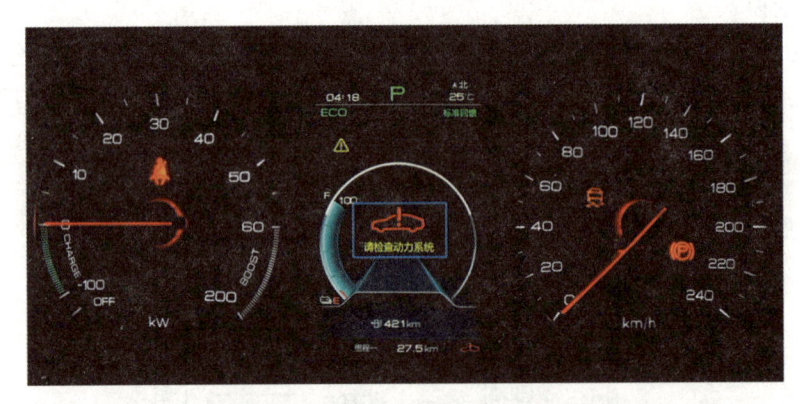

图 3-4-14　动力系统故障指示灯点亮

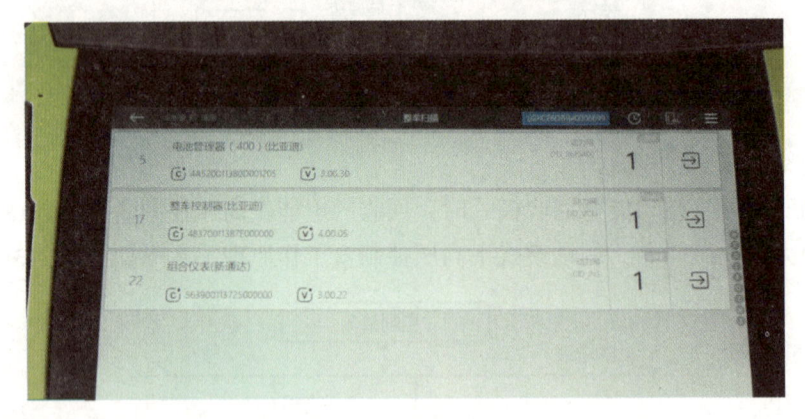

图 3-4-15　充配电总成（高压配电系统）相关故障码

四、任务实施

实训1　充配电总成检测

（一）任务准备

1. 操作规范

新能源汽车操作车间，除了普通车间的安全要求外，必须放置安全警示标志，避免他人未经允许进入高电压工位而发生危险。实训操作前需严格按照规范穿戴安全防护装备，操作过程中要严格按照规范进行，操作后要进行复检，确保车辆恢复原样。

2. 实训准备

（1）实训分组。

根据车辆及人员数量对学生进行分组，通常每组有3～4人，即1人操作、1人记录、1～2人作为安全员，完成"充配电总成检测"任务。

（2）工具准备。

绝缘工具套装、绝缘胶带、维修组合工具、万用表、示波器。

（3）设备准备。

比亚迪秦EV400整车。

（4）辅助资料。

比亚迪秦EV400维修手册。

（二）任务实施

1. 在线检测

（1）将诊断仪插头连接至车辆OBD接口。

（2）打开车辆启动开关。

（3）打开诊断仪电源开关，选择对应车型。

（4）选择"ECU模块"进行全车模块扫描。

（5）待扫描完成后，选择"电池管理器（400）（比亚迪）"模块，读取故障码，记录下读取的故障码。

（6）查阅维修手册，确认故障码定义。

> **注意事项**
> 若读取到故障码，为确保读取的为当前故障码，则需清除故障码后再次读取。

（7）读取"电池管理器（400）（比亚迪）"模块，读取相关数据流。

（8）选择"整车控制器（比亚迪）"模块，读取故障码，记录下读取的故障码。

（9）读取"整车控制器（比亚迪）"模块，读取相关数据流。

（10）检查完毕，退出诊断界面。

（11）关闭诊断仪启动开关和车辆电源，并取下诊断仪套件。

3. 充配电总成电源电路分析

查阅比亚迪秦EV400维修手册，充配电总成电路图如图3-4-16所示，可知充配电总成的电源电路及CAN通信电路。

电源电路为充配电总成提供12V的工作电压，由电源线和搭铁线组成。充配电总成与动力CAN相连，连接的CAN通信电路有2根，从充配电总成BK46/16-网关控制器G19/9之间的CAN-H电路，传输动力网2.5～3.5V之间的矩形方波信号；从充配电总成BK46/17-网关控制器G19/10之间的CAN-L电路，传输动力网1.5～2.5V之间的矩形方波信号。动力网CAN-H通信线与CAN-L通信线的标准波形为上下对称的矩形方波，波形应平整无毛刺。图3-4-17所示为动力网CAN-H通信线和CAN-L通信线正常波形。

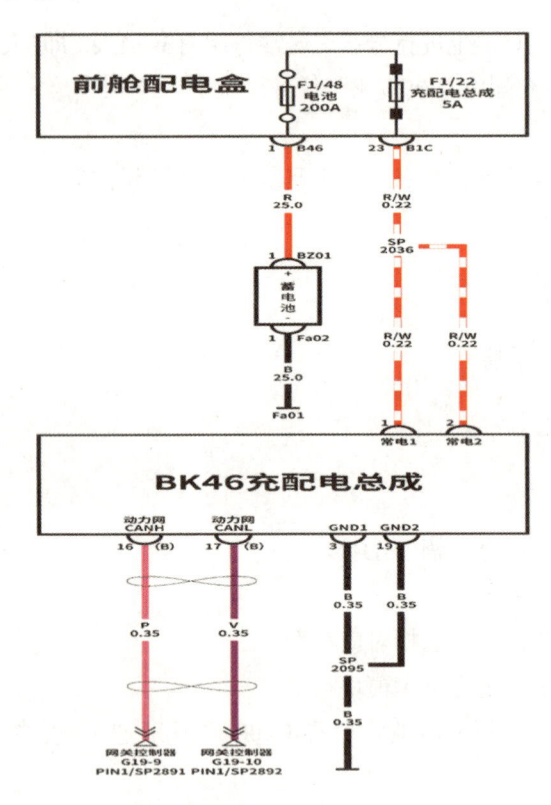

图3-4-16 充配电总成相关电路图

图3-4-17 动力网 CAN-H 通信线和 CAN-L 通信线正常波形

2. 充配电总成电源电路检测

1）充配电总成电源线检测。

（1）检测充配电总成常电电源线1的电源、电压。

① 打开车辆启动开关。

② 取出万用表，校表确认万用表正常可用，将万用表调至直流电压挡位。

③ 将万用表红表笔连接充配电总成BK46/1，黑表笔连接蓄电池负极，检测充配电总成常电电线1的电源、电压，如图3-4-18所示。

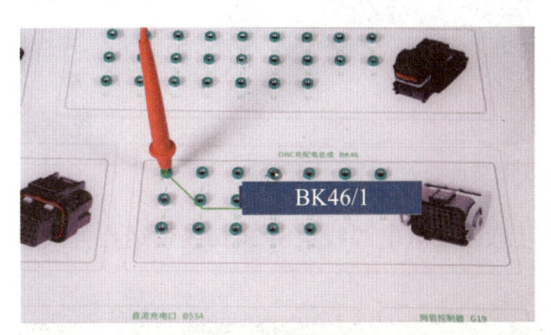

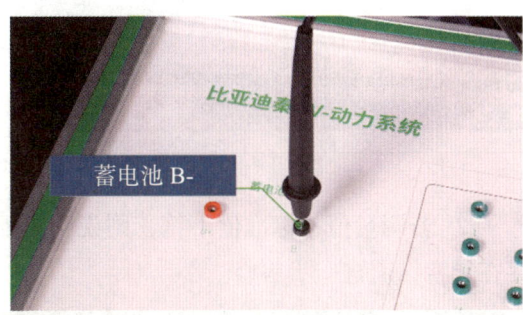

图 3-4-18 充配电总成常电电源线 1 的电源、电压检测

④ 若测量值与标准值不符，则说明充配电总成常电电源线1供电存在异常，需对线束进行导通性测试。

检测内容	检测条件	标准值
BK46/1 — 蓄电池/B-	打开车辆启动开关，将万用表调至直流电压挡位	11～14V

（2）检测充配电总成常电电源线2的电源、电压。

① 将万用表红表笔连接充配电总成BK46/2，黑表笔连接蓄电池负极，检测充配电总成常电电源线2的电源、电压，如图3-4-19所示。

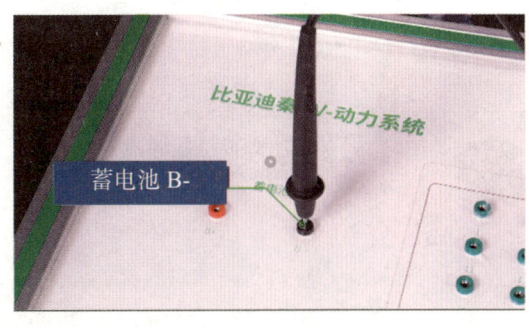

图 3-4-19 充配电总成常电电源线的电源、电压检测

② 若测量值与标准值不符，则说明充配电总成常电电源线2供电存在异常，需对线束进行导通性测试。

检测内容	检测条件	标准值
BK46/2 — 蓄电池/B-	打开车辆启动开关，将万用表调至直流电压挡位	11～14V

（3）检测充配电总成SP2036线束结点处的电源、电压。

① 将万用表红表笔连接线束结点SP2036针脚，黑表笔连接蓄电池负极，检测充配电总成SP2036线束结点处的电源、电压，如图3-4-20所示。

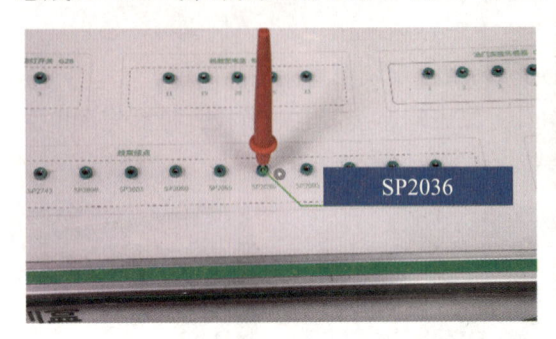

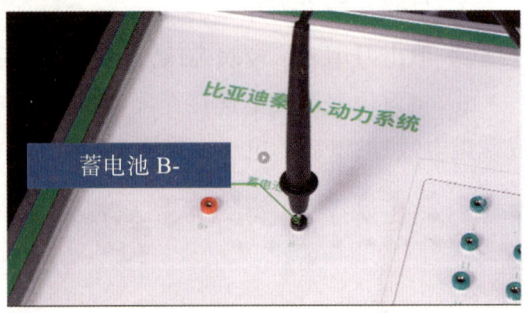

图 3-4-20　充配电总成 SP2036 线束结点处的电源、电压检测

② 若测量值与标准值不符，则说明充配电总成常电电源线束SP2036线束结点处供电存在异常，需进一步检修。

检测内容	检测条件	标准值
SP2036 — 蓄电池/B-	打开车辆启动开关，将万用表调至直流电压挡位	11～14V

4）充配电总成BK46常电1至SP2036导线的电阻。

① 关闭车辆启动开关。

② 断开蓄电池负极电缆。

③ 将万用表调至电阻挡位。

④ 将万用表红表笔连接充配电总成BK46/1，黑表笔连接线束结点SP2036针脚，检测充配电总成BK46常电1至SP2036导线的电阻，如图3-4-21所示。

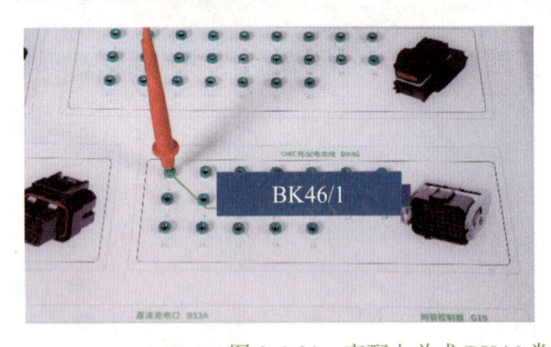

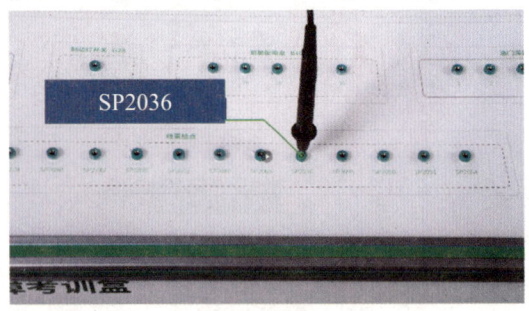

图 3-4-21　充配电总成 BK46 常电 1 至 SP2036 导线的电阻检测

⑤ 若测量值与标准值不符，则可确认充配电总成BK46常电1至SP2036导线断路，需维修或更换线束。

检测内容	检测条件	标准值
BK46/1 — SP2036	关闭车辆启动开关，断开蓄电池负极电缆，将万用表调至电阻测试挡位	<1Ω

项目三　新能源汽车高压控制系统

（5）检测充配电总成BK46常电2至SP2036导线的电阻。

① 将万用表红表笔连接充配电总成BK46/2，黑表笔连接线束结点SP2036针脚，检测充配电总成BK46常电2至SP2036导线的电阻，如图3-4-22所示。

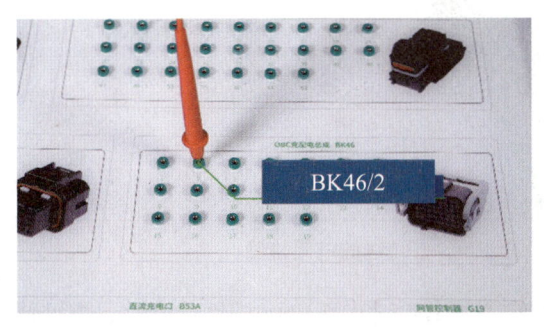

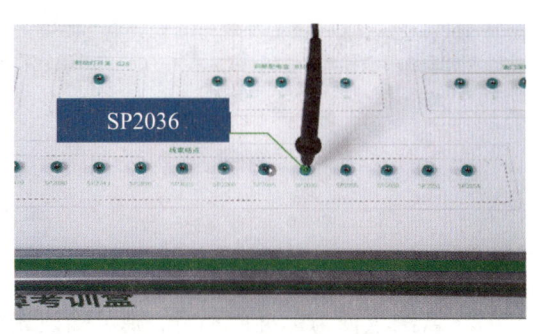

图 3-4-22　充配电总成 BK46 常电 2 至 SP2036 导线的电阻检测

② 若测量值与标准值不符，则可确认电池管理器BK45（A）/28至SP2079线断路，需维修或更换线束。

检测内容	检测条件	标准值
BK45/2 — SP2036	关闭车辆启动开关，断开蓄电池负极电缆，将万用表调至电阻测试挡位	<1Ω

2）检测充配电总成搭铁线。

（1）检测充配电总成BK46/3至Eb06搭铁线的电阻。

① 将万用表红表笔连接充配电总成BK46/3，黑表笔连接蓄电池负极，检测充配电总成BK46/3至Eb06搭铁线的电阻，如图3-4-23所示。

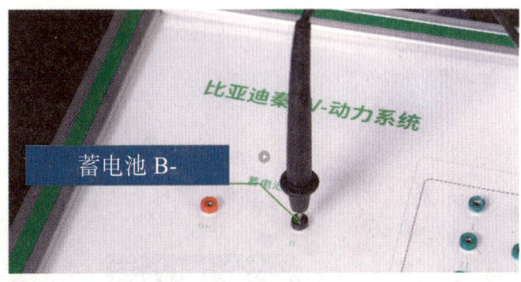

图 3-4-23　充配电总成 BK46/3 至 Eb06 搭铁线的电阻检测

② 若测量值与标准值不符，则可确认充配电总成BK46/3至Eb06搭铁线断路，需维修或更换线束。

检测内容	检测条件	标准值
BK46/3 — 蓄电池/B-	关闭车辆启动开关，断开蓄电池负极电缆，将万用表调至电阻测试挡位	<1Ω

（2）检测充配电总成BK46/19至Eb06搭铁线的电阻。

① 将万用表红表笔连接充配电总成BK46/19，黑表笔连接蓄电池负极，检测充配电总

成BK46/19至Eb06搭铁线的电阻，如图3-4-24所示。

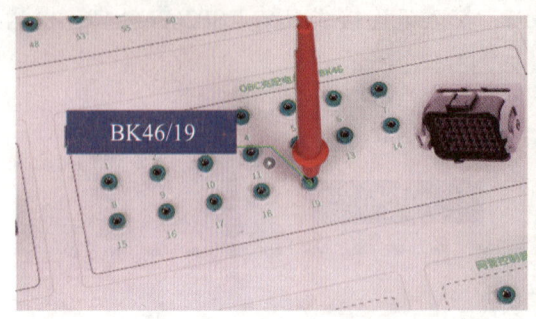

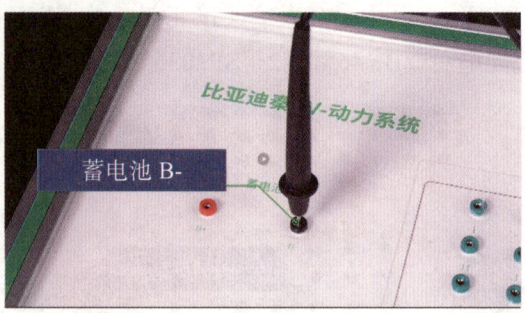

图 3-4-24　充配电总成 BK46/19 至 Eb06 搭铁线的电阻检测

② 若测量值与标准值不符，则可确认充配电总成BK46/19至Eb06搭铁线断路，需维修或更换线束。

检测内容	检测条件	标准值
BK46/19 — 蓄电池/B-	关闭车辆启动开关，断开蓄电池负极电缆，将万用表调至电阻测试挡位	<1Ω

3. 充配电总成CAN通信电路检测

（1）检测CAN-H线电源、电压。

① 连接蓄电池负极电缆。

② 打开车辆启动开关。

③ 将万用表调至直流电压挡位。

④ 将万用表红表笔连接充配电总成BK46/16，黑表笔连接蓄电池负极，检测动力网CAN-H线的电源、电压，如图3-4-25所示。

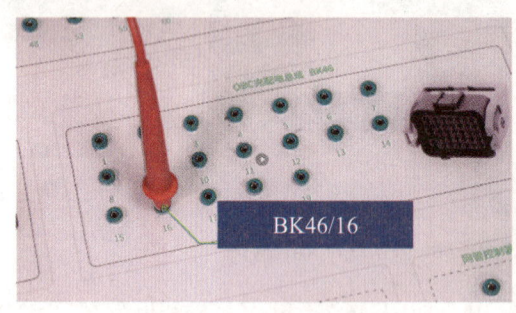

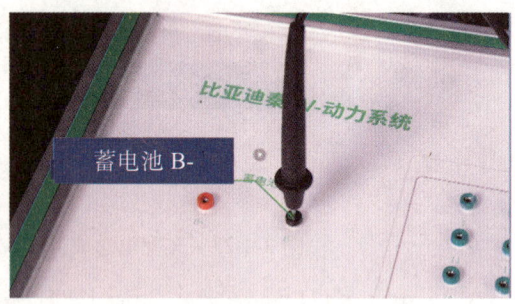

图 3-4-25　动力网 CAN-H 线的电源、电压检测

⑤ 若测量值与标准值不符，则说明动力网CAN-H线可能存在异常，需进一步检修。

检测内容	检测条件	标准值
BK46/16 — 蓄电池/B-	打开车辆启动开关，将万用表调至直流电压挡位	2.5～3.5V

（2）检测CAN-L线电源、电压。

① 将万用表红表笔连接充配电总成BK46/17，黑表笔连接蓄电池负极，检测动力网

CAN-L线的电源、电压,如图3-4-26所示。

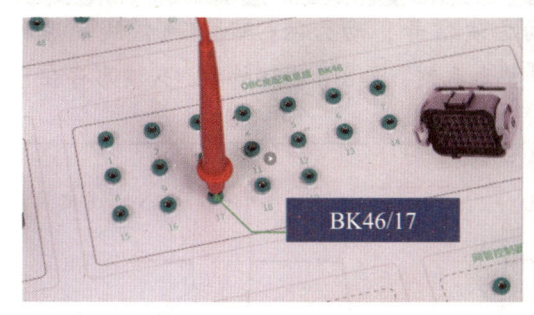

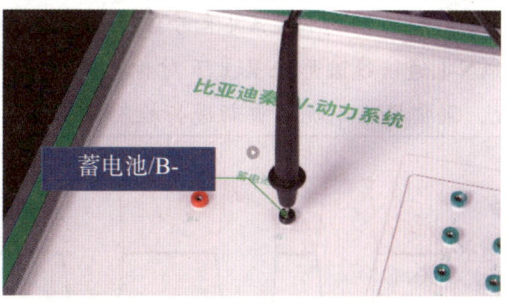

图 3-4-26　动力网 CAN-L 线的电源、电压检测

② 若测量值与标准值不符,则说明动力网CAN-L线可能存在异常,需进一步检修。

检测内容	检测条件	标准值
BK46/17 — 蓄电池/B-	打开车辆启动开关,将万用表调至直流电压挡位	1.5~2.5V

(3)示波器波形验证CAN通信线。

① 取出示波器。

② 检查示波器正常可用。

③ 将示波器搭铁线连接蓄电池负极,其余两个通道线分别连接充配电总成BK46/16和17号针脚,如图3-4-27所示。

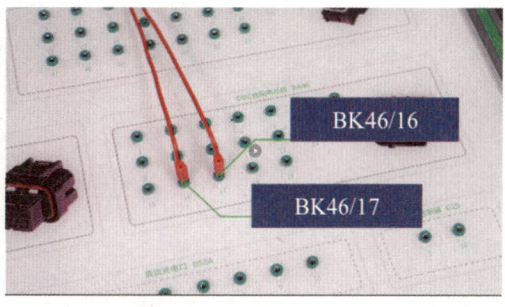

图 3-4-27　充配电总成 CAN-H 线和 CAN-L 线输出波形检测

④ 按下示波器上的自动采样按钮,读取充配电总成CAN-H线和CAN-L线输出的波形信号。

⑤ 调整示波器波形,截取部分波形进行观察。

检测内容	检测条件	标准值
通道1:BK46/16 通道2:BK46/17 — 蓄电池/B-	启动开关打开	标准的方波信号

⑥ 若测量出的动力网CAN-H通信线波形和动力网CAN-L通信线波形发生异常畸变,则结合检测结果,判定动力网CAN-H线和动力网CAN-L线束存在断路,需维修或更换线束。

> **注意事项**
>
> 正常的动力网CAN信号波形为标准的方波信号,动力网CAN-H通信线波形和CAN-L通信线波形应呈上下对称,波形应平整无毛刺,如图3-4-28所示。若波形存在干扰,则需排除干扰后重新进行检测。

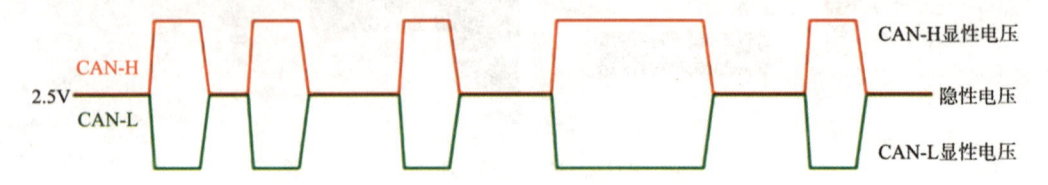

图 3-4-28　动力网 CAN-H 通信线和 CAN-L 通信线正常波形

项目四　新能源汽车故障诊断基础

任务 4.1　认识新能源汽车故障灯

一、任务导入

小张是一家新能源汽车4S店维修助理，今天店里接到一位客户电话反映打开启动开关后仪表盘上出现很多个故障灯，不显示OK灯。作为新能源汽车专业的学生，你能利用自己所学的专业知识帮助小张认识这些故障灯吗？你能完成这个任务吗？

二、任务目标

知识目标：

1. 熟悉新能源汽车仪表盘上的故障灯和检查方法。
2. 掌握各故障灯的含义。

技能目标：

1. 能够识别新能源汽车故障灯。
2. 能简单说出各故障灯点亮的故障原因。

素质目标：

1. 通过团队协作制订工作计划，培养学生的自主能力及团队协作意识。（行为目标）
2. 通过规范完成比亚迪秦EV新能源汽车故障等识别工作任务，提高学生操作能力，并培养学生吃苦耐劳的工匠品质。（职业素养目标）

故障灯的认知及诊断思路

三、知识链接

新能源汽车仪表盘上有着各种各样的指示灯，通过这些指示灯来显示当前车辆的技术状况。故障指示灯在仪表盘上显示，用户通过车辆故障指示灯来判断车辆的技术状况，保证车辆行驶安全。指示灯显示一般有三种颜色，红色表示紧急，需要用户马上采取措施排除的；黄色表示警告，需要用户尽快排除的；绿色表示正常启用的汽车功能。

(一)识别新能源汽车故障灯

当新能源汽车出现故障时,通常在仪表盘上会显示出相应的故障灯来提醒驾驶员,并根据车辆的实际运行情况,以及结合故障类型,启动相应的故障模式。以比亚迪秦EV为例,常见的故障指示灯如表4-1-1所示。

表4-1-1 比亚迪秦EV常见故障指示/警告灯含义及工作逻辑(部分)

序号	名称	图标	含义
1	动力电池电量低警告灯		当动力电池的SOC低时LED常亮,提示驾驶员需充电
2	动力电池充电连接指示灯		当车辆外接充电手柄连接或者正在充电时,LED常亮
3	动力电池故障警告灯		当动力电池发生故障时,LED常亮
4	动力系统故障警告灯		当动力系统出现故障,不能正常工作时,LED常亮或闪烁
5	OK灯		只有该灯亮时,车辆才可以正常行驶,且驾驶过程中常亮注意:有些车辆也用OK灯
6	电机及控制器过热警告灯		当驱动电机或电机控制器过热时,LED常亮
7	充电系统警告灯		当充电系统故障时,LED常亮
8	EPS故障指示灯		当ESP故障时,LED常亮
9	动力电池过热警告灯		当动力电池过热时,LED常亮
10	电机冷却液温度过高警告灯		当电机冷却液温度过高时,LED常亮
11	放电指示灯		当车辆放电时,指示灯点亮

当新能源汽车仪表盘上出现警告灯点亮后,可以遵循以下原则执行相应的检查,包括一看、二查和三清。一看,看仪表盘上显示的故障灯,定位故障原因;二查,查系统故障码和系统状态,找到故障原因;三清,清除故障。问题解决以后,通过诊断仪重新清除故障码,从而消除仪表盘上的警告灯。

(二)常见故障警告灯点亮的原因

常见故障警告灯点亮问题的引起原因如下。

1)钥匙打到ON挡后,仪表盘上所有灯不亮或闪烁或比较暗,下面两个方面会导致上述问题。

(1)仪表灯不亮:低压电池的端子虚接或者蓄电池严重亏电。

(2)仪表灯闪烁或者比较暗:蓄电池亏电。

2）低压蓄电池故障灯常亮 🔋，下面4个方面可能导致低压蓄电池亏电。

（1）由于存放时间过长或者过量使用蓄电池导致低压蓄电池电压较低，如图4-1-1所示。

（2）DC-DC变换器故障，不能给低压蓄电池充电。

（3）DC-DC变换器保险丝熔断，低压蓄电池上方的保险丝熔断，如图4-1-2所示。

图 4-1-1　蓄电池电压过低

图 4-1-2　保险丝熔断

（4）连接DC-DC变换器至低压蓄电池端的线束存在问题。

3）动力电池故障灯常亮，高压不上电，OK灯不亮，动力电池故障灯 常亮，可能有下面两个方面会报出动力电池报警故障。动力电池故障警告灯常亮如图4-1-3所示。

图 4-1-3　动力电池故障警告灯常亮

（1）高压电池系统（BMS）故障。

高压电池（BMS）系统相关故障码如图4-1-4所示，故障码及含义见表4-1-2。

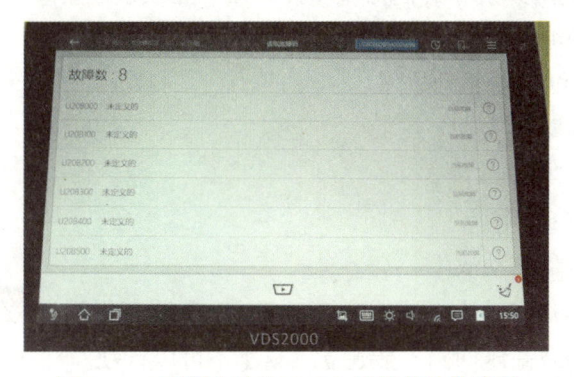

图 4-1-4　高压电池（BMS）系统相关故障码

表 4-1-2 故障码及含义

序号	故障码	故障含义
1	U20B000	BIC1 CAN 通信超时故障
2	U20B100	BIC2 CAN 通信超时故障
3	U20B200	BIC3 CAN 通信超时故障
4	U20B300	BIC4 CAN 通信超时故障
5	U20B400	BIC5 CAN 通信超时故障
6	U20B500	BIC6 CAN 通信超时故障
7	U20B600	BIC7 CAN 通信超时故障

（2）高压动力电池本体单体存在故障。

4）高压不上电，OK灯不亮，动力系统故障警告灯 常亮，可能有下面10个方面的问题会报出系统报警故障，如图4-1-5所示。

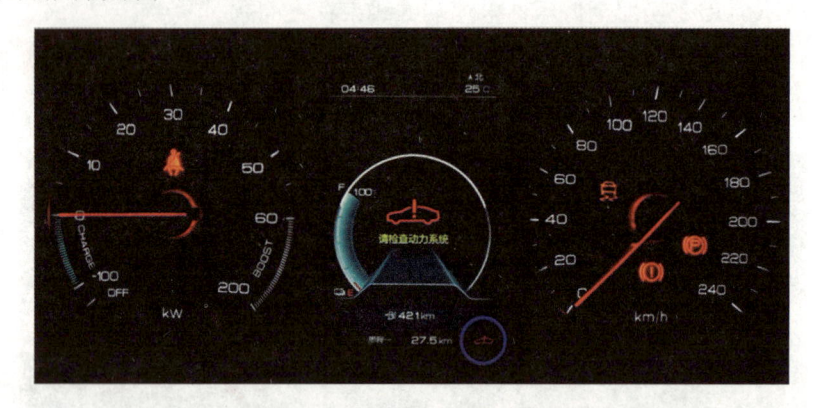

图 4-1-5 动力系统故障警告灯常亮

（1）整车控制器VCU严重故障。

（2）整车CAN通信存在短路/断路故障。

（3）制动真空压力传感器异常。

（4）高压系统（电池/电机/压缩机/整车控制器）互锁系统故障。

（5）冷却风扇驱动故障。

（6）逆变器驱动/继电器驱动故障。

（7）油门踏板故障。

（8）压缩机或PTC驱动故障。

（9）电机扭矩监控故障。

（10）低压主继电器驱动故障。

5）动力系统故障灯和动力电池故障灯不亮，电池断开指示灯 常亮，如图4-1-6所示。下面4个方面会导致高压回路不能建立，整车不可以行驶。

(1)高压继电器盒内保险丝烧断。
(2)高压继电器(正极\负极\预充电)控制线束有问题。
(3)继电器本身损坏。
(4)预充电阻失效,如图4-1-7所示。

图 4-1-6　电池断开指示灯

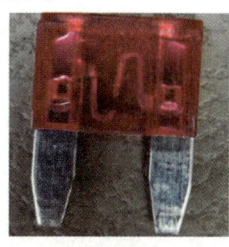

图 4-1-7　保险丝损坏和高压继电器烧蚀

任务 4.2　新能源汽车故障诊断策略

一、任务导入

小张是一家新能源汽车4S店维修工,店内接到一辆比亚迪秦EV不能行驶,仪表盘上故障灯点亮,车辆高压动力驱动系统警告灯亮。维修师傅叫小张分析故障原因,写出诊断流程,并用仪器进行诊断。作为本专业的学生,你能利用自己的专业知识帮助小张完成工作任务吗?

二、任务目标

知识目标:

1. 了解新能源汽车故障诊断的流程和方法。
2. 熟悉仪器诊断新能源汽车故障的步骤。

技能目标:

1. 简述新能源汽车故障的诊断思路。
2. 能利用仪器进行新能源汽车故障诊断。

素质目标:

1. 通过团队协作制订工作计划,培养学生的自主能力及团队协作意识。(行为目标)

2. 通过工学结合的方式，让学生提前适应工作岗位，避免在今后工作中发生欺瞒客户、夸大故障等现象，培养学生的诚实守信良好职业道德精神。（行为目标）

3. 通过进行新能源汽车故障诊断思路的学习，提高学生分析问题、解决问题的能力，树立创新精神，并培养学生求真务实、严谨细致的工匠精神。（职业素养目标）

三、知识链接

（一）新能源汽车故障诊断的基本策略

当新能源汽车发生故障时，新能源汽车的基本诊断策略主要包括以下基本流程。

1. 确认和理解客户描述的故障

确认客户描述的车辆故障信息，尽可能多地向客户了解与该故障相关信息：故障持续时间、故障发生频率等。

2. 确认车辆故障

维修人员实车验证车辆故障，确认是否存在客户反映的故障，并确认其现象是否与客户描述的一致。在与客户描述相同的条件下，与正常的同款车辆进行比较，如果其他车辆存在类似情况，那么可能是车辆的设计原因。若同款车辆不存在客户描述现象，则需要进一步检修。基本故障诊断策略如图4-2-1所示。

3. 预检并进行全面的目视检查

预检并进行全面的目视检查包括有以下几个方面：

（1）对车辆进行外观全面检查。

（2）检查是否有异常的响声或异味。

（3）使用故障诊断仪读取故障诊断码（DTC），如图4-2-2所示，以便进行有效的修理。

（4）执行系统化的车辆诊断与检查。通过预检获取的信息，针对故障所在模块进行系统化的诊断和排查，确认系统工作是否正常，并确定执行何种诊断类别。

（5）查询相似的维修案例。查阅已有的维修案例，确定是否之前已有这样的故障，这样可以最大程度地缩短后期维修和诊断的时间。

（6）诊断类别。

a. 针对当前故障诊断码：按照指定的故障诊断码诊断以进行有效的诊断和维修，如图4-2-3所示的故障诊断码。

b. 针对无故障诊断码：选择合适的症状诊断程序，按照症状诊断思路和步骤进行诊断和维修。

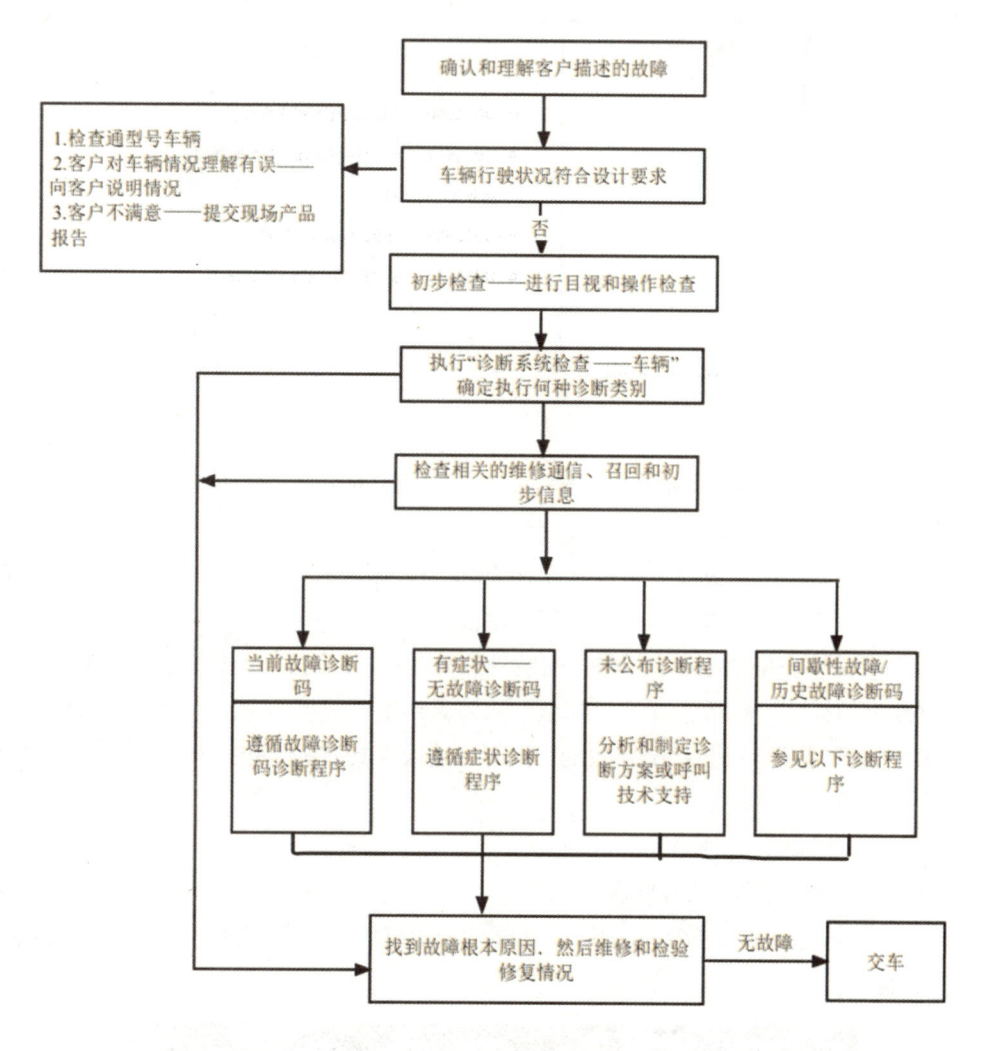

图 4-2-1　基本故障诊断策略

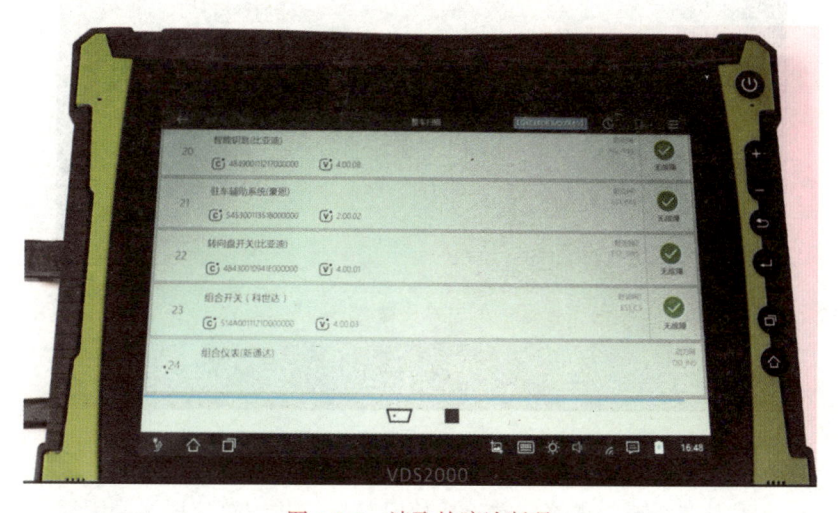

图 4-2-2　读取故障诊断码

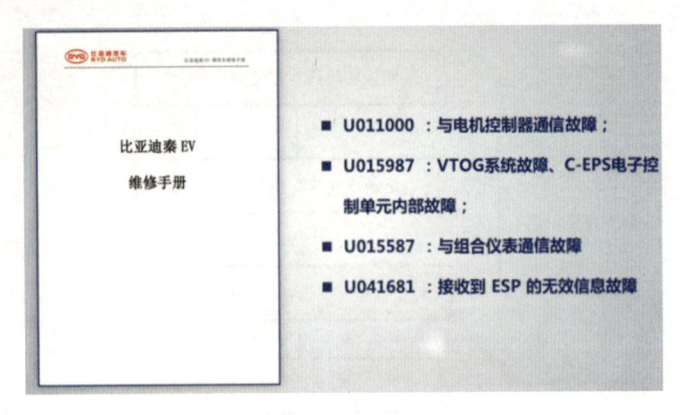

图 4-2-3　故障码

c. 针对没有已公布的诊断程序：分析问题，制订诊断方案。从维修手册中查看故障系统的电源、搭铁、输入和输出电路，确定接头和其他多条电路相连接的部位。查看部件的位置，确认部件、连接器或线束是否暴露在极端温度或湿度环境，以及是否会接触到道路其他具有腐蚀性的蓄电池酸液、机油或其他油液。

d. 针对间歇性/历史故障诊断码：间歇性故障是一种不连续出现，很难重现且只在条件符合时发生的故障。一般情况下，间歇性故障是由电气连接器和线束故障、部件故障、电磁/无线电频率干扰、行驶状况导致的。以下方法或工具有利于定位和修理间歇性故障或历史故障诊断码。

① 结合专业知识和可用的维修信息。

② 判断客户描述的症状和状况。

③ 使用带数据捕获（数据流读取）功能的故障诊断仪、数字式万用表，图4-2-4所示的是读取数据流。

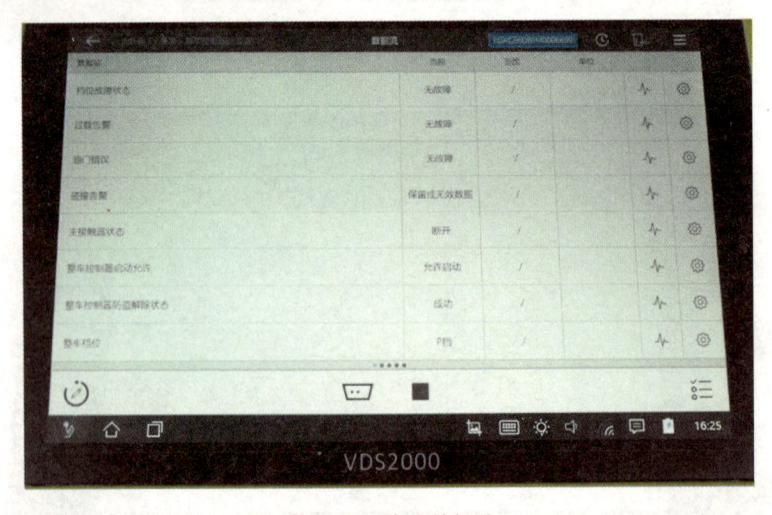

图 4-2-4　读取数据流

（7）找到故障根本原因，再修理并检验修复情况：找到故障根本原因后，进行修理并检验是否正确操作。确认故障诊断码或症状已消除。

（8）重新检查客户报修问题：如果未能找到问题所在，则必要时重新检查，重新确认客户报修问题。

（二）新能源汽车故障诊断的基本方法与流程

1. 诊断前注意事项

必须查询并依照新能源汽车的维修手册，依规定程序进行以下操作：

（1）为了保证安全，所有的高压电线均已采取密封或隔离措施，高压电线束采用洁净的橙色加以区分。维修手册上清楚标注出所有橙色线为高压电线（200~500V）。

（2）维护时注意OK灯，OK灯点亮发动机可能运转中，以此判断车辆此时是处于工作状态还是停机状态（注意OK灯熄灭后电源仍会持续5分钟供电）。在对车辆进行维修工作之前，要确保OK灯是熄灭的，故应关闭启动开关，并把车钥匙取下来，如图4-2-5所示。

图 4-2-5　OK 灯点亮

（3）在维护检修时按规定着装，如图4-2-6所示，禁止佩戴首饰、手表、戒指、项链、钥匙等。维护检修准备吸水毛巾或抹布、灭火器、绝缘胶布、万用表，必须选用适用于电工作业的绝缘的、耐酸碱性的橡胶手套及耐酸碱性类型的鞋子和护目镜，防止电解液溢出等造成的意外伤害，准备工具和安全防护用具如图4-2-7所示。

图 4-2-6　维修人员着装要求

图 4-2-7　准备工具和安全防护用具

2. 诊断前操作准备

诊断作业前按要求进行设置作业工位，如图4-2-8所示。

图 4-2-8　诊断作业工位设置

对新能源汽车进行诊断、维修、处理损坏车辆、进行事故恢复或急救工作时，必须首先禁用高压配电系统，具体方法如下：

（1）将挡位开关置于P挡位，驻车制动，拔下钥匙。

（2）断开辅助电池负极端子。

（3）戴上绝缘手套拆下手动维修开关，将手动维修开关用绝缘胶布贴封起来，隔离外露区域与高压系统的接线端或连接器，图4-2-9所示为拆卸高压维修开关。

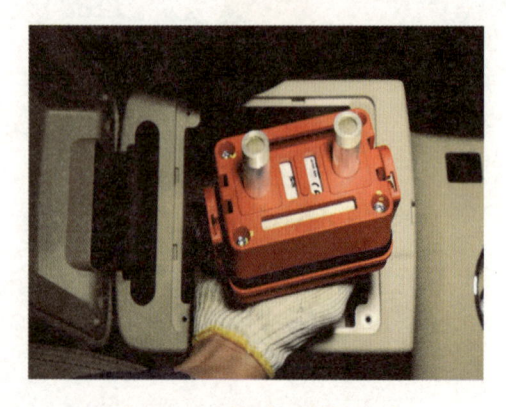

图 4-2-9　拆卸高压维修开关

（4）断开手动维修开关后，在开始检查前等待5分钟，使用万用表去检测需要维修的高压配电系统输入与输出线路的每一个相位电压，读数必须小于规定值（一般小于3V）。

3. 诊断与维修基本步骤

（1）初步判断故障前行驶状况、故障时车辆状况及对相关信息进行分析。

（2）采用车辆故障诊断仪诊断汽车故障时，检查并记录系统中所有的故障码，如图4-2-10所示。确认高压配电系统存在的故障码，并将故障信息码优先排序。

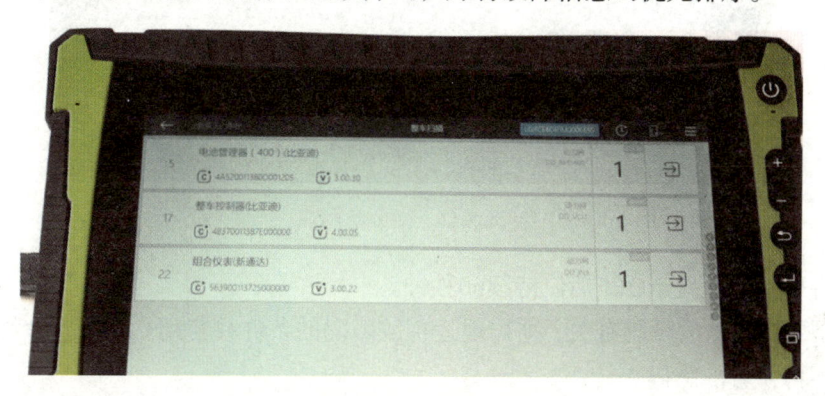

图 4-2-10　读取故障码

（3）检查并记录每一个系统，并检查历史记录数据。历史记录数据可以被用作故障再现试验，因为它知道在故障被检测到时行驶和操作的状态。

（4）在分析故障码时，需要区分与故障不关联的故障码。

（5）主动测试功能应用。主动测试主要用于对新能源车辆进行故障检查，并使车辆保持特定的运行状态。

4. 诊断与修理后检验

注意：进行修理后，部分故障码需要将启动开关先置于OFF挡位，再置于ON挡位后，才可使用故障诊断仪清除故障码。

（1）将启动开关置于OFF挡位。

（2）安装所有诊断时拆下或更换的部件或连接器。

（3）在拆下或更换部件或模块时，可能还需重新进行程序的设定。

（4）将启动开关置于ON挡位。

（5）清除故障码，如图4-2-11所示。

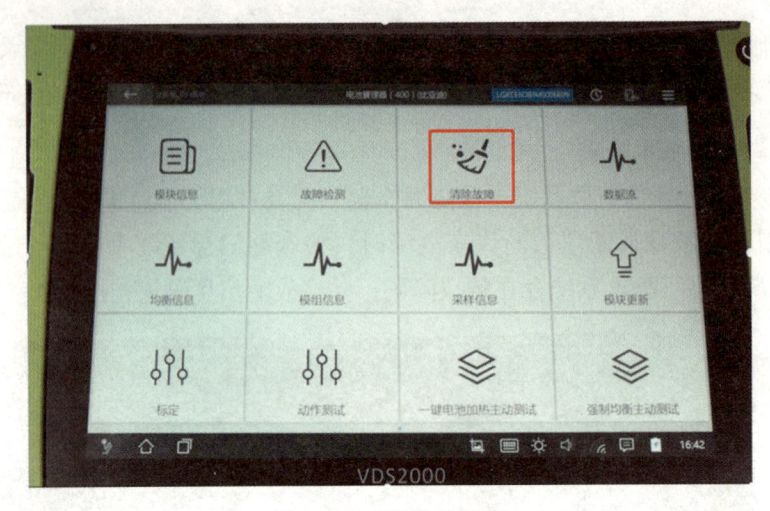

图 4-2-11　清除故障码

（6）将启动开关置于OFF挡位持续60秒钟。

（7）如果修理与故障码有关，则再现运行故障码的条件并使用"冻结故障状态"功能，以便确认不再设置故障码。

任务 4.3　诊断仪的使用与诊断数据分析

一、任务导入

张先生最近新换了一辆新能源汽车作为日常的交通工具，新车在使用过程中偶尔在仪表盘上出现故障报警灯，并伴有故障提示信息；张先生很是担心，故把车辆开到4S店进行检修。

如果值班接车的正好是你，你能正确使用对应的诊断设备对张先生的车辆进行故障诊断与维修，并向张先生解释故障产生的原因吗？

二、任务目标

知识目标：

1. 了解故障自诊断系统。
2. 掌握新能源汽车诊断仪的组成与特点。

技能目标：

1. 能够描述故障自诊断过程。

修车，你也可以——
汽车诊断仪的认知

2. 能够正确使用诊断仪对新能源汽车进行诊断与数据分析。

素质目标：

1. 通过团队协作制订工作计划，培养学生的自主能力及团队协作意识。（行为目标）

2. 通过工学结合的方式，让学生提前适应工作岗位，避免在今后工作中发生欺瞒客户、夸大故障等现象，培养学生的诚实守信精神。（行为目标）

3. 通过规范完成比亚迪秦EV的诊断数据分析任务，提高学生的动手操作能力，锻炼学生分析问题、解决问题的能力，并培养学生求真务实、严谨细致的工匠精神。（职业素养目标）

三、知识链接

（一）新能源汽车故障自诊断系统

故障自诊断主要完成对控制模块、传感器和执行器的状态进行实时监测，其内容包括以下内容：

（1）能够实时监测系统的故障信息。

（2）设定故障失效的备份值，在设定一个故障码时，控制器也应该设定一个与该故障信息相对应的默认输入值或者输出值，且此默认值必须保证整个系统还能够在一个比较安全的工况下工作。

（3）冻结帧信息的存储，为了给随后的维修提供参考，同时能够让维修人员更清楚地了解故障发生时刻车辆的相关信息。因此，必须定义并存储故障的冻结帧信息。

（4）警告驾驶员，控制器确定了某一个故障后，还必须根据实际情况给驾驶员提供相应的信息，如点亮报警灯或声音提示等。

（5）能够实现与外部通信，外部诊断仪可以获取存储的故障信息。

为了实现上述功能，我们在日常使用专用诊断仪对车辆进行诊断时，获取的主要信息基本上可以概括为故障监测、诊断数据管理和诊断服务。

（二）故障自诊断内容

1. 故障监测

故障监测部分完成了以下几种类型的故障诊断，主要有与控制器相连的传感器、执行器、CAN通信和控制器本身的故障。

（1）传感器故障。

传感器本身就产生电信号，对传感器的故障诊断在软件中编制有传感器输入信号识别程序或者相应的逻辑判断实现对传感器的故障诊断，传感器故障类型主要有对地短路/断路、对电源短路/断路、传感器性能不佳，传感器图片如图4-3-1所示。传感器故障类型举例如表4-3-1所示。

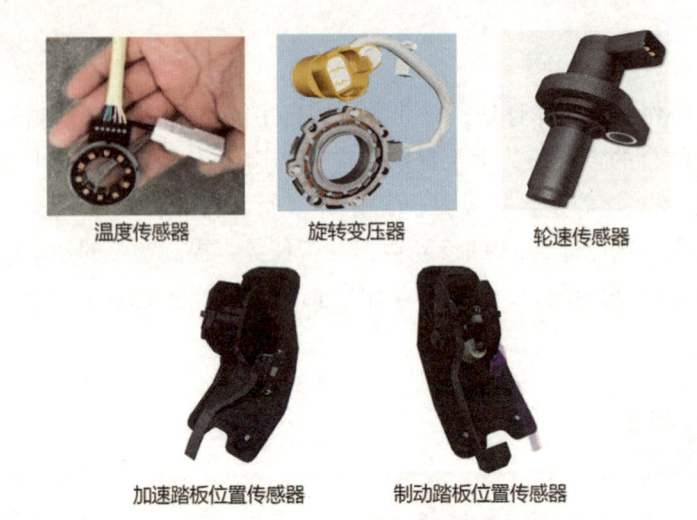

图 4-3-1 传感器图片

表 4-3-1 传感器故障类型举例

故障类型	故障码	故障描述
DTC	U01BB31	接收到ESC_0x121车速信号故障
DTC	U01BC31	接收到ESC_123信号故障
DTC	U01BD31	接收到ESC_220轮速方向信号故障
DTC	U01BE31	接收到ESC_222信号故障(Yaw/ABS/EBD)
DTC	U01BF31	接收到ESC_223信号故障(AX/AY)
DTC	U01C031	接收到IPB_0D5制动踏板行程信号故障
DTC	U01C231	接收到ESC_1F0轮速脉冲信号故障

（2）执行器故障。

执行器进行的是控制操作，控制信号是输出信号，要对执行器的工作情况进行诊断，一般增设故障诊断电路，即ECU向执行器发出一个控制信号，执行器要有一条专用回路向ECU反馈其执行情况。当ECU得不到反馈信号或期望值不符合时便认为该执行器已经不能正常工作。执行器类故障举例如图4-3-2和图4-3-3所示。执行器类故障见表4-3-2。

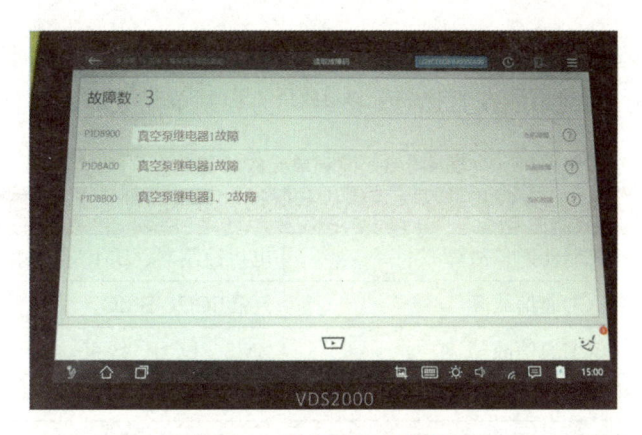

图 4-3-2 真空泵相关故障码

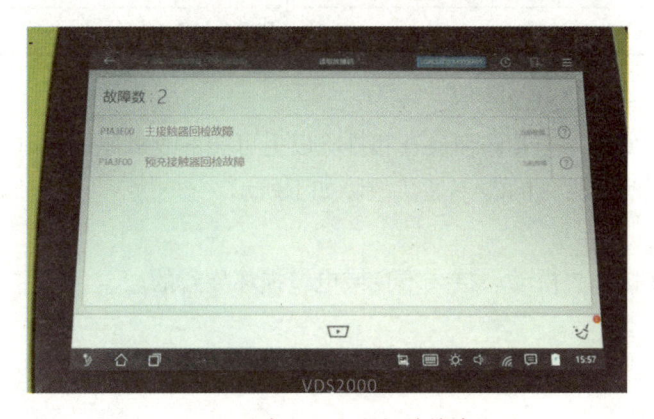

图 4-3-3 高压继电器相关故障码

表 4-3-2 执行器类故障举例

DTC代码	故障定义	故障可能发生部位
P0A09	DC-DC变换器信号线对地短路故障	线束或连接器带转换器的线路
P0A10	DC-DC变换器信号电路对电源短路故障	线束或连接器带转换器的线路
P1A3D00	负极继电器回检故障	负极继电器与电池管理器之间线路
P1A3F00	预充继电器回检故障	预充继电器与电池管理器之间线路
P1A3E00	主继电器回检故障	主继电器损坏
P1A4100	主继电器烧结故障	主继电器损坏
P1A4200	负继电器烧结故障	负继电器损坏
P1A4E00	电池组过流告警	电池组绝缘故障

（3）CAN通信和控制器（控制单元）故障。

控制器本身故障主要包括随机存储器（RAM）、只读储存器（ROM）等故障，诊断是在硬件上增加后备回路的同时，还增加独立于电控单元系统之外的监视电路，监视回路中的设置。

当新能源汽车CAN网络中作为网络节点的控制单元出现故障时，可能会出现通信故障、功能失效、故障码和告警、数据错误或丢失等故障现象，需要及时进行故障诊断、排除和维修，以恢复CAN网络的正常运行。表4-3-3为控制单元故障码和意义。

表4-3-3 控制单元故障码和意义

DTC代码	故障定义	故障可能发生部位
U011000	与电机控制器通信故障	电机控制器、BMC、线束
U110387	与气囊ECU通信故障	气囊ECU、BMC、线束
U110400	与后碰ECU通信故障	BMS、ECU、线束
U029C00	电池管理器与VTOG通信故障	BMC、VTOG、线束
U029800	电池管理器与DC通信故障	BMC、DC、线束
U014087	与BCM通信故障	BCM、BMC、线束

（4）常见CAN通信故障及原因。

当出现通信故障时，需要仔细检查和排除以上可能的故障原因，以确保CAN通信系统正常运行。新能源汽车常见的CAN通信故障如下所示。

① 总线断开。

一般是由于连接插头松动、接线不良或电缆损坏导致的。

② 总线短路。

一般是由于电缆内部导线短路或两个CAN总线节点之间的短路引起的。

③ 总线负载过高。

一般是由于总线节点过多、总线通信速率过高或节点上的负载电流过大导致的。

④ 电源、电压不稳定。

一般是由于电源供电不稳定或干扰引起的，导致CAN节点无法正常工作。

⑤ 冲突帧。

一般是由于两个或多个节点尝试同时发送数据帧，导致总线冲突，通信失败。

⑥ 异常帧。

一般是由于节点发送的帧格式错误、数据内容错误或帧校验错误导致的。

⑦ 节点故障。

一般是由于节点硬件或软件故障导致的，例如处理器错误、存储器故障或程序错误。

⑧ 网络配置错误。

一般是由于节点地址、通信速率、帧格式等配置错误导致的通信问题。

⑨ 环境干扰。

可能是由于电磁干扰、放射干扰或外部噪声干扰导致的通信异常。

不兼容的设备：可能是由于不同设备之间的通信协议或数据格式不匹配导致的通信故障。

（三）汽车故障诊断仪的组成和特点

1. 诊断仪的分类

诊断仪可分为通用诊断仪和专用诊断仪。通用的诊断仪常见规格与型号有元征431、博士KTS系列、金德KT670、朗仁XTool和通道MS908S等，通道MS908S诊断仪如图4-3-4所示。

图 4-3-4　通道 MS908S 诊断仪

2. 诊断仪的组成

汽车诊断仪主要由两个部分组成，即中央处理器并监控系统和车辆通信接口。

中央处理器并监控系统通常安装在笔记本电脑上或平板电脑上；车辆通信接口（VCI）是连接车辆诊断接口与诊断电脑的装置，该装置利用专用连接线与车辆的诊断接口连接，另一端通过通用数据线与诊断电脑连接，也可以利用蓝牙实现与诊断电脑之间的无线连接。

下面以道通MS908S诊断仪为例具体介绍汽车诊断仪的结构组成，如图4-3-5所示。

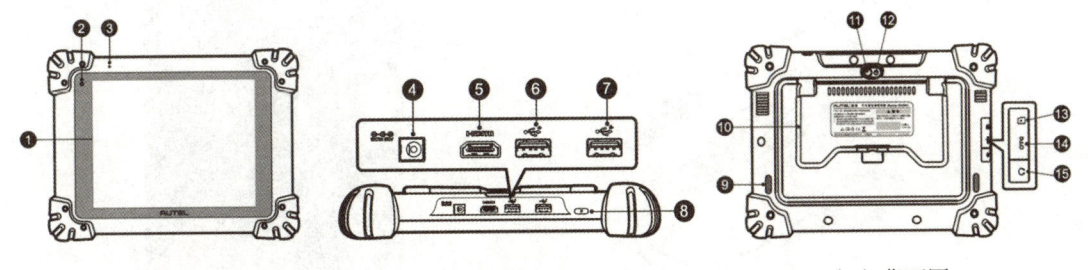

（a）正面图　　　　（b）侧面图　　　　（c）背面图

1-电容式触摸屏，2-光线传感器，3-麦克风，4-电源接口，5-HDMI 插口，
6-用于连接 VCI 设备的 USB 端口，7-USB 端口，8-锁屏/电源按钮，9-扬声器，
10-可折叠支架，11-照相机镜头，12-照相机闪光灯，13-Mini SD 卡卡槽，
14-Mini USB OTG 端口，15-耳机插口

图 4-3-5　通道 MS908S 诊断仪

车辆通信接口（VCI）如图4-3-6所示。

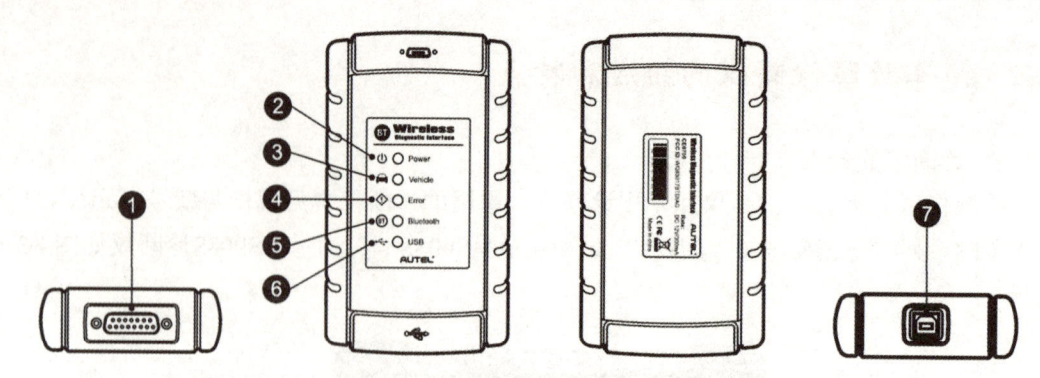

1-车辆数据接口（DB15），2-电源 LED 指示灯，3-车辆 LED 指示灯，
4-故障 LED 指示灯，5-蓝牙 LED 指示灯，6-USB LED 指示灯，7-USB 端口

图 4-3-6　车辆通信接口（VCI）

3．诊断仪的使用

在使用诊断仪时，根据诊断仪的型号、版本以及车型不同，显示界面和操作步骤可能不同，所以实际使用时要根据诊断仪的提示操作。下面以道通MS908S诊断仪的使用为例说明诊断仪的使用。

（1）将测试主线的母转接头连接到VCI（蓝牙诊断接口设备）的车辆数据接口，并拧紧外加螺丝，如图4-3-7（a）所示；同时将测试主线的16针公转接头与车辆诊断座连接，诊断座通常位于登记表板的下部，如图4-3-7（b）所示。

（2）使用一键启动按钮为车辆上电ON挡位，如图4-3-8所示。

（3）开启MaxiSys平板诊断设备，此时要确保平板内置电池电量充足或已连接直流电源，如图4-3-9所示。

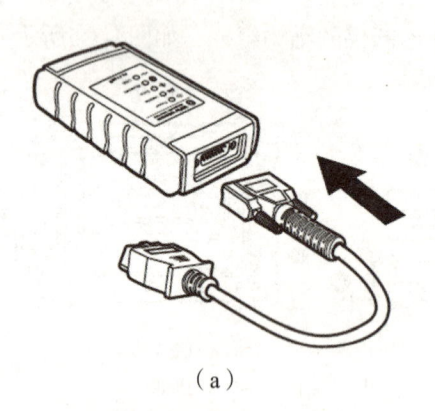

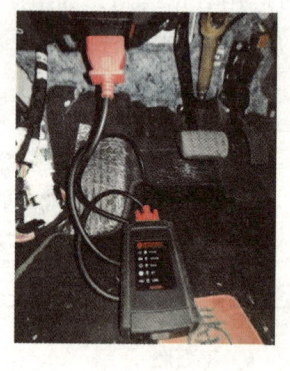

（a）　　　　　　　　　　　　　　（b）

图 4-3-7　连接 VCI

新能源汽车诊断仪的使用

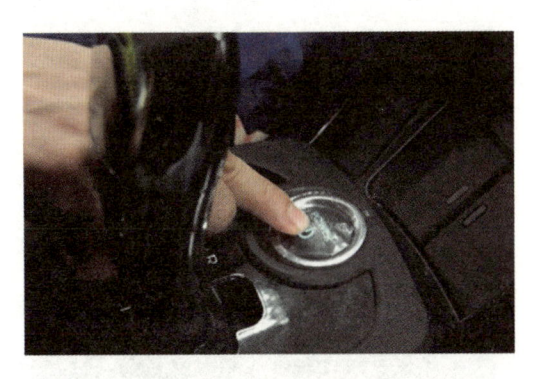

图 4-3-8　车辆上电 ON 挡位　　　　　图 4-3-9　开启 MaxiSys 平板

（4）通过蓝牙配对建立MaxiSys平板诊断设备和VCI设备之间的通信，在首次使用时，MaxiSys平板诊断设备和VCI设备自动连接，无需人工进行配对操作，如图4-3-10（a）所示；当VCI设备与车辆和MaxiSys平板诊断设备连接后，屏幕底部导航栏上的VCI按钮上将会显示一个绿色的"☑"图标，表示设备已准备就绪，可随时开始车辆诊断，如图4-3-10（b）所示。

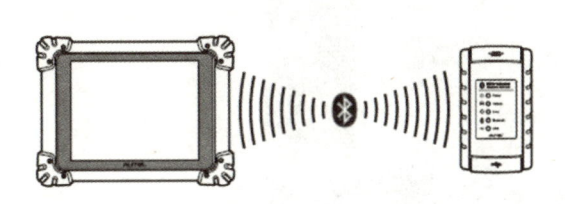

提示：首次使用时，MaxiSys平板诊断设备和VCI设备自动连接，因此无需进行配对操作。

（a）　　　　　　　　　　　　　（b）

图 4-3-10　MaxiSys 平板与 VCI 进行蓝牙配对

（5）当MaxiSys平板诊断设备和VCI设备成功后，MaxiSys平板诊断设备进入了系统准备就绪状态，可以进行使用了，如图4-3-11所示。

（6）进入诊断车型选择界面，选择车型进行诊断，如图4-3-12所示。

图 4-3-11　道通 MS909S 诊断仪准备就绪　　　　图 4-3-12　车型选择

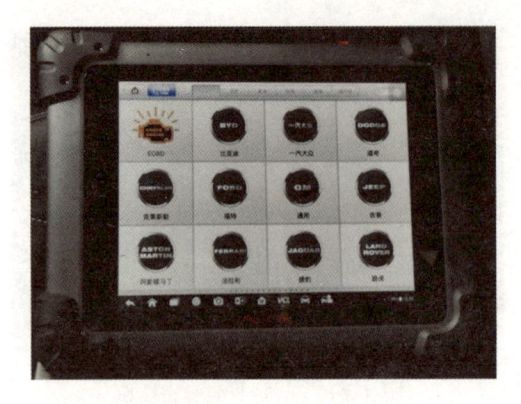

（7）选择需要诊断的车型，进入诊断系统选择界面，如图4-3-13所示。

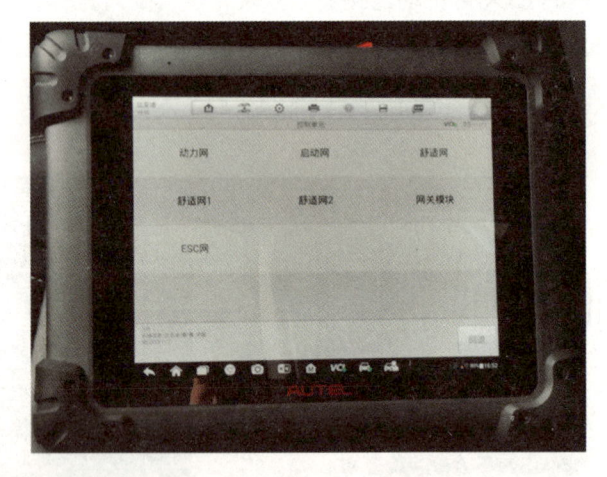

图 4-3-13　诊断系统选择界面

四、任务实施

实训1　利用诊断仪对秦EV400进行诊断与数据分析

（一）任务准备

1. 操作规范

新能源汽车操作车间，除了普通车间的安全要求外，必须放置安全警示标志，避免他人未经允许进入高电压工位而发生危险。实训操作前需严格按照规范穿戴安全防护装备，操作过程中要严格按照规范进行，操作后要进行复检，确保车辆恢复原样。

2. 实训准备

（1）实训分组。

根据车辆及人员数量对学生进行分组，通常每组有3～4人，即1人操作、1人记录、1～

2人作为安全员,完成"利用诊断仪对秦EV进行诊断与数据分析"任务。

(2)工具准备。

绝缘工具套装、绝缘胶带、维修组合工具、万用表、电脑诊断仪。

(3)设备准备。

比亚迪秦EV400整车。

(4)辅助资料。

比亚迪秦EV400维修手册。

(二)任务实施

(1)在主驾车门或副驾车门的车架上找到铭牌,确认车辆信息与生产日期,如图4-3-14所示。

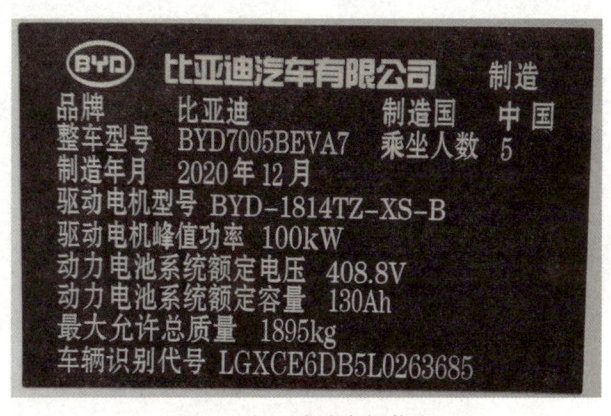

图 4-3-14 确认车辆信息

(2)比亚迪秦EV400纯电动汽车数据流的读取。

① 连接诊断仪器设备,打开车辆电源开关,如图4-3-15所示。

图 4-3-15 打开车辆电源

② 打开道通MS908S诊断仪,点击进入"诊断"并选择对应的车型,如图4-3-16所示。

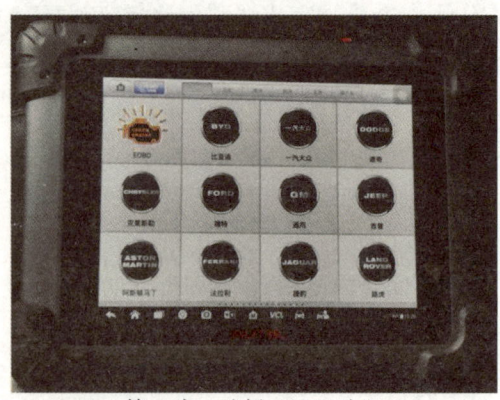

第一步：进入"诊断"　　　　　　　　第二步：选择"比亚迪"

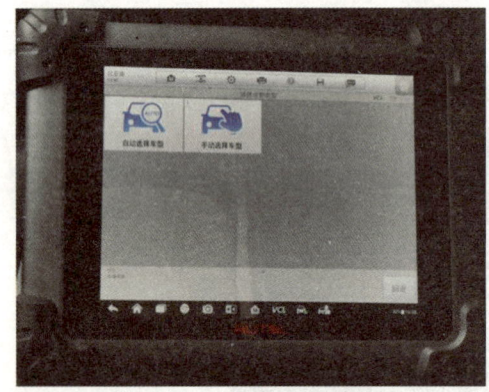

第三步：选择车型选择界面　　　　　第四步：选择目标车型

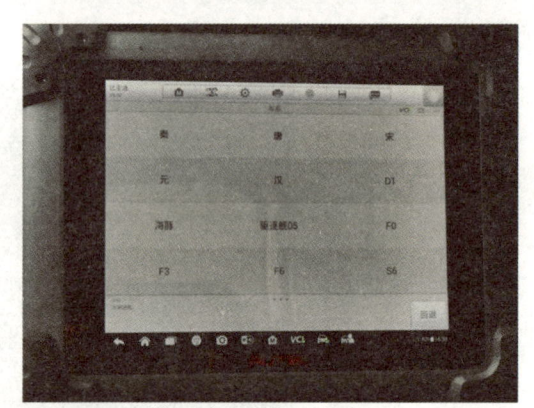

图 4-3-16　启动诊断仪选择车型

③ 进行系统和功能的选择，如图4-3-17所示。

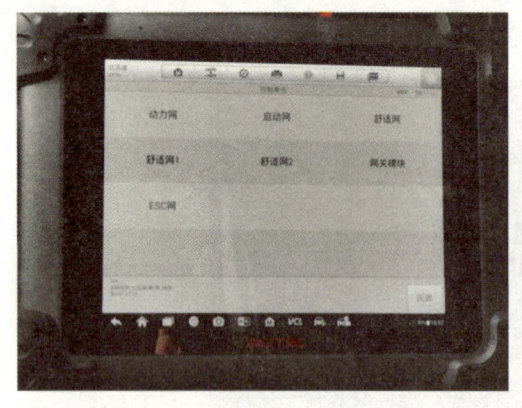

图 4-3-17　选择系统和功能

④ 选择"动力网-整车控制器"，点击"清除故障码"清除历史故障码，等完成历史故障清除后，再重新读取故障码。

⑤ 读取油门踏板对应的数据流，如图4-3-18所示。

⑥ 选择"动力网-电池管理器（400）",读取动力电池温度对应的数据流,如图4-3-19所示。

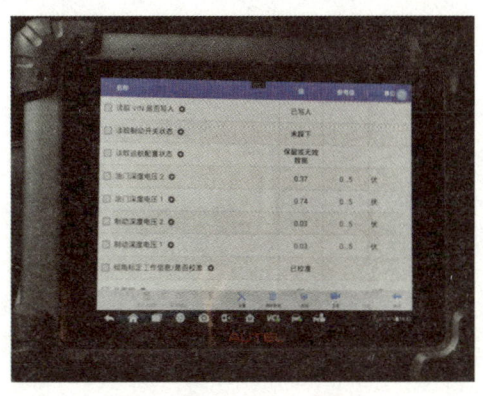

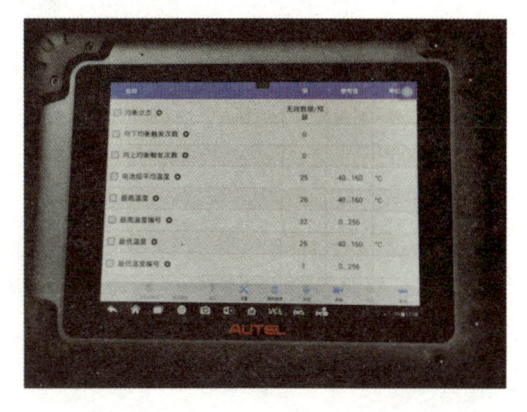

图 4-3-18　油门踏板数据流　　　　图 4-3-19　动力电池温度数据流

⑦ 数据流分析。

使用诊断仪读取的整车控制器数据流和意义见表4-3-4。

表 4-3-4　整车控制器数据流和意义

序号	数据项	检测数据	数据流意义
01	动力系统状态	正常	显示动力系统是否正常
02	倾角标定工作信息/是否校准	已标定	代表倾角是否已经标定
03	制动深度电压1	0.03	代表制动深度1的信号电压值
04	制动深度电压2	0.03	代表制动深度2的信号电压值
05	油门深度电压1	0.75	代表油门深度1的信号电压值
06	油门深度电压2	0.38	代表油门深度2的信号电压值
07	水温值	21	代表冷却液温度值
08	真空压力值	73	代表真空压力值
09	真空泵工作时间	77	代表真空泵工作时间
10	总里程	11	代表车辆行驶里程

项目五　新能源汽车综合故障诊断与排除

任务5.1　绝缘故障诊断与排除

一、任务导入

张先生的新能源汽车，车辆上高压电几十秒之后，就自动下高压电了，且仪表盘上提示动力系统故障指示灯常亮。张先生请求一所中职学校的学生求助。作为本专业的学生，你能利用自己的专业知识帮助张先生吗？

二、任务目标

知识目标：

1. 了解绝缘故障以及故障后果。
2. 掌握绝缘故障的故障原因。
3. 掌握车辆绝缘故障的诊断流程。

技能目标：

能够按照维修手册完成比亚迪秦EV绝缘故障的诊断与排除。

素质目标：

1. 通过团队协作制订故障诊断方案，培养学生的自主学习能力及团队协作意识。（行为目标）

2. 通过规范做好安全防护再进行绝缘故障诊断与检测，帮助学生养成"安全第一、规范操作"的工作意识。（行为目标）

3. 通过查阅维修资料，规范完成比亚迪秦EV绝缘故障的诊断与检测任务，提高学生的故障诊断与分析的能力，并锻炼学生动手操作能力，进而培养学生求真务实、严谨细致的工匠精神。（职业素养目标）

三、知识链接

当整车控制器检测到绝缘电阻值异常时，就判定车辆存在绝缘故障，并根据不同级别做出不同响应，如不能高压上电、高压中止等。

绝缘故障可能会导致电器设备短路、过电流、电击、火灾等危险情况。因此，对于新能源汽车来说，确保绝缘性能的完好，定期进行绝缘检测和维护，是一项非常重要的安全措施。

（一）绝缘故障

绝缘故障也称高压系统漏电故障，绝缘故障是指动力蓄电池的内部、高压部件或高压电缆破损导致其与车身搭铁之间的电阻值过小而引起的故障。

在高压安全设计逻辑中，会安装漏电传感器或绝缘监测电路来监测高压线束及高压器件与车身搭铁之间的电阻，当漏电传感器反馈的电阻值过小时，相应控制单元会报出绝缘故障码。为了确保高压电系统的安全运行，绝缘监测通常会进行全面监测和检测。动力电池漏电传感器的绝缘监测原理如图5-1-1、图5-1-2和图5-1-3所示。

图 5-1-1 漏电传感器 1

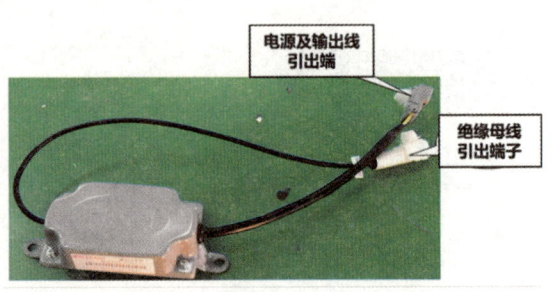

图 5-1-2 漏电传感器 2

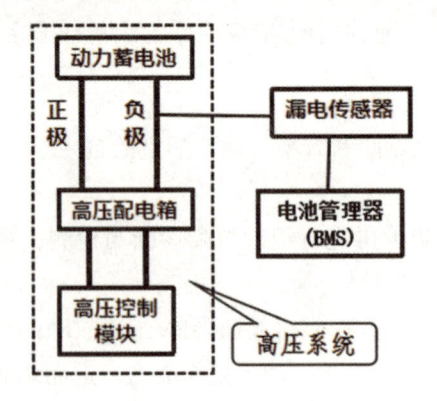

图 5-1-3 漏电传感器原理图

（二）绝缘故障原因

纯电动汽车上与高压电相关的部件与线路有：动力蓄电池及其相关线束、电驱动总成及其相关线束、充配电总成及其相关线束、空调压缩机和PTC及其相关线束，如图5-1-4所示。

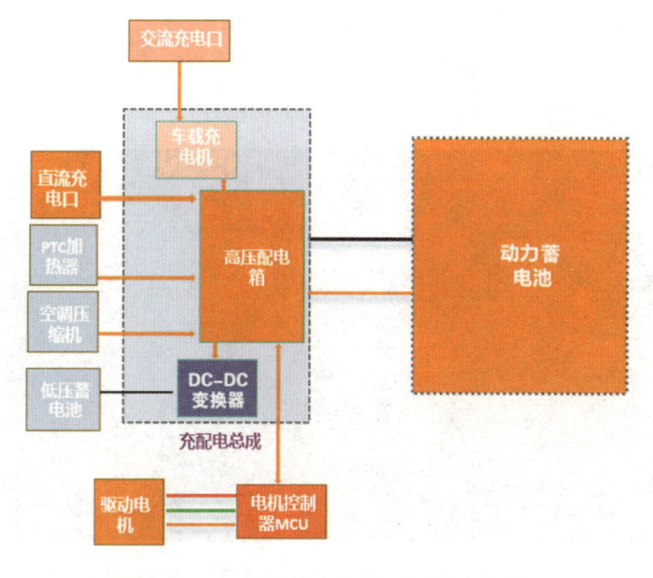

图 5-1-4　纯电动汽车高压部件连接图

以上高压部件内部损坏、高压线束表面绝缘层破损等，都有可能导致其与车身搭铁之间的电阻小于规定的绝缘电阻值，引起漏电，从而出现绝缘故障。图5-1-5所示为高压线束破损。

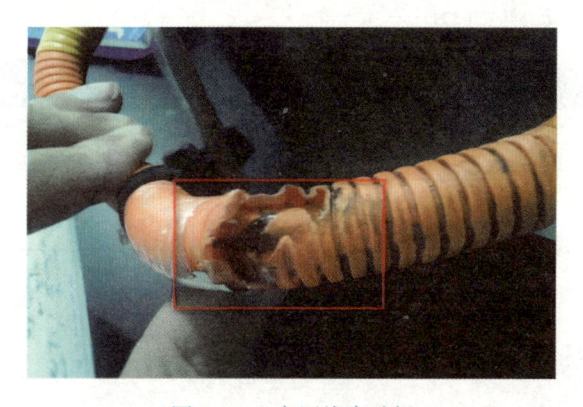

图 5-1-5　高压线束破损

（三）绝缘故障后果

当纯电动汽车出现绝缘故障时，绝缘故障信号会送给整车控制器或电池管理系统。一般来讲，动力电池发生漏电故障时，BMS可以通过电流传感器或其他检测装置检测到异常的电流泄漏，并将相应的故障信号发送给BMS，BMS会根据不同的漏电信号来判断漏电是否严重；而充配电总成、驱动电机、充电系统等车辆高压部件出现绝缘故障时，会发送绝缘故障信号给整车控制器，并根据预设的逻辑和策略进行处理。

一旦接收到漏电故障信号，它会通过相应的控制单元进行处理。具体处理方式可包括以下3种。

（1）触发警报：BMS或整车控制器可以触发警报系统，如声音、仪表盘、光信号，以提醒车主或其他相关人员存在漏电故障，如图5-1-6所示。

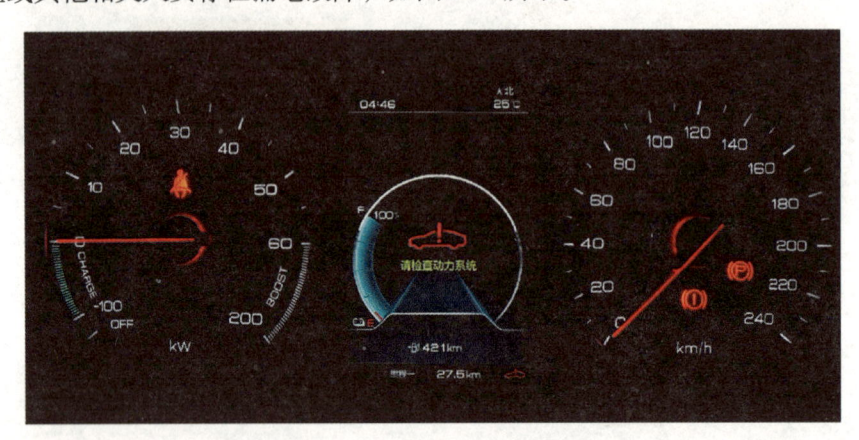

图 5-1-6　仪表盘上显示故障信号

（2）切断电力输出：为避免进一步的电流泄漏，BMS可以通过控制系统切断电池系统的电力输出，以确保车辆的安全运行。

（3）记录故障信息：BMS会记录漏电故障发生的时间、位置和其他相关信息，以便后续的故障排查和维修，如图5-1-7所示。

序号	故障码	故障定义	仪表盘上提示	故障现象
1	P1A0000	一般漏电	限功率输出	车辆能正常高压上电，车辆限功率运行
2	P1A0100	严重漏电	检查动力系统，系统故障指示灯常亮	车辆无法上高压电

图 5-1-7　严重漏电故障现象

（四）车辆绝缘故障诊断流程

新能源汽车高压系统报漏电故障时，可能是整车所有高压部件、橙色高压线束、漏电传感器及连接线束等出现故障引起的，并报漏电故障码。因此，当高压BMS报漏电故障时，应确认是ON挡电报漏电故障，还是上OK挡电报漏电故障，再根据诊断流程进行诊断。

1. 动力蓄电池包内部漏电

确认ON挡电报漏电故障的方法如下：（1）检查BMS报错信息或警报，并确认报错信息中是否有指示ON挡电报漏电故障的记录，若有，则说明可能为ON挡电报漏电故障；（2）检查车辆的开关状态。确认车辆是否处于ON挡（状态），若车辆处于ON挡状态，则判定是ON挡电报漏电故障。

若车辆存在ON挡电报漏电故障，则初步判断为动力蓄电池包内部漏电，如图5-1-8所示。具体哪个电池模组漏电，按照流程图确认，如图5-1-9所示。

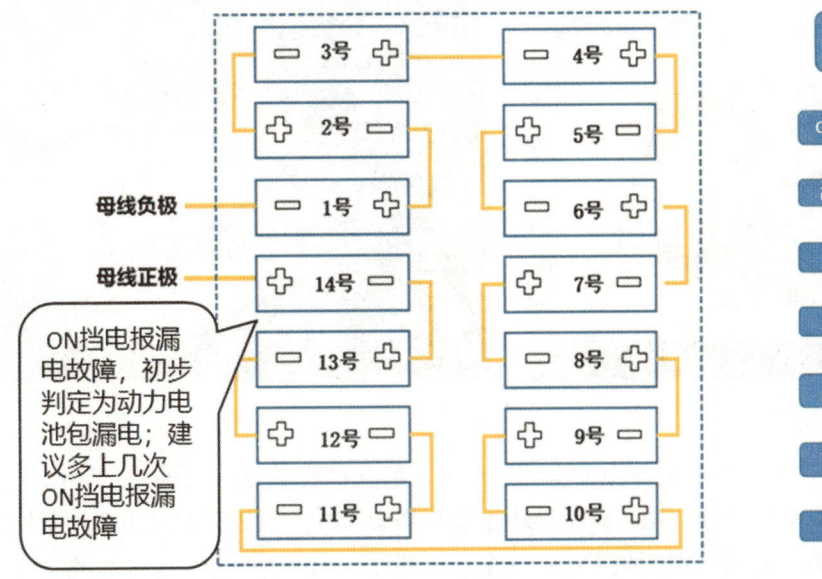

图 5-1-8　动力蓄电池内部模组结构

图 5-1-9　诊断流程

ON挡电报漏电故障，初步判断为动力蓄电池包内部漏电，详细的诊断参考流程如下：

（1）下高压电。

（a）按下启动按钮使电源模式至OFF状态，如图5-1-10所示。目的是开关控制电源被切断，正常情况下高压继电器触点分离。

（b）断开12V辅助蓄电池负极，如图5-1-11所示，辅助蓄电池负极要做绝缘保护。目的是所有控制单元电源被切断，确保高压继电器无控制信号。

图 5-1-10　电源模式 OFF 状态

图 5-1-11　断开蓄电池负极

（c）穿戴防护设备，断开紧急维修开关（MSD），如图5-1-12所示。目的是断开电池包模组之间的母线连接，确保高压继电器粘连故障时无高压电流；无MSD车辆，须断开高压母线（或HVIL），拔插高压母线应遵守单手操作原则，且高压母线需要做绝缘保护，如图5-1-13所示。

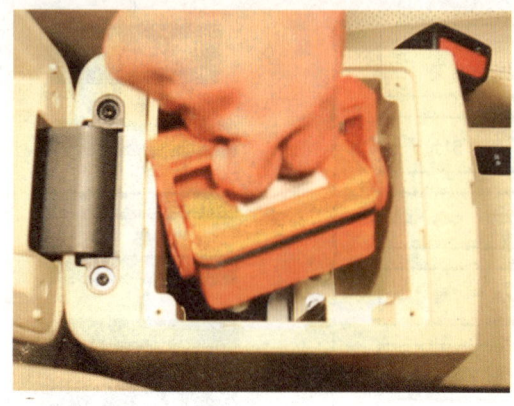

图 5-1-12　拆卸高压维修开关

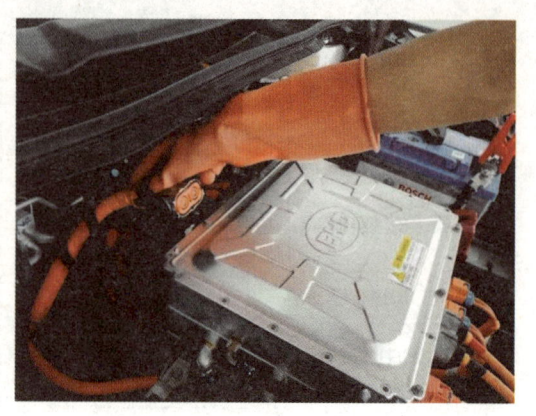

图 5-1-13　断开高压母线

（d）等待5分钟。目的是等高压电器中电容放电，防止裸手触碰时遭到高压电击。

（e）验电，穿戴防护设备；测量高压母线正极与高压母线负极之间的电压应小于5V。目的是对需要拆卸的总成高压连接端子进行残余能量测量，防止总成带电（主要测量与大电容相关连接部分），如图5-1-14所示。

（2）拆卸动力蓄电池包，如图5-1-15所示。

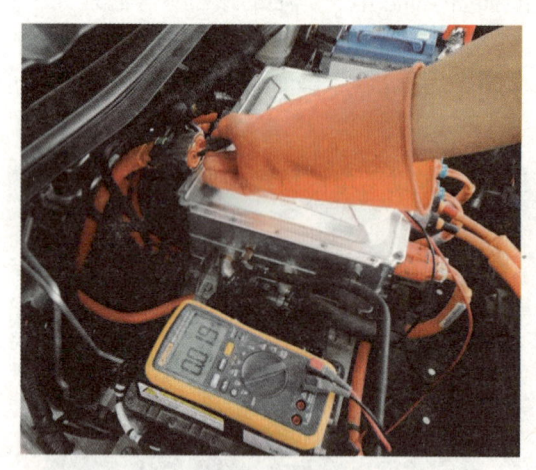

图 5-1-14　验电

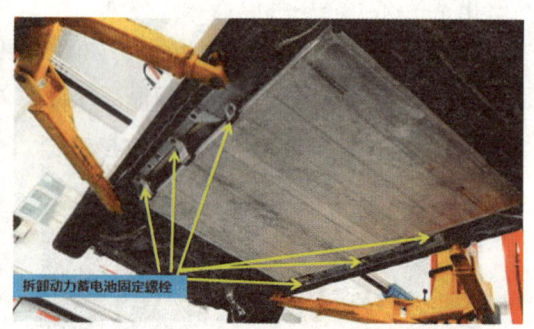

图 5-1-15　动力蓄电池包

（3）打开动力蓄电池的防护盖，如图5-1-16所示。

（4）穿戴防护设备，使用绝缘测试仪，测量动力蓄电池的高压母线正极与车身搭铁之间的绝缘电阻是否在20MΩ以上，高压母线绝缘值如图5-1-17所示。测量动力蓄电池的高压母线负极与车身搭铁之间的绝缘电阻是否在20MΩ以上；若动力蓄电池高压母线正极或负极，与车身搭铁之间的电阻小于500KΩ，则该动力蓄电池存在漏电，更换动力蓄电池。

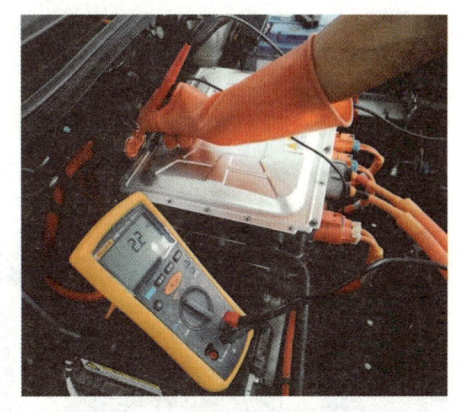

图 5-1-16　铆钉位置　　　　　　　图 5-1-17　高压母线绝缘值

如果确定动力蓄电池漏电,则通过以下方法,可以找出具体电池模组漏电位置。

穿戴防护设备,拆卸1#至14#电池模组之间的连接片,使用绝缘测试仪分别测量1#至14#电池模组与车身搭铁之间的电阻,各电池模组的正极或负极与车身搭铁之间的电阻应大于20MΩ,直到找到漏电的电池模组为止,各个电池模组之间的连接片,如图5-1-18所示。

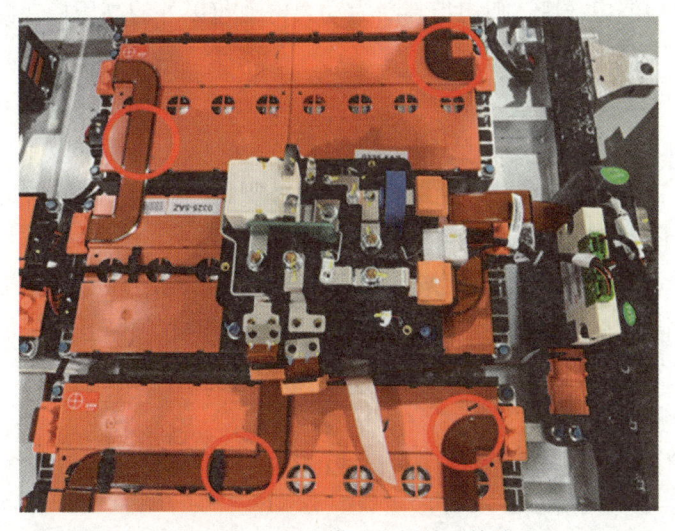

图 5-1-18　电池模组之间的连接片

2. 动力蓄电池包以外的高压部件漏电

确认上OK电报漏电故障的方法如下:(1)检查BMS报错信息或警报,并确认是否有指示上OK电报漏电故障的记录,若有说明,则可能为上OK电报漏电故障;(2)车辆上OK电后,报漏电相关警告信息,并检查车辆的控制系统和电源供应状态,车辆电源供应稳定性差,且出现限功率运行等状况,说明存在上OK电报漏电故障。

如果上OK电报漏电故障,则初步判断为动力电池包以外的高压部件漏电,如图5-1-19所示。具体是哪个高压部件漏电,需要按照流程确认,如图5-1-20所示。

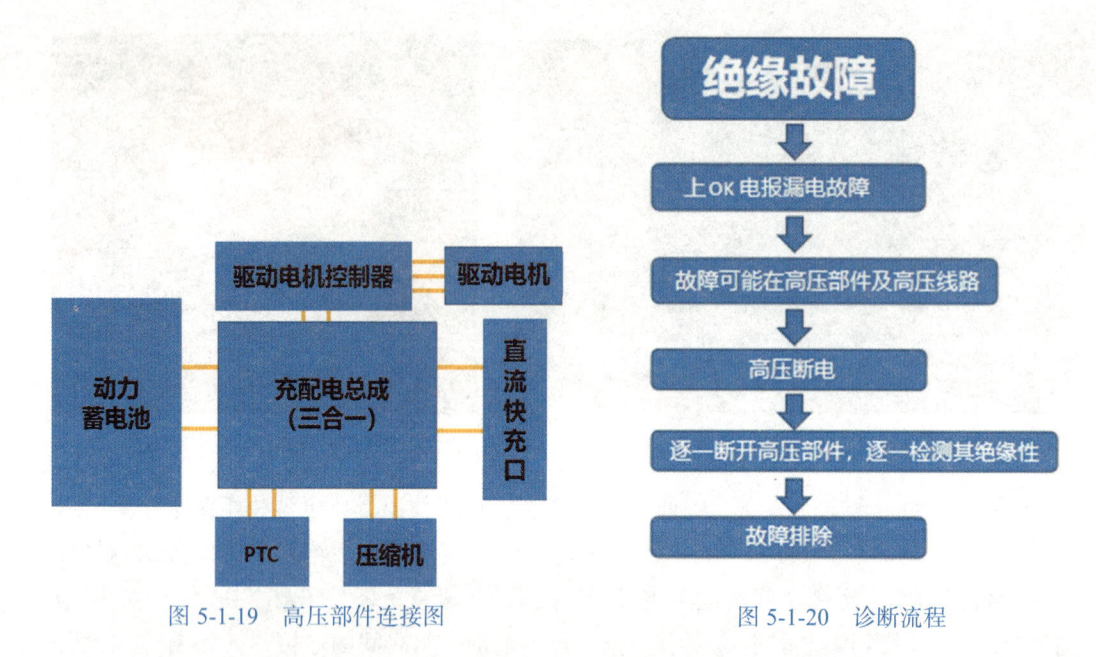

图 5-1-19　高压部件连接图　　　　图 5-1-20　诊断流程

如果上OK电报漏电故障，则初步判断为动力电池包以外的高压模块漏电，具体检查流程如下：

（1）下高压电。

① 操作启动开关使电源模式至OFF状态。

② 断开12V辅助蓄电池负极，辅助蓄电池负极要做绝缘保护。目的是所有控制单元电源切断，确保高压继电器无控制信号。

③ 穿戴防护设备，断开紧急维修开关（MSD）。目的是断开电池包模组之间的母线连接，确保高压继电器粘连故障时无高压电流；无MSD车辆，须断开高压母线（或HVIL），拔插高压母线应遵守单手操作原则，且高压母线需要做绝缘保护。

④ 等待5分钟。

⑤ 穿戴防护设备，验电；测量高压母线的正极与高压母线的负极之间的电压都应小于5V。

（2）保持车辆电源在OFF位置，连接动力电池的高压母线，依次断开电动压缩机高压线束插头、PTC高压线束插头、断开充配电总成输入端高压线束插头，如图5-1-21所示。检测充配电总成、电机控制器、空调压缩机、PTC等部件是否存在绝缘故障，直到找到漏电的高压部件后，故障排除。

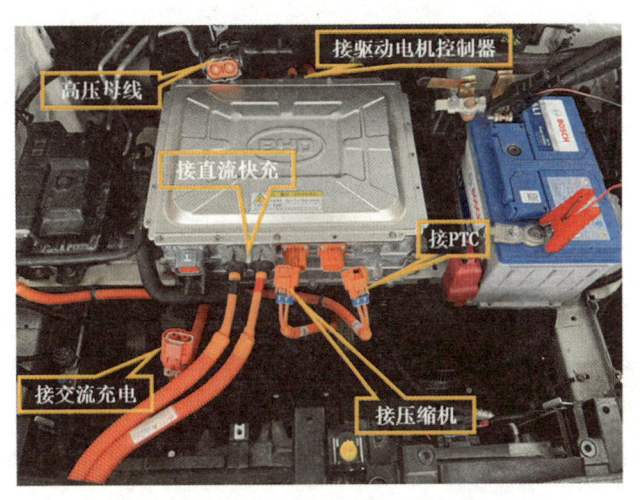

图 5-1-21 断开高压部件线束

① 充配电总成内部及高压线束接插器绝缘检测。

a. 将数字兆欧表调到1000V挡位,将数字兆欧表的红、黑表笔分别连接充配电总成与电机控制器高压输出接插器的正极端子和车身搭铁,检测绝缘电阻值,正常电阻值为>20MΩ;若测量值小于标准值,则说明存在绝缘故障。

用同样方法检测充配电总成与电机控制器高压输出接插器的负极端子的绝缘电阻并判断其是否存在绝缘故障。

b. 将数字兆欧表调到1000V挡位,将数字兆欧表的红、黑表笔分别连接充配电总成与空调压缩机高压输出接插器的正极端子和车身搭铁,检测绝缘电阻值,正常电阻值为>20MΩ;若测量值小于标准值,则说明存在绝缘故障。

图 5-1-22 空调压缩机高压输出接插器的正极端子绝缘监测

用同样方法检测充配电总成与空调压缩机高压输出接插器的负极端子的绝缘电阻,并判断其是否存在绝缘故障。

c. 将数字兆欧表调到1000V挡位，将数字兆欧表的红、黑表笔分别连接充配电总成与PTC高压输出接插器的正极端子和车身搭铁，检测绝缘电阻值，正常电阻值为>20MΩ；若测量值小于标准值，则说明存在绝缘故障。

用同样方法检测充配电总成与PTC高压输出接插器的负极端子的绝缘电阻，并判断其是否存在绝缘故障。

② 电机控制器及高压线束绝缘检测。

将数字兆欧表的红、黑表笔分别连接电机控制器高压线束接插器的正极和车身搭铁点，检测电机控制器及高压线束的绝缘电阻值，正常电阻值为>20MΩ；若测量值小于标准值，则说明存在绝缘故障。

用同样方法检测电机控制器及高压线束负极的绝缘电阻，并判断其是否存在绝缘故障。

③ 空调压缩机及高压线束绝缘检测。

将数字兆欧表的红、黑表笔分别连接空调压缩机高压线束接插器的正极和车身搭铁点，检测空调压缩机及高压线束的绝缘电阻值，正常电阻值为>20MΩ；若测量值小于标准值，则说明存在绝缘故障，如图5-1-23所示。

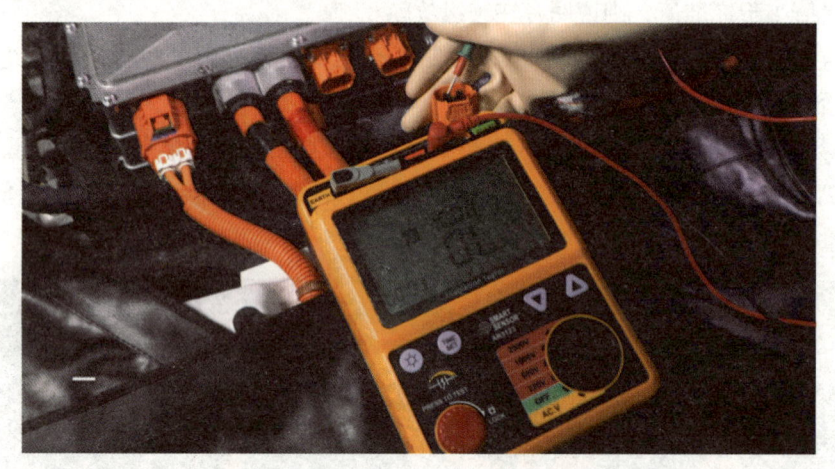

图5-1-23　空调压缩机及高压线束负极绝缘检测

用同样方法检测空调压缩机及高压线束负极的绝缘电阻，并判断其是否存在绝缘故障。

④ PTC及高压线束绝缘检测。

将数字兆欧表调到1000V挡位，将数字兆欧表的红、黑表笔分别连接PTC高压线束接插器的正极端子和车身搭铁，检测PTC及高压线束的绝缘电阻值，正常电阻值为>20MΩ；若测量值小于标准值，则说明存在绝缘故障。

用同样方法检测PTC及高压线束负极的绝缘电阻，并判断其是否存在绝缘故障。

四、任务实施

实训1　比亚迪秦EV绝缘故障诊断与排除

（一）任务准备

1. 操作规范

新能源汽车操作车间，除了普通车间的安全要求外，必须放置安全警示标志，避免他人未经允许进入高电压工位而发生危险。实训操作前需严格按照规范穿戴安全防护装备，操作过程中要严格按照规范进行，操作后要进行复检，确保车辆恢复原样。

2. 实训准备

（1）实训分组。

根据车辆及人员数量对学生进行分组，通常每组有3～4人，即1人操作、1人记录、1～2人作为安全员，完成"2020款全新比亚迪秦EV绝缘故障诊断与排除"任务。

（2）工具准备。

绝缘工具套装、绝缘胶带、维修组合工具、万用表。

（3）设备准备。

比亚迪秦EV400整车。

（4）辅助资料。

比亚迪秦EV400维修手册。

（二）任务实施

1. 确认故障现象

打开启动开关，连续上电3次，记录仪表的故障现象，确认故障是否稳定。

2. 连接故障诊断仪

连接故障诊断仪，进入VCU、BMS、驱动电机控制、充配电总成读取故障码与数据流，并记录；确认是ON挡漏电还是OK挡漏电。

3. 高压下电

（a）操作启动开关使电源模式至OFF挡状态。

（b）断开12V辅助蓄电池负极，辅助蓄电池负极要做绝缘保护，如图5-1-24所示。

（c）穿戴防护设备，须断开高压母线（或HVIL），拔插高压母线应遵守单手操作原则，且高压母线需要做绝缘保护，如图5-1-25所示。

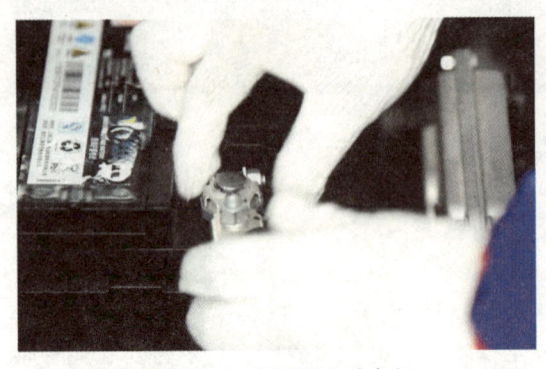

图 5-1-24　断开蓄电池负极　　　　　图 5-1-25　断开高压母线

（d）等待5分钟。

（e）穿戴防护设备，验电；测量高压母线正极与高压母线负极之间的电压应小于1V，如图5-1-26所示。

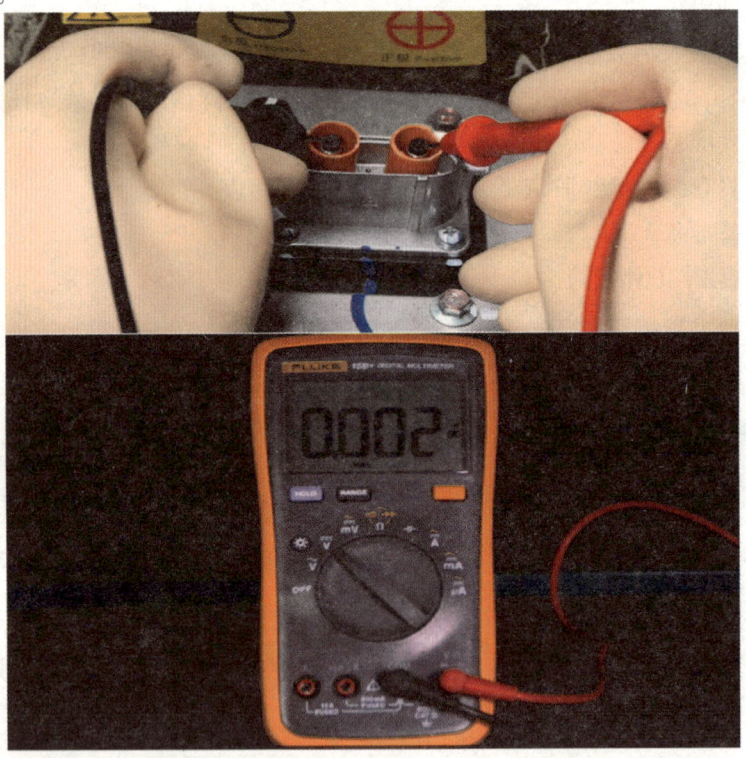

图 5-1-26　验电

4. 车辆高压区域查找

找出车辆高压器件布局图，找到易出现绝缘故障的最小线路区间，如图5-1-27所示。

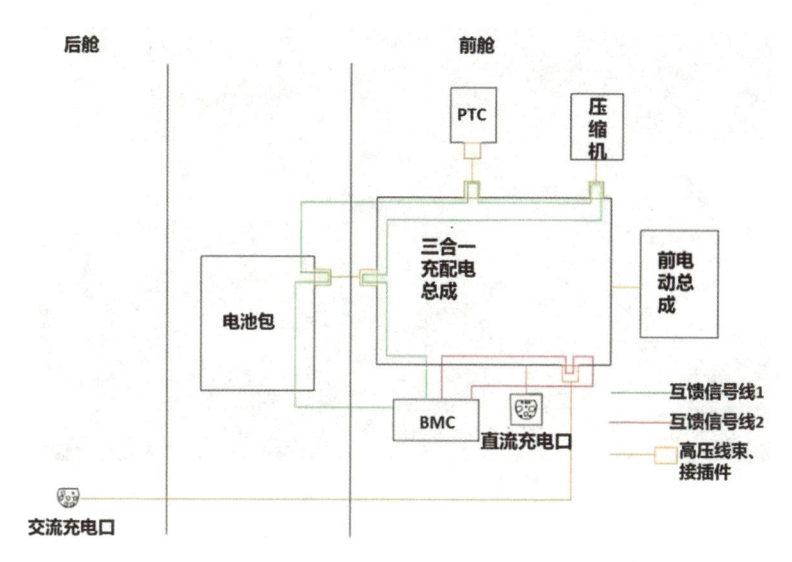

图 5-1-27　高压部件容易出现绝缘故障的区域

5．车辆高压部件绝缘检测

（1）动力电池绝缘检测。

① 将数字兆欧表红表笔连接动力电池正极输出端子，黑表笔连接车身搭铁，将数字兆欧表调至1000V测试挡，按下测试按钮，检测动力电池正极输出端与车身搭铁之间的绝缘电阻，标准值为＞20MΩ。若测量值与标准数值不符，则说明动力电池存在绝缘故障，需进一步检修，这里检测值为∞，正常，如图5-1-28所示。

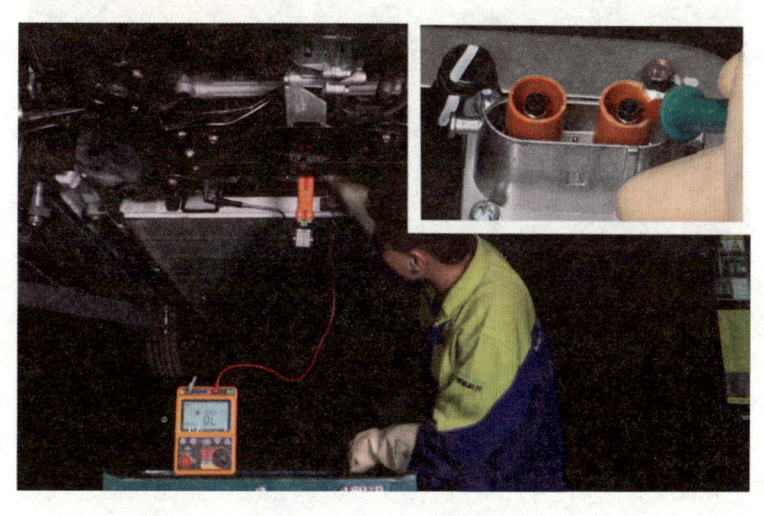

图 5-1-28　检测动力电池正极输出端子绝缘电阻

② 将数字兆欧表红表笔连接动力电池负极输出端子，黑表笔连接车身搭铁，将数字兆欧表调至1000V测试挡，按下测试按钮，检测动力电池负极输出端与车身搭铁之间的绝缘电阻，标准值为＞20MΩ。若测量值与标准数值不符，则说明动力电池存在绝缘故障，需进一步检修，这里检测值为∞，正常，如图5-1-29所示。

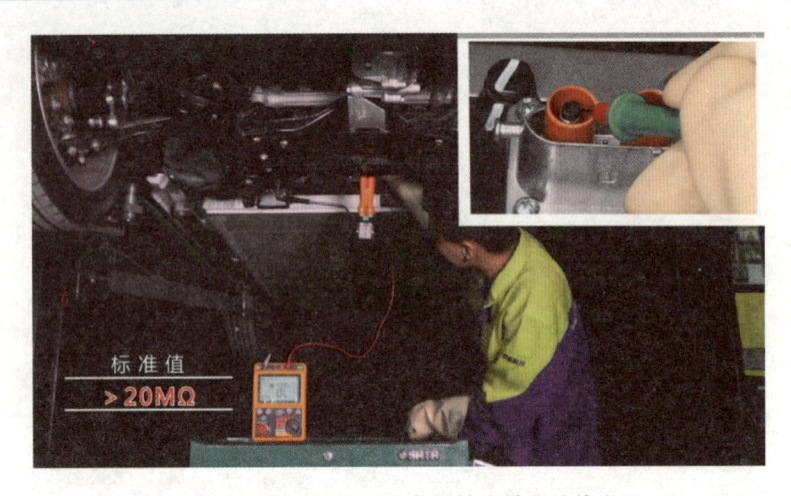

图 5-1-29　检测动力电池负极输出端子绝缘电阻

（2）充配电总成绝缘检测

① 将数字兆欧表红表笔连接动力电池高压母线正极端子，黑表笔连接车身搭铁，将数字兆欧表调至1000V测试挡，按下测试按钮，检测充配电总成及高压母线正极高压线束与车身搭铁之间的绝缘电阻，标准值为＞20MΩ。若测量值与标准数值不符，则说明充配电总成及高压母线正极高压线束存在绝缘故障，需进一步检修，这里检测值为∞，正常，如图5-1-30所示。

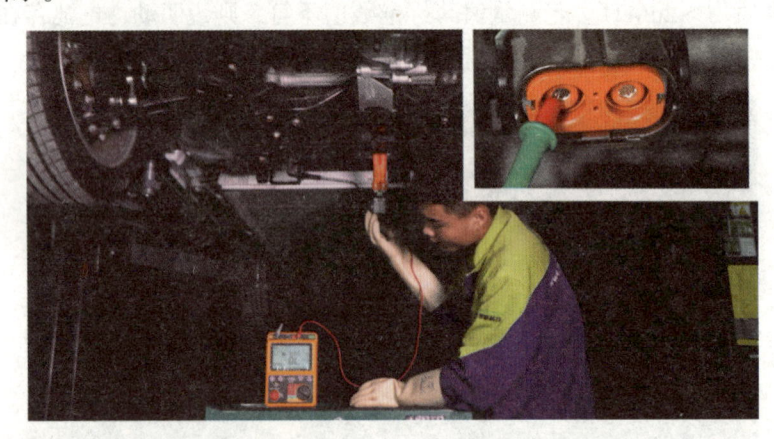

图 5-1-30　检测充配电总成及高压母线正极高压线束绝缘电阻

② 将数字兆欧表红表笔连接动力电池高压母线负极端子，黑表笔连接车身搭铁，将数字兆欧表调至1000V测试挡，按下测试按钮，检测充配电总成及高压母线正极高压线束与车身搭铁之间的绝缘电阻，标准值为＞20MΩ。若测量值与标准数值不符，则说明充配电总成及高压母线负极高压线束存在绝缘故障，需进一步检修，这里检测值为∞，正常，如图5-1-31所示。

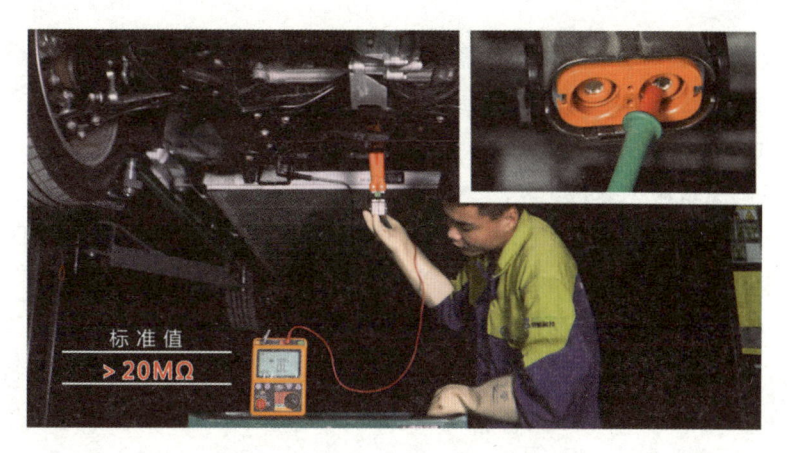

图 5-1-31　检测充配电总成及高压母线负极高压线束绝缘电阻

（3）电机控制器绝缘检测。

① 拆下充配电总成与电机控制器之间的高压线束接插器。

② 将数字兆欧表调到1000V挡位，将数字兆欧表的红、黑表笔分别连接电机控制器高压线束接插器的正极端子和车身搭铁，检测电机控制器及高压线束的绝缘电阻值，正常电阻值为 >20MΩ；若测量值小于标准值，则说明存在绝缘故障，这里检测值为∞，正常。

③ 用同样方法检测电机控制器及高压线束的绝缘电阻，并判断其是否存在绝缘故障，这里检测值为∞，正常。

（4）空调系统高压部件绝缘检测。

① 空调压缩机绝缘检测。

将数字兆欧表调到1000V挡位，将数字兆欧表的红、黑表笔分别连接空调压缩机高压线束接插器的正极端子和车身搭铁，检测空调压缩机及高压线束的绝缘电阻值，正常电阻值为 >20MΩ；若测量值小于标准值，则说明存在绝缘故障，这里检测值为∞，正常，如图5-1-32所示。

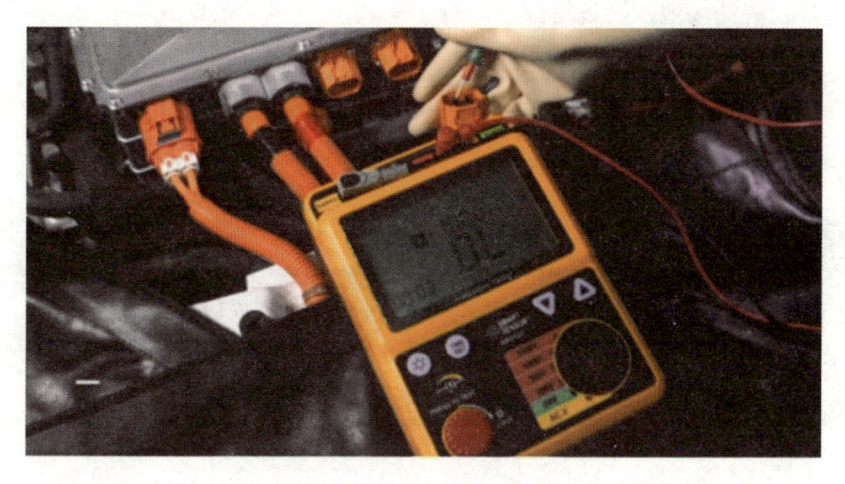

图 5-1-32　检测空调压缩机及高压线束绝缘电阻值

（2）空调压缩机及高压线束负极绝缘检测。

用同样方法检测空调压缩机及高压线束负极的绝缘电阻，并判断其是否存在绝缘故障，这里检测值为∞，正常。

② PTC及高压线束绝缘检。

将数字兆欧表调到1000V挡位，将数字兆欧表的红、黑表笔分别连接PTC高压线束接插器的正极端子和车身搭铁，检测PTC及高压线束的绝缘电阻值，正常电阻值为>20MΩ；若测量值小于标准值，则说明存在绝缘故障。这里检测值为∞，正常。

用同样方法检测PTC及高压线束负极的绝缘电阻，检测到的PTC及高压线束负极的绝缘电阻为10Ω左右，存在绝缘故障，进一步检测，判定高压线束破损引起的绝缘故障。

5. 排除故障

更换新的高压线束。

排除故障后，使用绝缘测试仪确认PTC高压线束与车身搭铁之间的绝缘电阻，正常，故障排除。

6. 确认故障是否已排除

重新连接各高压元器件，连接辅助12V电池，打开启动开关，清除故障码；确认恢复无误后，反复上高压电3次，检查故障现象是否已排除。

注意事项
（1）在对高压系统进行检测时，高压下电流程必须按规范流程进行，并全程做好高压安全防护措施。 （2）在操作过程中应配备安全员。

7. 整理归位

整理工具，清洁场地，设备复位。

任务5.2　高压互锁故障诊断与排除

一、任务导入

某比亚迪秦EV的车主反馈，打开车辆启动开关启动车辆时，车辆不能高压上电，仪表盘上OK灯不亮，并提示EV功能受限。请根据故障现象对车辆进行故障诊断与修复。

二、任务目标

知识目标：

1. 了解分析出高压互锁故障的原因。
2. 熟悉高压互锁故障的后果。
3. 掌握高压互锁故障的诊断流程。

高压互锁回路认知

技能目标：

能够按照维修手册完成比亚迪秦EV高压互锁故障的诊断与排除。

素质目标：

1. 通过团队协作制订故障诊断方案，培养学生的自主学习能力及团队协作意识。（行为目标）
2. 通过规范做好安全防护再进行高压互锁故障诊断与检测，帮助学生养成"安全第一、规范操作"的工作意识。（行为目标）
3. 通过查阅维修资料，规范完成比亚迪秦EV高压互锁故障的检测任务，提高学生的故障诊断与分析的能力，并锻炼学生动手操作能力，进而培养学生求真务实、严谨细致的工匠精神。（职业素养目标）

三、知识链接

高压互锁，也叫危险电压互锁回路，简称HVL，是指通过使用低压信号来监测高压系统电器、导线、导线连接器以及电器保护盖等电气完整性的低压电路。如果高压互锁在汽车启动前失效，则车辆将不能上高压电；如果高压互锁在汽车行驶过程中失效，则车辆可能会进行报警/限功率/断高压等操作，这取决于车辆的控制逻辑策略。

（一）高压互锁故障

高压互锁回路是用于监测高压互锁回路的连接状态，通过回路中的监测点，监测低压回路中的低压信号的范围及变化趋势，用于区分回路中的各种连接状态，如正常连接状态、对电源短路状态、对地短路状态、虚接状态等。高压互锁回路工作时，互锁控制器可根据低压回路的状态进行特定的逻辑判断，实现对高压互锁故障的细分检测，如图5-2-1所示。

高压互锁故障是指新能源汽车动力系统高压回路任一部分高压部件的高压线束、连接接插器、高压器件上的互锁端子连接异常或未连接，此时电池管理系统切断车辆高压供电，车辆无法正常工作。

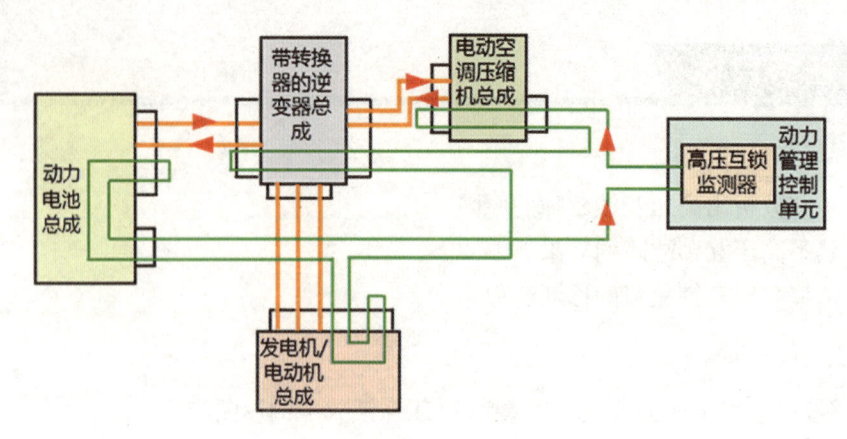

图 5-2-1　高压互锁回路

（二）高压互锁故障原因

高压互锁故障可能导致严重的安全风险，高压互锁故障通常是由以下几种原因造成的。

1. 电压过高或过低

如果车辆的电气系统电压超出了正常范围，则可能导致高压互锁故障。这可能是由于电池故障、充电系统故障或电路连接问题引起的。

2. 电线短路或断路

电线短路或断路可能会导致高压互锁故障，因为高压电路的正常工作需要良好的电线连接。

3. 传感器故障

高压互锁故障也可能是由于传感器故障引起的。传感器在监测和控制高压系统中起着重要的作用，如果传感器失效或损坏，则可能导致高压互锁故障的发生。

4. 控制模块故障

车辆的控制模块负责监测和控制高压系统的运行。如果控制模块出现故障，则可能导致高压互锁故障。

（三）高压互锁故障后果

新能源汽车一旦发现高压互锁故障，应立即停止使用车辆，并将其送到专业的汽车维修店进行检修和修复。因为高压互锁故障可能导致以下后果。

1. 车辆无法启动

当高压互锁故障发生时，控制系统会阻止高压系统的运行，从而防止电流流向电动机或其他高压组件。这将导致车辆无法正常启动和行驶。

2. 高压系统失效

高压系统负责提供动力给电动机以驱动车辆。如果高压互锁故障,则高压系统将无法正常运行,这可能导致车辆失去动力或无法维持正常的行驶状态。

3. 安全风险

高压系统涉及到高电压和高电流,如果高压互锁失效,则可能导致电流突然流向电动机或其他高压组件,增加触电或火灾的风险。

因此,修复高压互锁故障是非常重要的,以确保车辆的安全和正常运行。

(四)高压互锁故障诊断流程

高压互锁故障诊断流程具体如下:

1. 确认故障现象

实车验证并确认故障现象,根据车辆出现的故障现象,如无法启动、高压系统失效、警告灯亮等,初步确定可能是高压互锁故障,如图5-2-2所示。

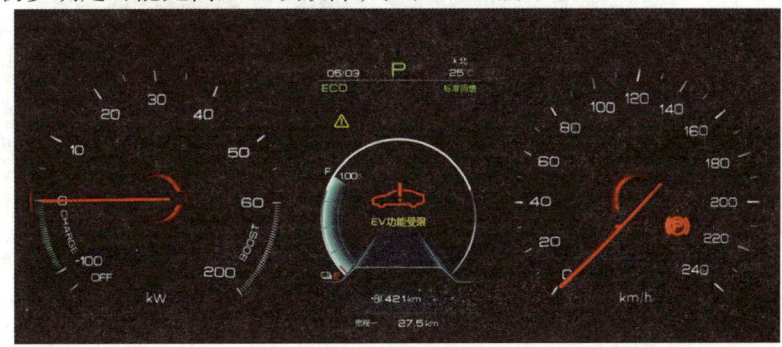

图 5-2-2 故障现象验证

2. 利用仪器进行诊断

(1)连接诊断仪器:使用汽车诊断仪器,将其连接到车辆的诊断接口。确保诊断仪器能够与车辆的电脑系统进行通信。

(2)读取故障码:在诊断仪器上选择高压系统相关的故障码读取功能,诊断仪器读取车辆中存储的故障码,如图5-2-3所示。必要时,读取数据流,如图5-2-4所示,分析可能故障点。

4. 故障分析

根据读取到的故障码,查阅车辆的技术手册或者在线数据库,找到与高压互锁故障相关器件的电路图,如图5-2-5所示,并进行故障码分析,判定可能的故障范围,如高压互锁1故障、高压互锁2故障、电源电路故障等。

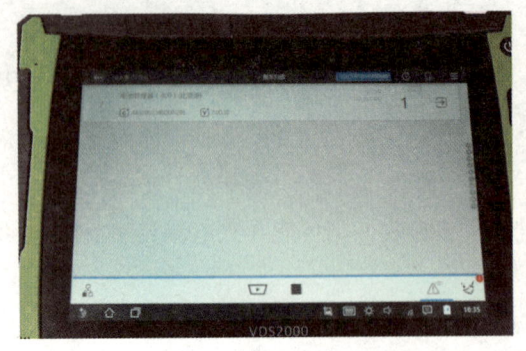

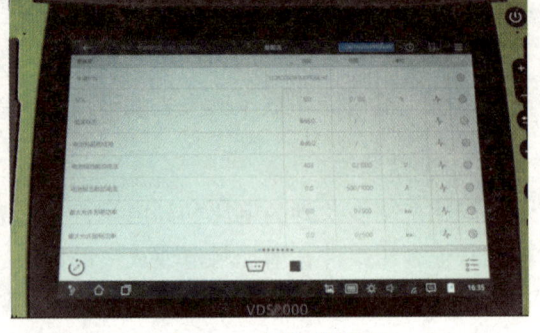

图 5-2-3 读取故障功码　　　　　　　图 5-2-4 读取数据流

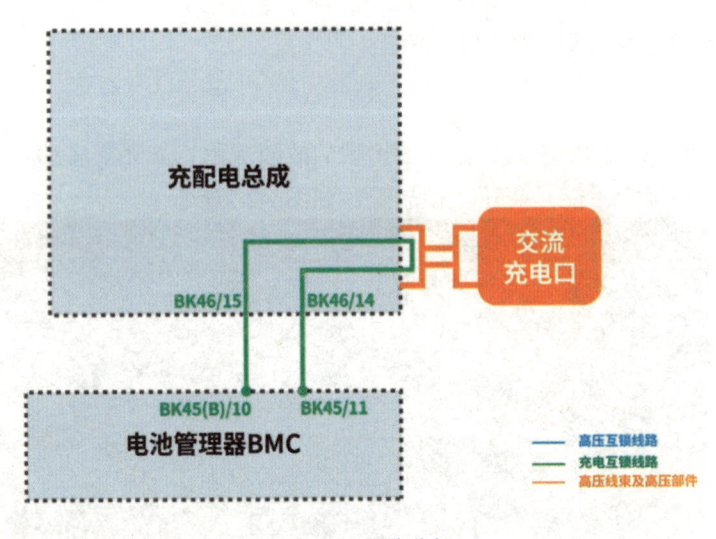

图 5-2-5 电路分析

5. 故障检测

根据故障分析得出的可能故障点，依次进行故障检测。常见的检测主要包括如下几个方面。

（1）电压和电源检查。

使用电压表或多用途电表测量电池和高压系统的电压。检查电池、电压是否正常，同时检查高压系统电源是否供电正常。

（2）线路和接插器检测。

仔细检查高压系统的电线连接，确保没有短路、断路或松动。同时检查高压接线器的连接是否牢固。

（3）检查传感器和开关。

检查高压系统中的传感器和开关是否正常工作。使用专业设备测试传感器的输出信号和开关的工作状态。

（4）检查控制模块。

检查高压互锁相关的控制模块是否正常运行。使用专业诊断工具对控制模块进行测试和诊断，检查其通信和功能。使用专业的诊断工具对控制模块进行测试和诊断。

做完相关检测后，根据检测结果，判定故障点。

5. 故障排除

根据判定的故障点，进行维修，如：若控制模块故障，则需要进行修复或更换；若线路损坏，则需要维修等。

6. 故障复检

修复故障后，使用诊断仪器清除存储在车辆中的故障码，直到无故障码存在。重新测试高压系统，确保问题已解决，如图5-2-6所示。

图 5-2-6　复检无故障码存在

需要注意的是，高压互锁故障的具体诊断方法可能因车型和具体故障原因而有所不同。对于复杂或无法确定的故障，建议将车辆送到专业的汽车维修店进行诊断和修复。

四、任务实施

实训1　比亚迪秦EV400高压互锁故障诊断与排除

（一）任务准备

1. 操作规范

新能源汽车操作车间，除了普通车间的安全要求外，必须放置安全警示标志，避免他人未经允许进入高电压工位而发生危险。实训操作前需严格按照规范穿戴安全防护装备，操作过程中要严格按照规范进行，操作后要进行复检，确保车辆恢复原样。

高压互锁电路故障诊断（比亚迪秦EV）

2. 实训准备

（1）实训分组。

根据车辆及人员数量对学生进行分组，通常每组有3～4人，即1人操作、1人记录、1～2人作为安全员，完成"2020款全新比亚迪秦EV高压互锁故障诊断与排除"任务。

（2）工具准备。

绝缘工具套装、绝缘胶带、维修组合工具、万用表。

（3）设备准备。

比亚迪秦EV400KM整车。

绝缘手套、绝缘鞋、护目镜、安全帽。

（4）辅助资料。

比亚迪秦EV400KM维修手册。

（二）任务实施

1. 故障现象确认

（1）查看车辆基本信息。

（2）打开车辆启动开关，仪表盘上OK灯不亮，车辆不能高压上电。仪表盘上动力系统故障指示灯点亮，并提示EV功能受限；进一步检查，发现车辆只能挂入N挡，如图5-2-7所示。

图 5-2-7　故障现象验证

（3）插上交流充电枪检查，仪表盘上提示请检查车载充电系统。

（4）关闭车辆启动开关。

2. 初步判定故障范围

（1）将诊断仪插头连接至车辆OBD接口。

（2）打开车辆启动开关。

（3）打开诊断仪电源开关，选择对应车型。

（4）选择"ECU模块"进行全车模块扫描。

（5）待扫描完成后，选择"电池管理器（比亚迪）"模块，读取故障码，如图5-2-8所示。

图 5-2-8　读取故障码

> **注意事项**
>
> 若读取到故障码，则为确保读取的为当前故障码，需清除故障码后再次读取。

（5）读取"电池管理器（比亚迪）"模块相关数据流，如图5-2-9所示。

图 5-2-9　读取数据流

（6）结合故障现象、故障码和数据流，初步判断高压互锁电路可能存在故障，图5-2-10所示为故障分析结果。

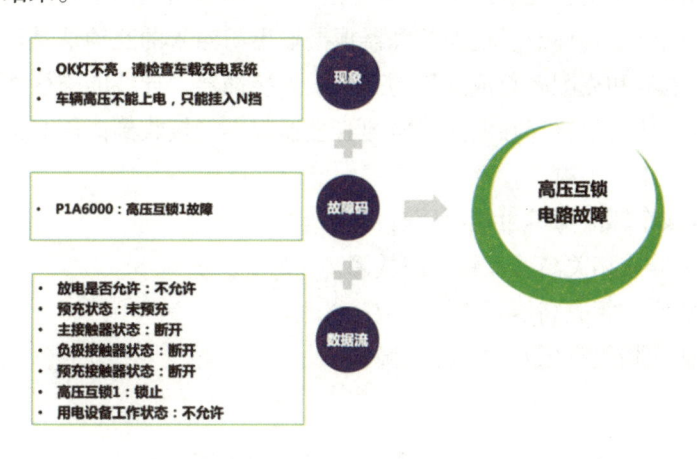

图 5-2-10　故障分析结果

（8）检查完毕，退出诊断界面。

（9）关闭诊断仪启动开关和车辆电源，并取下诊断仪套件。

3. 故障分析

（1）电路分析。

高压互锁电路图如图5-2-11所示。根据高压互锁的电路图可知，高压互锁回路从电池管理器BK45（B）/4端子输出互锁信号，经动力电池BK51（A）/30端子输入动力电池，连接到动力电池输出端的高压线束接插器，监测高压线束接插器的连接牢固情况，通过动力电池BK51（A）/29端子输出，再从充配电总成BK46/12输入充配电总成，连接到充配电总成与PTC、压缩机和动力电池连接的高压线束接插器，监测3个高压线束接插器的连接牢固情况，之后从充配电总成BK46/13端子输出，最终从电池管理器BK45（B）/5端子回到电池管理器。

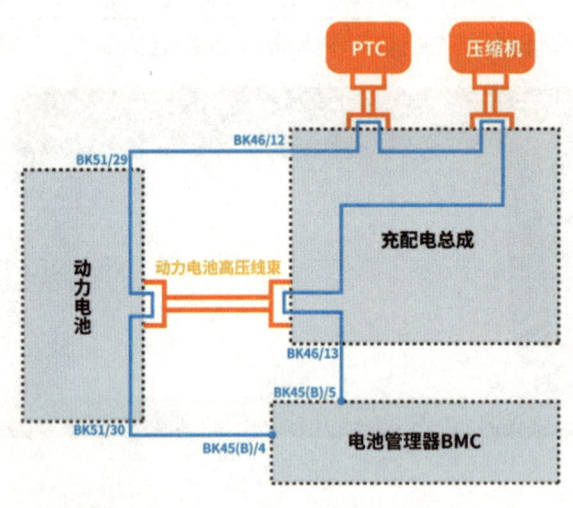

图 5-2-11　高压互锁电路图

高压互锁回路从电池管理器发出PWM互锁信号，经过相关高压线束接插器内互锁端子和低压电路，回到电池管理器。电池管理器根据输出与输入的互锁信号是否一致，来判定高压系统中动力电池和充配电总成连接的高压线束接插器、导线的连接情况。

当互锁回路中任何位置存在断路，电池管理器都不能接收到高压互锁的反馈信号，车辆高压系统就不能正常上电。

因此，导致该车辆故障的可能原因有：

① 电池管理器或相关高压互锁线路故障。

② 充配电总成或相关高压互锁线路故障。

③ 动力电池或相关高压互锁线路故障。

（2）故障诊断与排除

高压互锁电路故障诊断与排除的流程图如图5-2-12所示。

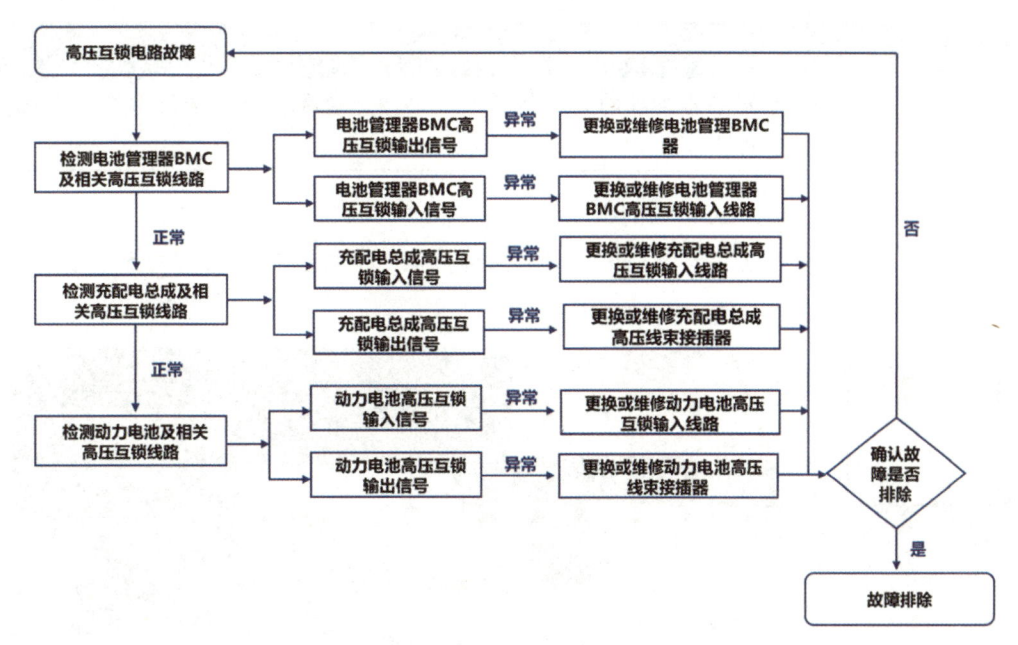

图 5-2-12 高压互锁电路故障诊断与排除的流程图

4．故障诊断

1）检测电池管理器BMC及相关高压互锁线路。

（1）检测电池管理器BMC输出的高压互锁信号。

① 打开车辆启动开关。

② 取出示波器，检查并确认示波器正常可用。

③ 将示波器搭铁线连接蓄电池负极，通道1连接至电池管理器BK45（B）/4，如图5-2-9所示。

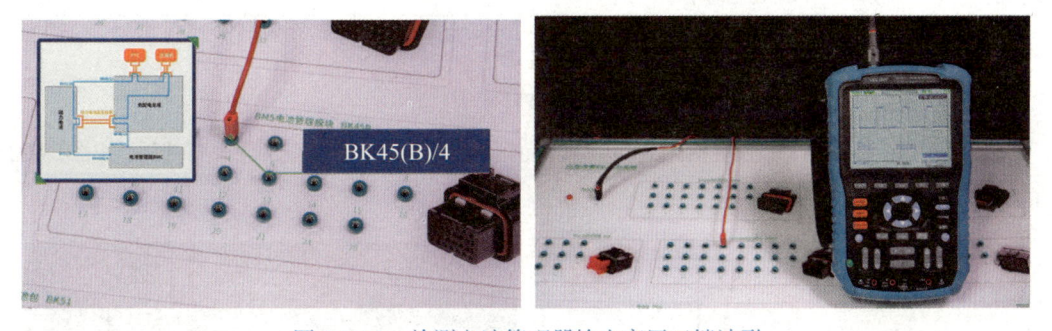

图 5-2-13 检测电池管理器输出高压互锁波形

④ 按下示波器的自动采样按钮，读取电池管理器输出的高压互锁信号波形。

⑤ 调整示波器波形，截取部分波形并进行观察。

⑥ 若测得的高压互锁波形与正常波形不一致，则说明电池管理器不能正常发出高压互锁信号波形，需及时维修。

> **注意事项**
>
> 正常高压互锁信号波形为标准的方波信号,波形应平整无毛刺。若波形存在干扰,则需排除干扰后重新进行检测。

2)检测电池管理器BMC输入的高压互锁信号。

① 将示波器搭铁线连接蓄电池负极,通道1连接至电池管理器BK45(B)/5,如图5-2-14所示。

图 5-2-14　检测电池管理器输入高压互锁波形

② 按下示波器的自动采样按钮,读取电池管理器输入的高压互锁信号波形。

③ 调整示波器波形,截取部分波形并进行观察。

④ 若测得的高压互锁波形与正常波形不一致,则说明电池管理器没有接收到高压互锁信号波形,需用电阻法检修高压互锁线路。

> **注意事项**
>
> 正常高压互锁信号波形为标准的方波信号,波形应平整无毛刺。若波形存在干扰,则需排除干扰后重新进行检测。

2)检测充配电总成及相关高压互锁线路。

(1)检测充配电总成输出的高压互锁信号。

① 将示波器搭铁线连接蓄电池负极,通道1连接至充配电总成BK46/13,如图5-2-15所示。

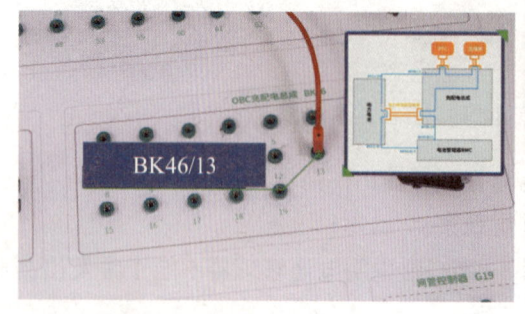

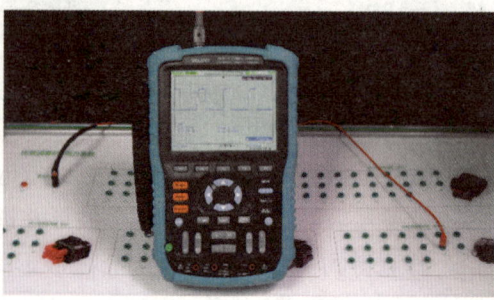

图 5-2-15　检测充配电总成输出高压互锁波形

② 按下示波器的自动采样按钮,读取充配电总成输出的高压互锁信号波形。

③ 调整示波器波形,截取部分波形并进行观察。

④ 若测得的高压互锁波形与正常波形不一致,则说明充配电总成不能输出高压互锁信号波形,需检修充配电总成内部高压互锁线路。

> **注意事项**
>
> 正常高压互锁信号波形为标准的方波信号,波形应平整无毛刺。若波形存在干扰,则需排除干扰后重新进行检测。

(2)检测充配电总成输入的高压互锁信号。

① 将示波器搭铁线连接蓄电池负极,通道1连接至充配电总成BK46/12,如图5-2-16所示。

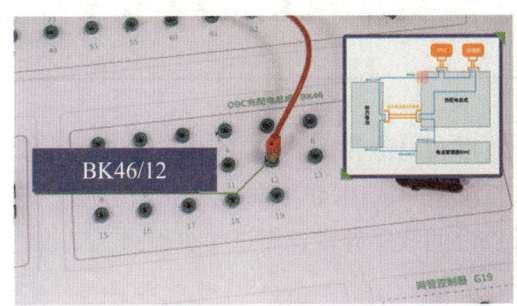

图 5-2-16　检测充配电总成输入高压互锁波形

② 按下示波器的自动采样按钮,读取充配电总成输入的高压互锁信号波形。

③ 调整示波器波形,截取部分波形并进行观察。

④ 若测得的高压互锁波形与正常波形不一致,说明充配电总成不能正常接收到高压互锁信号波形,则需用电阻法检修高压互锁线路。

> **注意事项**
>
> 正常高压互锁信号波形为标准的方波信号,波形应平整无毛刺。若波形存在干扰,则需排除干扰后重新进行检测。

3)检测动力电池及相关高压互锁线路。

(1)检测动力电池输出的高压互锁信号。

① 将示波器搭铁线连接蓄电池负极,通道1连接至动力电池BK51/29。

② 按下示波器的自动采样按钮,读取动力电池输出的高压互锁信号波形。

③ 调整示波器波形,截取部分波形并进行观察。

④ 若测得的高压互锁波形与正常波形不一致,说明充配电总成不能输出高压互锁信号波形,则需检修动力电池内部高压互锁线路。

> 注意事项
>
> 正常高压互锁信号波形为标准的方波信号，波形应平整无毛刺。若波形存在干扰，则需排除干扰后重新进行检测。

（2）检测动力电池输入的高压互锁信号。

① 将示波器搭铁线连接蓄电池负极，通道1连接至动力电池BK51/30。

② 按下示波器的自动采样按钮，读取充配电总成输入的高压互锁信号波形。

③ 调整示波器波形，截取部分波形并进行观察。

④ 若测得的高压互锁波形与正常波形不一致，说明动力电池不能正常接收到高压互锁信号波形，则需用电阻法检修高压互锁线路。

> 注意事项
>
> 正常高压互锁信号波形为标准的方波信号，波形应平整无毛刺。若波形存在干扰，则需排除干扰后重新进行检测。

4）检测充配电总成输入互锁线路。

将电池管理器BK45(B)/4输出的互锁信号波形和电池管理器BK45(B)/5输入的信号波形与充配电总成BK46/12输入互锁信号波形和充配电总成BK46/13输出互锁信号波形进行对比，初步判定充配电总成BK46/13至BK45(B)/5之间线路异常，需进一步检测。

（1）关闭车辆启动开关。

（2）断开蓄电池负极电缆。

（3）取出万用表，校表确认万用表正常可用。

（4）将万用表的红表笔连接电池管理器BK45（B）/5，黑表笔连接充配电总成BK46/13，检测电池管理器到充配电总成之间高压互联线路电阻，如图5-2-17所示。

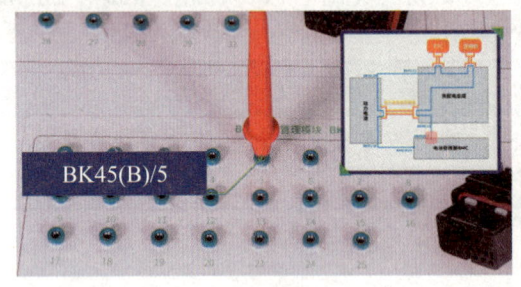

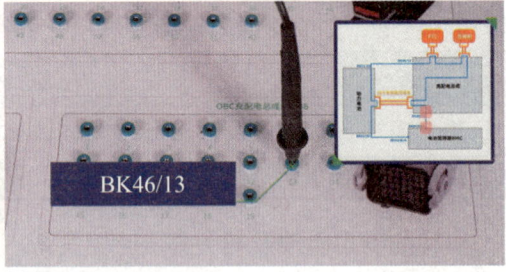

图 5-2-17　检测电池管理器到充配电总成之间高压互联线路电阻

5）若测量值与标准值不符，则说明电池管理器BK45（B）/5-BK46/13之间的线路断路。

检测内容	检测条件	标准值
BK45（B）/13 — BK46/5	关闭车辆启动开关，将万用表调至电阻挡位	<1Ω

> **注意事项**
>
> 设置不同的故障点，分析出来的可能故障线路不同，无论哪条线路故障，都是通过检测线路电阻的方法确认相应故障点。

5. 故障排除

根据排查到的故障点，对线路或元器件进行维修或更换。排除后需再次检测故障点的相关数据，确定故障排除。

6. 整车复检

使用故障诊断仪清除历史故障码，并确认当前车辆无故障码。

> **注意事项**
>
> 故障排除后需先清除历史故障码，否则故障码会一直存在。

试车检验，查看车辆是否能正常上电、故障现象是否消失。若故障依然存在，则需依据诊断思路继续排查。

7. 整理归位

整理工具，清洁场地，设备复位。

任务5.3　交流充电系统故障诊断与排除

一、任务导入

某比亚迪秦EV的车主反馈，该车能正常行驶。当插上慢充充电枪进行充电时，车辆无法充电。请你针对此故障现象对车辆进行故障诊断与修复。

二、任务目标

知识目标：

1. 了解交流充电系统故障的故障原因。
2. 熟悉交流充电系统故障的后果。
3. 掌握交流充电系统故障的诊断流程。

技能目标：

能够完成比亚迪秦EV交流充电系统故障的诊断与排除。

交流充电系统组成及工作过程

素质目标：

1. 通过团队协作制订故障诊断方案，培养学生的自主学习能力及团队协作意识。（行为目标）

2. 通过规范做好安全防护再进行交流充电故障诊断与检测，帮助学生养成"安全第一、规范操作"的工作意识。（行为目标）

3. 通过查阅维修资料，规范完成比亚迪秦EV交流充电系统故障的检测任务，提高学生的故障诊断与分析的能力，并锻炼学生动手操作能力，进而培养学生求真务实、严谨细致的工匠精神。（职业素养目标）

三、知识链接

车辆交流充电系统故障是指电动车充电过程中涉及交流充电的各个部分出现问题或故障。当交流充电系统出现故障时，可能是交流充电桩、充电设备、充电线路以及电动车充电接口等部分出现故障。出现故障时，需要及时停止充电，并将问题报告给专业的维修人员进行诊断和修复。

（一）交流充电系统故障原因

车辆交流充电系统故障时，车辆无法正常进行交流充电，当车辆出现交流充电故障功能时，应及时找出故障原因进行检修。车辆交流充电系统故障的原因可能有多种，常见的故障原因有以下几种。

1. 充电设备故障

充电桩或充电设备本身出现故障，可能是电源问题、控制系统故障或电路板损坏等，如图5-3-1所示。

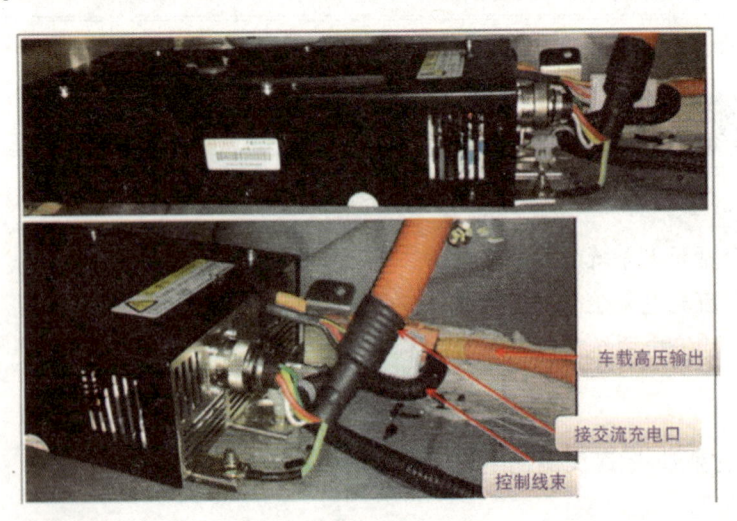

图 5-3-1　充电线故障

2. 电动车充电接口故障

电动车充电接口可能存在插头接触不良、接触点氧化、插头损坏等问题，导致充电中断或无法正常启动充电，如图5-3-2所示。

图 5-3-2　充电接口插不进去

3. 充电线路问题

充电线路出现短路、接触不良等故障，可能是由于线路老化、损坏或不正确地安装等原因引起的。

4. 控制系统故障

电动车的控制系统负责控制充电过程中的电流和电压。如果控制系统出现故障，则可能导致充电异常或中断。

5. 电源问题

充电时供电电源的稳定性和电压波动可能会影响充电效果，例如电网电压不稳定、电源过载等。

6. 外部因素影响

恶劣的天气条件、不当的使用方式、外部的机械损坏等也可能导致交流充电系统故障。

需要注意的是，具体的故障原因可能因车辆型号、充电设备型号和具体故障而有所不同。对于交流充电系统故障，建议借助专业的维修设备和技术知识，将车辆送到经验丰富的汽车维修店进行检修和修复。

（二）交流充电系统故障后果

车辆交流充电系统故障可能导致以下后果：

（1）充电速度变慢。

（2）充电效率下降。
（3）充电失败。
（4）引起电路短路增加车辆起火或爆炸的风险。
（5）影响电网稳定性。

如果充电系统故障导致大量车辆无法正常充电，则可能会对电网的稳定性造成负面影响。

因此，车辆交流充电系统的故障可能会对车辆的充电效率、安全性和可靠性产生负面影响，并增加维修成本。为了最大程度地减少故障的可能性，定期的维护和检查是非常重要的。

（三）交流充电故障诊断流程

车辆交流充电系统故障诊断流程如下：

1. 故障现象确认

实车验证并确认故障现象，根据车辆出现的故障现象，如：车辆可以正常启动完成高压上电，仪表盘上OK灯点亮，仪表盘上其他故障灯点亮。

2. 利用仪器进行初步诊断

（1）连接诊断仪器：使用汽车诊断仪器，将其连接到车辆的诊断接口。确保诊断仪器能够与车辆的电脑系统进行通信。

（2）读取故障码：在诊断仪器上选择高压系统相关的故障码读取功能，诊断仪器读取车辆中存储的故障码，并读取相关数据流。

3. 故障分析

（1）故障范围判定。

根据故障现象、读取的故障码和数据流情况分析可能的故障点。

① 若有故障码，则根据故障码找到相关电路图进行分析，确定故障范围。

② 若无故障码，则需要根据故障现象和实车功能测试情况进行分析。如：维修人员根据"车辆可以正常启动完成高压上电，仪表盘上OK灯点亮，仪表盘上其他故障灯点亮"故障现象，可以初步排除动力电池故障、高压互锁线路故障、高压系统漏电故障等。连接电脑诊断仪扫描整车控制单元，无故障码存储；读取车载充电机模块相关数据流，也未见异常，这说明控制单元工作正常。关闭比亚迪E5纯电动汽车预约充电功能，然后对车辆进行重新充电，故障现象依旧。所以认为故障应该出在交流充电系统上，充电系统常见故障主要有充电设备故障、电口故障、充电线缆及高压插头相关故障、低压控制电路相关故障、车载充电机故障等。

（2）电路图分析。

车辆交流充电系统出现故障时，要分析交流充电系统的控制导引电路，如图5-3-3所示，并结合故障现象、故障码、数据流进行检测。

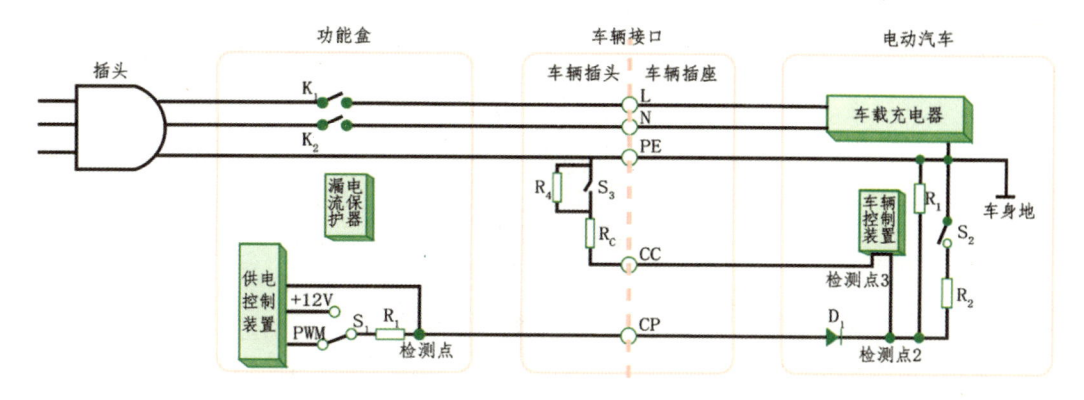

图 5-3-3　交流充电控制导引电路图

4. 故障检测

（1）基本检查。

检查简易充电桩、随车充电设备外观，充电电缆、充电口各端子口等有没有烧蚀、损坏等现象。

（2）充电枪检测。

① RC电阻检测：在充电枪处于锁止按键弹起与按下状态下，利用万用表分别检测充电枪CC脚与PE脚之间的RC阻值，按下锁止状态时，标准电阻值为∞；弹起锁止按键时，标准电阻值根据充电电路不同有多种规格，如161A充电线为680Ω左右，若检测值与标准值一致，则正常；若不一致，则可能存在故障，需进一步检修。具体见表5-1-1所示的充电电缆标准。

表 5-1-1　充电电缆标准

充电电缆额定电流	RC电阻
10A	1.5KΩ
16A	680Ω
32A	220 欧姆
63A	100Ω
RC电阻精密度 ± 3%	

② 供电装置控制信号检测。

用万用表检测充电枪的CP和PE之间控制信号，标准值为12V左右，若检测值与标准值一致，则正常；若不一致，则可能存在故障，需进一步检修。

③ 充电枪供电电压检测

用万用表检测充电枪端子L与端子N之间的电压，标准值为0V，若检测值与标准值一致，则正常；若不一致，则可能存在故障，需进一步检修。

（3）车辆充电口检测。

车辆充电口检测参考图5-3-4所示进行。

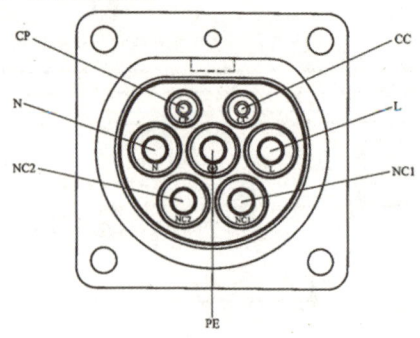

图 5-3-4　交流充电口

① 高压端子绝缘检测

用数字兆欧表检测车辆交流充电口L和N对车身搭铁的绝缘电阻，正常值为＞20MΩ。若检测值与标准值一致，则正常；若不一致，则存在绝缘故障，需及时检修，如图5-3-5、图5-3-6和图5-3-7所示。

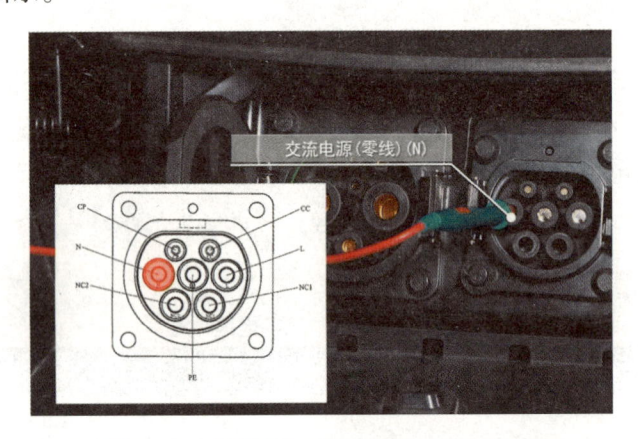

图 5-3-5　交流充电口 L 绝缘检测连接位置

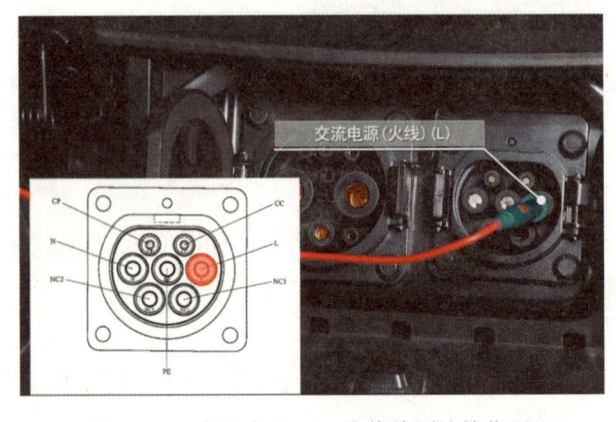

图 5-3-6　交流充电口 N 绝缘检测连接位置

图 5-3-7　交流充电口 L 和 N 绝缘检测数值

② 车身地PE断路检测。

用万用表检测车辆交流充电口PE和车身搭铁之间的电阻，标准值为<1Ω，若检测值与标准值一致，则正常；若不一致，则可能存在断路故障，需进一步检修，如图5-3-8所示。

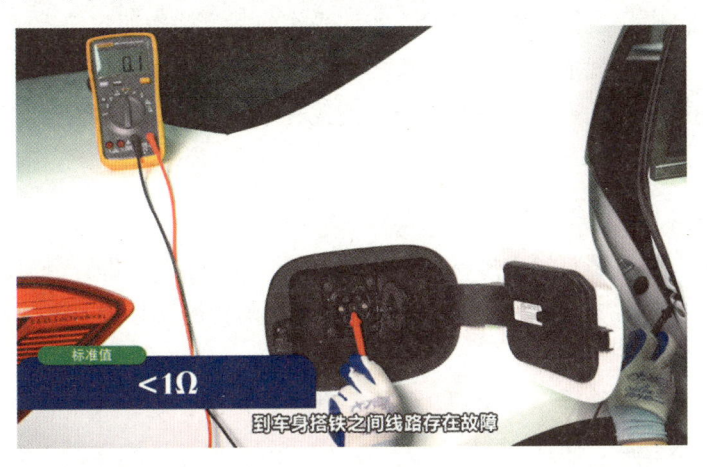

图 5-3-8　交流充电口 PE 和车身搭铁之间的电阻检测

③ 充电连接确认信号线CC检测。

用万用表检测车辆交流充电口CC和PE之间的控制信号,交流充电枪没连接前标准值为12V左右,若检测值与标准值一致，则正常；若不一致，则可能存在断路故障，需进一步检修。

④ 充电连接控制信号线CP检测。

a. 用万用表检测故障车辆交流充电口CP和PE之间的电阻。

b. 用万用表检测同年款正常车辆CP和PE之间的电阻为4.5MΩ左右。

c. 将故障车辆的电阻值与正常车辆的电阻值比较，若两检测数值基本一致，则故障车辆控制信号线CP正常；若两检测检测值差别很大，则故障车辆的控制信号线CP可能存在故障，需进一步检修。

5. 故障确认

分析交流充电系统相关的检测数据，判定故障点。

6. 故障排除与确认

维修故障点，并试车确认是否排除，连接诊断仪读取故障码，确认故障是否已经排除。

四、任务实施

实训1　比亚迪秦EV交流充电系统故障诊断与排除

交流充电系统故障诊断（比亚迪秦EV）

（一）任务准备

1. 操作规范

新能源汽车操作车间，除了普通车间的安全要求外，必须放置安全警示标志，避免他人未经允许进入高电压工位而发生危险。实训操作前需严格按照规范穿戴安全防护装备，操作过程中要严格按照规范进行，操作后要进行复检，确保车辆恢复原样。在对插接器线束测量时需要用探针背插测量，操作需严谨细致、专业规范，减少线束损坏。

2. 实训准备

（1）实训分组

根据车辆及人员数量对学生进行分组，通常每组有3～4人，即1人操作、1人记录、1～2人作为安全员，完成"比亚迪秦EV交流充电系统故障诊断"任务。

（2）工具准备

绝缘工具套装、绝缘鞋、安全帽、绝缘手套、护目镜、绝缘胶带、举升机、维修组合工具、万用表、示波器、探针。

（3）设备准备

比亚迪秦EV400KM整车。

（4）辅助资料

比亚迪秦EV400维修手册。

（二）任务实施

1. 故障现象确认

（1）查看车辆基本信息。

（2）打开车辆启动开关，仪表盘上OK灯点亮，车辆能正常上电。

（3）关闭车辆启动开关，将交流充电枪连接至交流充电口，仪表盘上充电指示灯不点亮，且仪表盘上不显示充电相关信息，确认车辆不能正常交流充电。

（4）取下交流充电枪，并关闭交流充电保护盖及盖板。

2. 初步判定故障范围

（1）使用故障诊断仪读取故障码。

（2）连接交流充电枪，读取相关数据流。

（3）根据车辆可以正常高压上电，仪表盘上OK灯点亮的故障现象，可以确定车辆动力电池、高压线路连接正常，连接诊断仪无故障码，确认车辆不存在绝缘故障，读取充电系统相关数据，未见异常，说明车载充电机工作基本正常，初步判定交流充电系统故障。

（3）结合故障现象、故障码和数据流，初步判定交流充电系统故障。

3. 故障分析

（1）电路分析。

交流充电系统故障诊断与交流充电系统和交流充电口的电路相关，这里分别分析。

① 交流充电系统电路分析。

查找并分析交流充电系统相关的电路图，比亚迪秦EV交流充电系统主要由外部供电设备充电桩、充电枪、电动汽车的充电口和充配电总成内部的车载充电机等组成，外部供电设备充电桩与汽车的连接，是通过交流充电枪连接到充电口实现的，如图5-3-9所示。

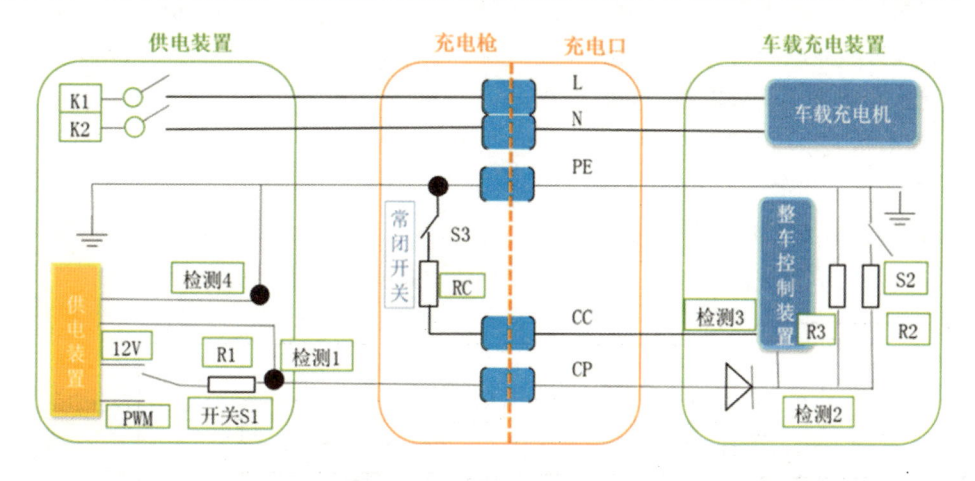

图 5-3-9　交流充电系统原理图

交流充电口为7孔式，2个为备用连接，起作用的只有5孔及连接线，具体为：控制连接确认CP端子、充电连接确认CC端子、交流电源N端子、交流电源L端子和车身接地PE端子。

② 交流充电口电路分析。

比亚迪秦EV交流充电口电路图如图5-2-10所示。据比亚迪秦EV交流充电口电路图可知：交流充电口与充配电总成之间主要有3根连接线，充电连接确认线CC从充电口KB53（B）/2-充配电总成BK46/4；充电控制引导线CP从充电口KB53（B）/1-充配电总成BK46/5；充电口温度检测线从充电口KB53（B）/7-充配电总成BK46/7。

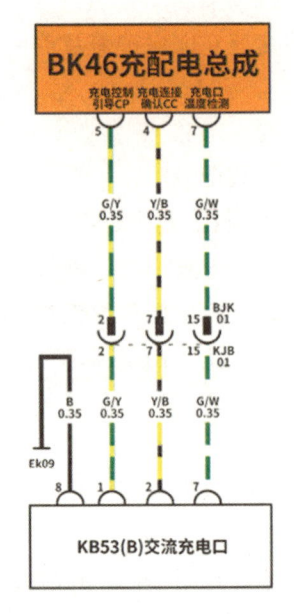

图 5-3-10 比亚迪秦 EV 交流充电口电路图

根据交流充电系统原理图可知，当供电装置或充电枪故障时，车辆无法充电；当充电口或相关连接线路故障时，车辆无法充电；当车载充电机故障时，车辆无法充电。

因此，导致该车辆故障的可能原因有：

① 充电枪或供电装置故障。

② 交流充电口故障。

③ 车载充电机故障。

（2）交流充电系统故障诊断与排除流程图如图5-3-11所示。

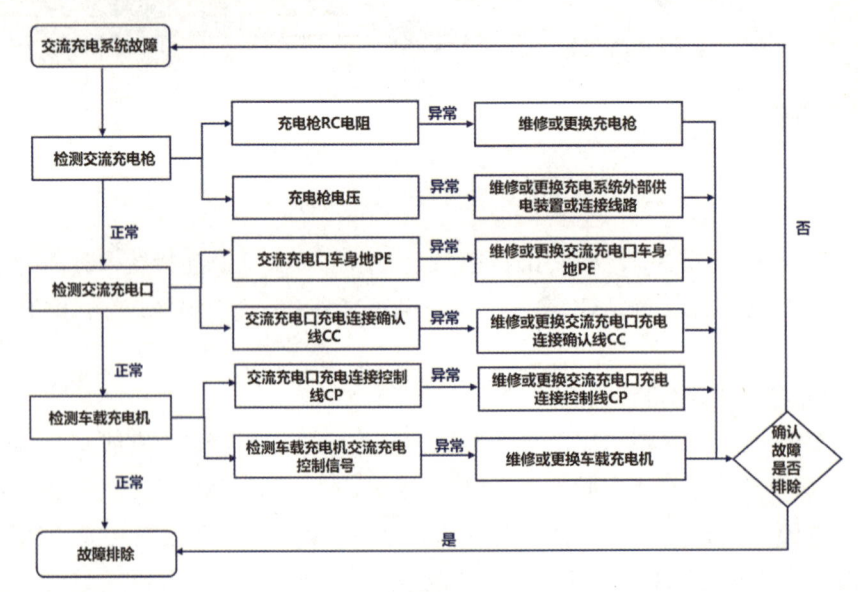

图 5-3-11 交流充电系统故障诊断与排故流程图

4. 故障诊断

（1）检测交流充电枪。

① 检测交流充电枪RC电阻。

a. 取出万用表，校表确认万用表正常可用，将万用表调至电阻挡。

b. 将万用表红、黑表笔分别连接至充电枪CC与PE端子，按下充电枪锁止按键后，检测充电枪RC电阻，如图5-3-12所示。

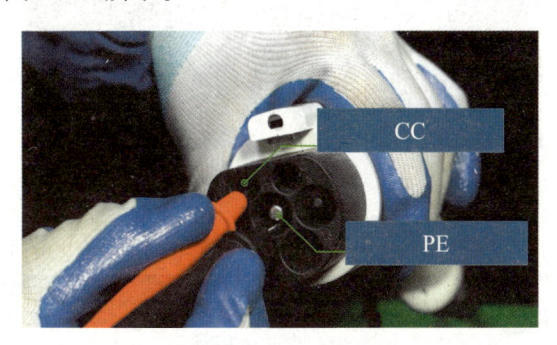

图 5-3-12 充电枪 RC 电阻检测（充电枪锁止按键按下状态）

c. 若测量值与标准值不同，则说明充电枪损坏，需维修或更换。

检测内容	检测条件	标准值
充电枪CC端子 — PE端子	将万用表调至电阻挡位，按下充电枪锁止按钮	∞

d. 将万用表红、黑表笔分别连接至充电枪CC与PE端子，确保充电枪锁止按键处于弹起状态时，检测充电枪RC电阻，如图5-3-13所示。

图 5-3-13 充电枪 RC 电阻检测（充电枪锁止按键弹状态）

e. 若测量值与标准值不同，则说明充电枪损坏，需维修或更换。

检测内容	检测条件	标准值
充电枪CC端子 — PE端子	将万用表调至电阻挡位，充电枪锁止按钮处于弹起状态	1500Ω

② 检测充电枪电压。

a. 将万用表调至直流电压挡位。

b. 用万用表的红表笔接充电枪端子CP，黑表笔接充电枪端子PE，检测交流充电装置供给充电枪的电压，如图5-3-14所示。

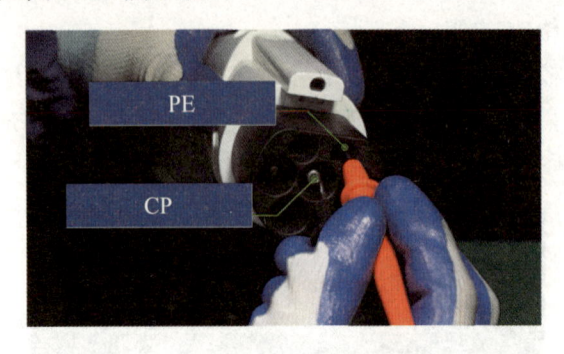

图 5-3-14　交流充电装置供给充电枪的电压检测

c. 若测量值与标准值不符，则说明充电桩、充电枪或外部供电线路故障，需及时检修。

检测内容	检测条件	标准值
充电枪CP端子 — PE端子	将万用表调至直流电压挡位	11～14V

d. 将万用表调至交流电压挡。

e. 将万用表红表笔接充电枪端子L，黑表笔接充电枪端子N，检测充电枪输出电压如图5-3-15所示。

图 5-3-15　检测充电枪输出电压

f. 若测量值与标准值不符，则说明充电桩、充电枪或外部供电线路故障，需及时检修。

检测内容	检测条件	标准值
充电枪L端子 — N端子	将万用表调至交流电压挡位	1V

（2）检测交流充电口。

① 检查交流充电口车身接地PE端子。

a. 打开交流充电口盖。

b. 目视检查交流充电口是否有烧蚀、破损及断裂情况，若有应及时更换。

c. 将万用表调至电阻挡位。

d. 将万应表红表笔连接交流充电口端子PE，黑表笔连接车身搭铁，检测充电口PE到

车身搭铁之间的电阻，如图5-3-16所示

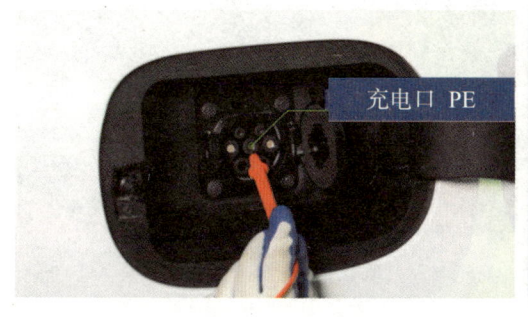

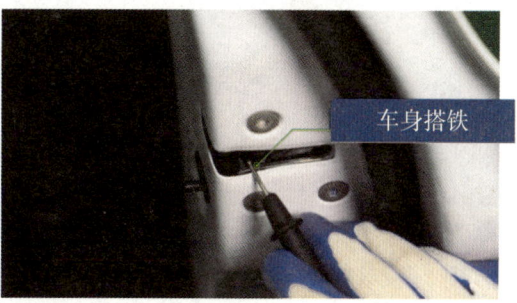

图 5-3-16　充电口 PE 到车身搭铁之间的电阻检测

e. 若测量值与标准值不符，则说明交流充电口PE到车身搭铁之间线路存在故障，需对线路进行导通性测试。

检测内容	检测条件	标准值
交流充电口PE端子 — 车身搭铁	车辆启动开关关闭，将万用表调至电阻挡位	<1Ω

② 检查交流充电口充电连接确认线CC。

a. 将万用表调至直流电压挡位。

b. 将万用表红表笔连接交流充电口KB53(B)/2，黑表笔接电池负极，检测交流充电连接确认信号，如图5-3-17所示。

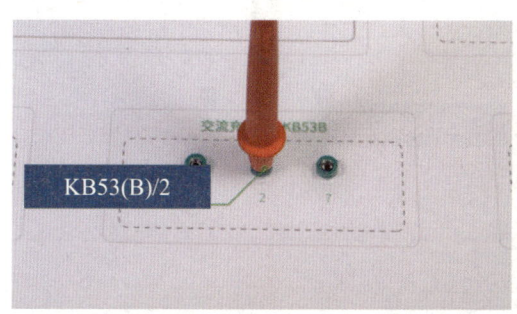

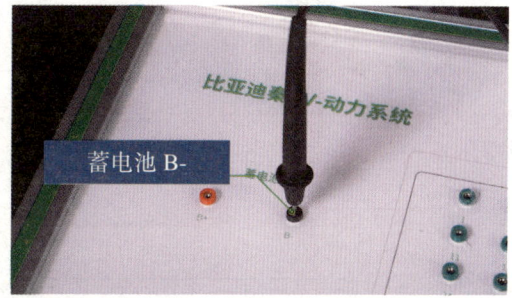

图 5-3-17　交流充电连接确认信号检测

c. 若测量值与标准值不符，则说明充电口到充配电总成之间的线路或充配电总成内部的充电控制装置故障，需进一步检修。

检测内容	检测条件	标准值
KB53（B）/2 — 蓄电池负极	车辆启动开关关闭，将万用表调至直流电压挡位	11～14V

（3）检测车载充电机。

① 检测车载充电机充电控制信号。

a. 将万用表红表笔连接充配电总成BK46/4，黑表笔连接蓄电池负极，检测车载充电机端的交流充电连接确认信号，如图5-3-18所示。

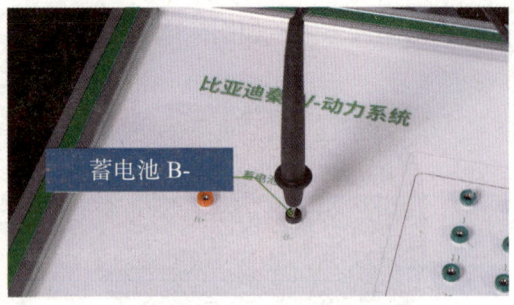

图 5-3-18　车载充电极端的交流充电连接确认信号检测

b. 若测量值与标准值不符,则说明充配电总成内部的充电控制装置故障,需进一步检修。

检测内容	检测条件	标准值
BK46/4 — 蓄电池负极	车辆启动开关关闭,将万用表调至直流电压挡位	11～14V

c. 断开蓄电池负极电缆。
d. 万用表调至电阻挡位。
e. 将万用表红、黑表笔分别连接交流充电口KB53(B)/2和充配电总成BK46/4,检测充电连接确认线CC的电阻,如图5-3-19所示。

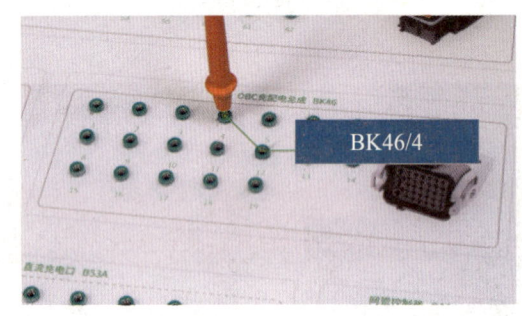

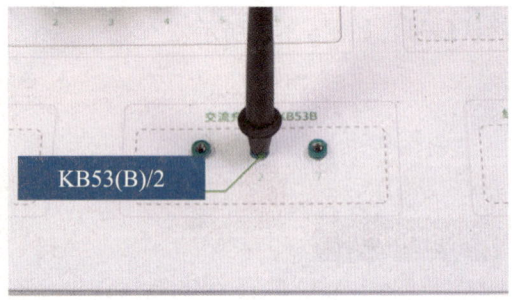

图 5-3-19　充电连接确认线 CC 的电阻检测

f. 测量值与标准值不符,说明交流充电口KB53(B)/2-充配电总成BK46/4之间的充电连接确认线CC断路。

检测内容	检测条件	标准值
KB53(B)/2 — BK46/4	车辆启动开关关闭,将万用表调至电阻挡位	<1Ω

② 检测充电连接控制线CP

a. 将万用表红、黑表笔分别连接交流充电口KB53(B)/1和充配电总成BK46/5,检测充电控制引导线CP的电阻,如图5-3-20所示。

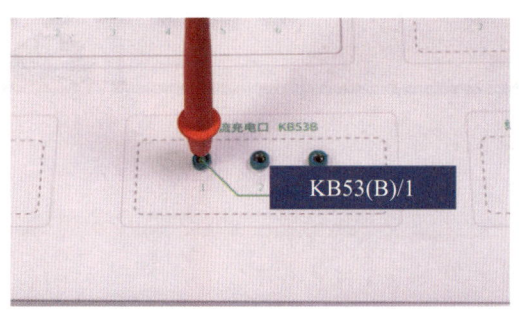

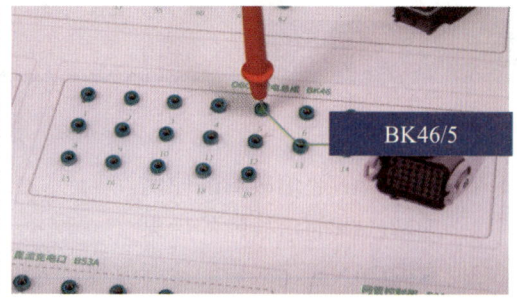

图 5-3-20　充电控制引导线 CP 的电阻检测

b. 若测量值与标准值不符，则说明交流充电口KB53（B）/1-充配电总成BK46/5之间的控制引导线CP断路，需更换或维修。

检测内容	检测条件	标准值
KB53(B)/1 — BK46/5	关闭车辆启动开关，断开抵押蓄电池负极，将万用表调至电阻挡位	<1Ω

5. 故障排除

根据排查到的故障点，对线路或元器件进行维修或更换。排除后需再次检测故障点的相关数据，确定故障排除。

6. 整车复检

使用故障诊断仪清除历史故障码，并确认车辆当前无故障码存在。

> 注意事项
>
> 故障排除后需先清除历史故障码，否则故障码会一直存在。

试车检验，查看车辆是否能正常上电、故障现象是否消失。若故障依然存在，则需依据诊断思路继续排查。

任务5.4　CAN通信故障诊断与排除

一、任务导入

一辆2020款比亚迪秦EV，打开启动开关后，车辆无法上高压电，连接诊断仪发现汽车动力网上所有的控制单元没办法与诊断仪通信，经初步诊断为动力系统总线瘫痪导致。作为本专业的学生，你能利用自己的专业对车辆进行维修吗？如果不能，那么通过本任务的学习，希望你可以掌握车载网络通信故障诊断与排除。

二、任务目标

知识目标：

1. 了解CAN通信故障的原因。
2. 理解CAN通信故障的后果。
3. 掌握CAN通信故障的诊断流程。

技能目标：

能够完成比亚迪秦EV高速CAN通信系统故障诊断。

素质目标：

1. 通过团队协作制订故障诊断方案，培养学生的自主学习能力及团队协作意识。（行为目标）

2. 通过规范做好安全防护再进行CAN通信故障的诊断与检测，帮助学生养成"安全第一、规范操作"的工作意识。（行为目标）

3. 通过查阅维修资料，规范完成CAN通信故障的诊断与检测任务，提高学生的故障诊断与分析的能力，并锻炼学生动手操作能力，进而培养学生求真务实、严谨细致的工匠精神。（职业素养目标）

三、知识链接

CAN总线通信故障是指在使用控制器局域网总线进行通信的系统中，出现了无法正常传输或接收数据的问题。为了减少CAN通信故障的发生和影响，应定期的维护、检查CAN总线，且CAN总线通信故障时，应及时检修。

（一）CAN通信故障原因

CAN通信故障可能导致通信中断、数据错误或丢失，影响系统的功能、性能、稳定性和可靠性，甚至影响车辆的正常运行。引起CAN通信故障的原因主要有以下几种。

CAN节点电源供电不稳定、CAN总线链路故障、CAN总线终端电阻损坏等。这些故障会导致CAN通信信号失真、信号干扰等问题。下面主要介绍CAN节点电源供电不稳定和CAN总线链路故障。

1. CAN节点电源供电不稳

目前，CAN总线系统的控制单元的工作电压一般在10.5～14V之间。若供电系统提供的工作电压小于10.5V，则一些控制单元将会停止工作；若供电系统提供的工作电压大于14V，则控制单元的供电模块容易烧坏，导致控制单元不能正常工作。如果控制单元的搭铁线连接异常，则也会导致控制单元不能正常工作。

2. CAN总线链路故障

CAN总线系统链路层的故障是汽车总线的高频故障，当CAN总线数据传输系统的链路出现故障时，例如：数据传输线对地短路、对电源短路、断路和线路物理性质改变引起的通信信号失真或衰减，均会引起一个控制单元或多个控制单元同时无法工作，CAN总线系统不能通信等故障。常见的CAN总线链路故障可大致分为以下几种。

（1）断路故障。

CAN总线中的CAN-L线或是CAN-H线中的一根导线断路，一般不会导致CAN系统瘫痪，只会导致某一个控制单元跟其他的控制单元失去通信，如果断路地控制上电、下电的核心控制单元，则会导致车辆无法上电，如2020款秦EV动力网中的整车控制器、动力电池管理器或驱动电机控制器出现CAN-L线或是CAN-H线断路时，波形就会异常，同时会导致车辆高压无法上电。

① 当CAN-L线断路时，异常波形如图5-4-1所示，正常波形如图5-4-2所示。

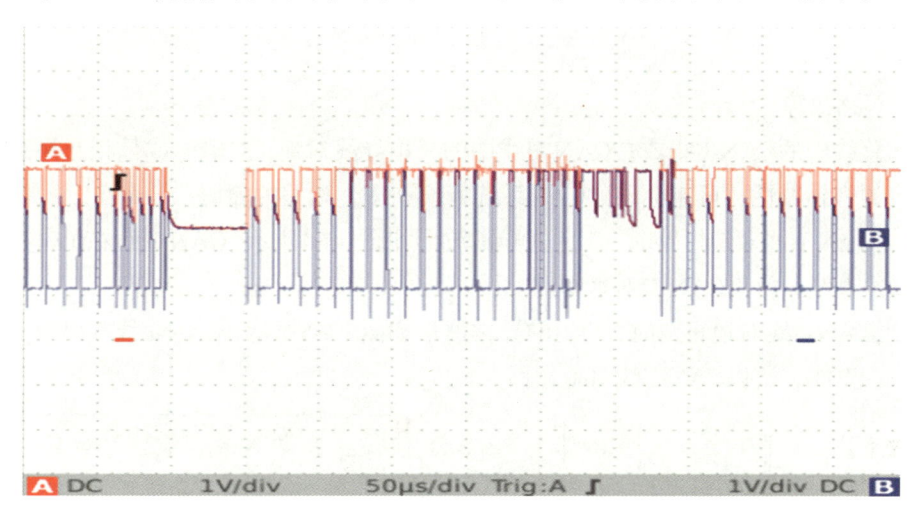

图 5-4-1　CAN-L 线断路波形产生的异常波形

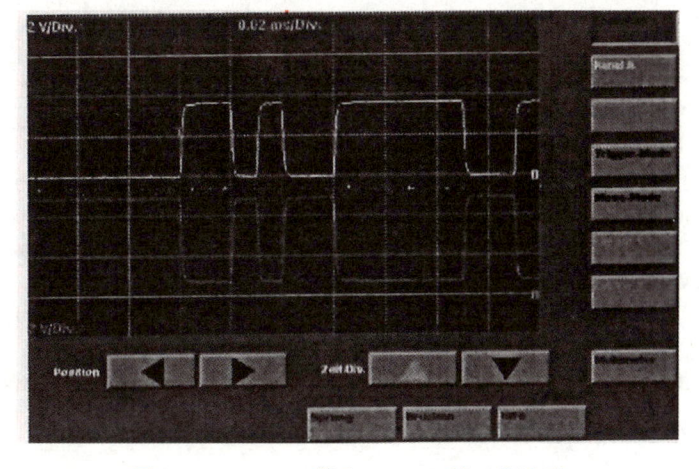

图 5-4-2　CAN-H 线和 CAN-L 线正常波形

② 当CAN-H线断路时，异常波形如图5-4-3所示。

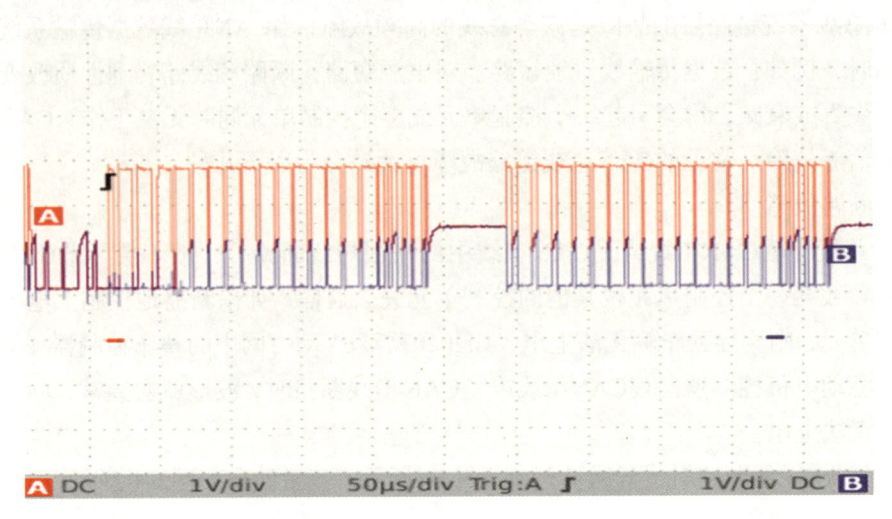

图5-4-3　CAN-H线断路波形产生的异常波形

（2）短路故障。

CAN总线中的CAN-L线或是CAN-H线中的一根导线对地、对电源或是相互短路，根据CAN总线的容错特性，可能会导致CAN系统瘫痪和产生相关故障码。

① 当CAN-H线对地短路时，产生的异常波形如图5-4-4所示，CAN-H线在0V电压左右，近似为一条直线，所以CAN-H对地短路。

② 当CAN-L线对地短路时，产生的异常波形如图5-4-5所示，CAN-L线在0V电压左右，近似为一条直线，所以CAN-L线对地短路。

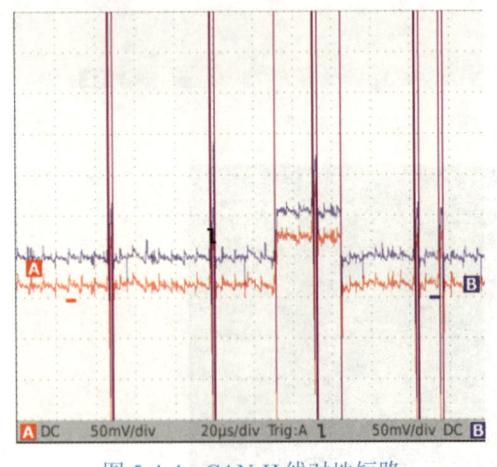

图5-4-4　CAN-H线对地短路

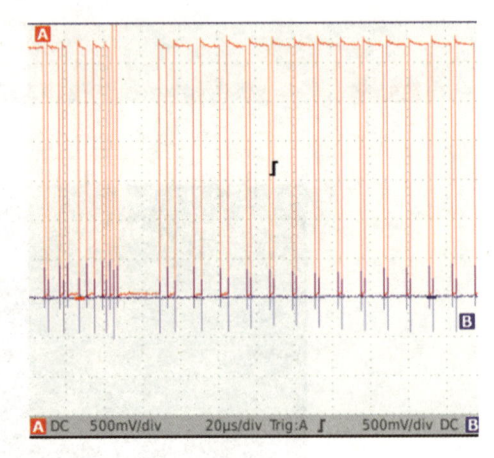

图5-4-5　CAN-L线对地短路

③ 当CAN-H线对电源短路时，产生的异常波形如图5-4-6所示，CAN-H线在12V电压左右，近似为一条直线，所以CAN-H线对地短路。

④ 当CAN-L线也对电源短路时，产生的异常波形如图5-4-7所示，CAN-H线和CAN-H线两条波形在12V电压左右，近似为两条直线，所以CAN-H线对地短路。

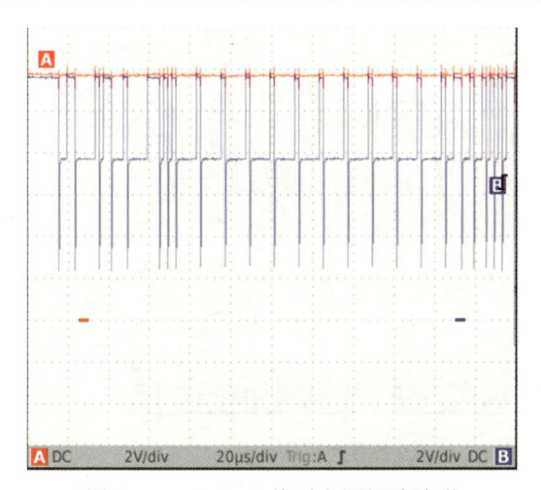

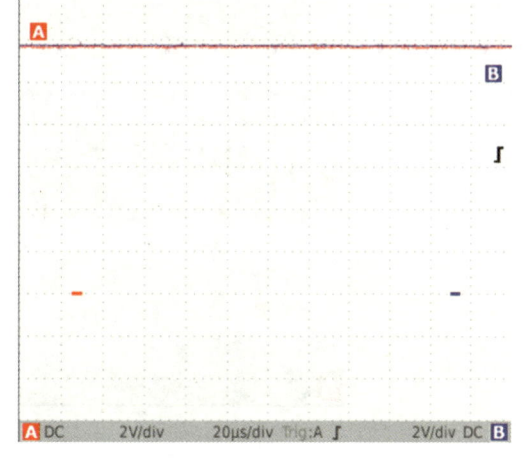

图 5-4-6　CAN-H 线对电源短路波形　　　　图 5-4-7　CAN-L 线也对电源短路波形

⑤ 当CAN-L线与CAN-H线相互短路，产生的异常波形如图5-4-8所示，此时，CAN-H线和CAN-L线之间的电压差将几乎为0，即CAN-H线与CAN-L线上的信号电平相等，CAN总线上的信号电平不稳定，出现高电平和低电平之间的互相切换，波形不规则。

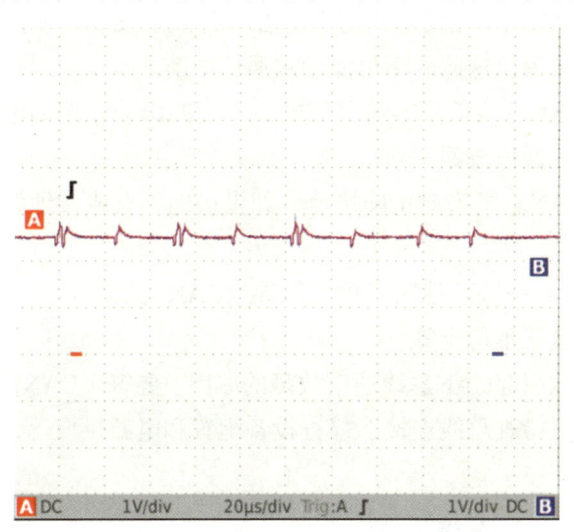

图 5-4-8　CAN-L 线与 CAN-H 线相互短路

（3）维修失误故障。

① 线束连接错误：维修时如线束连接错误会导致对应的控制单元没办法和系统其他控制单元通信，如果由于维修失误将动力CAN系统和舒适CAN系统错接，则会导致两个系统均瘫痪。当CAN-L线与CAN-H线之间交叉连接，会导致CAN总线波形异常，信息不能正常传输，如图5-4-9所示。

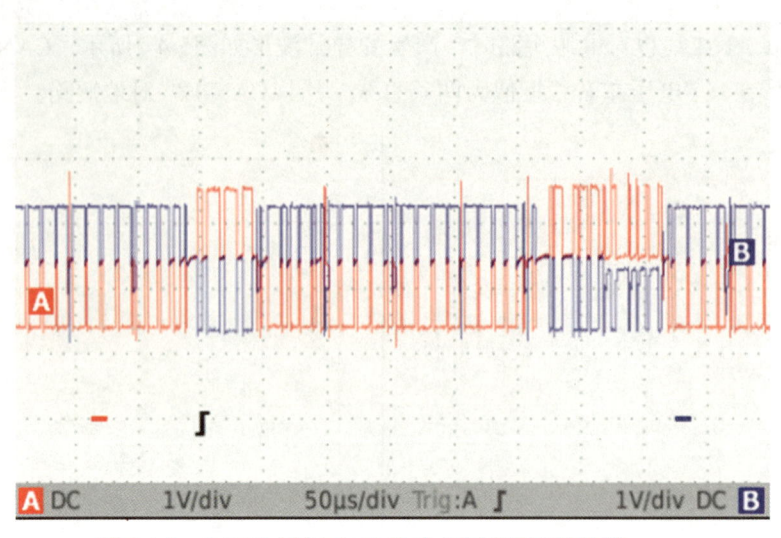

图 5-4-9　CAN-L 线与 CAN-H 线之间交叉连接波形

② 软件配置错误：CAN通信需要正确配置CAN节点的参数，包括波特率、地址等，如果配置错误，则可能导致通信故障。另外，软件编程也可能存在bug，导致通信功能异常。

③ 通信干扰：CAN总线是一种共享总线结构，多个节点共用一条总线进行通信。如果其中一个节点发送的信号干扰了其他节点的信号，则可能导致通信故障。

④ 节点故障：CAN网络中的节点可能存在硬件故障或软件故障，例如节点控制器芯片故障、节点软件崩溃等，这些故障可能导致通信中断。

⑤ 电磁干扰：CAN总线信号容易受到电磁干扰的影响，例如电源线干扰、电磁辐射等，这些干扰可能导致通信故障。

⑥ 接地问题：CAN总线需要正确接地，如果接地不良或接地线路存在问题，则可能导致通信故障。

⑦ 其他因素：还有一些其他因素也可能导致CAN通信故障，例如传输距离过长、节点数量过多、电源、电压不稳定等。

这些是一些常见的引起CAN总线通信故障的原因，要解决CAN总线通信故障，通常需要使用故障诊断工具、检查总线连接、检查设备配置和电源供应等，并根据具体情况采取相应的修复措施。

（二）CAN总线通信故障后果

CAN总线通信故障可能导致以下几种后果。

（1）功能失效：如发动机控制、刹车控制、车辆稳定性控制等功能失效。

（2）系统不稳定：通信故障可能导致系统的稳定性降低。数据丢失、传输错误或通信中断可能导致系统的不稳定行为，如引擎颤动、车辆抖动、不稳定的车辆控制等。

（3）资源浪费：通信故障可能导致资源浪费，即设备无法有效地传输所需的数据，而频繁尝试重新传输数据，这可能会导致能源浪费、电池耗尽或设备寿命缩短。

（4）安全风险：通信故障可能对车辆的安全性产生负面影响。例如，在刹车控制系统通信故障的情况下，车辆可能无法及时响应刹车指令，增加事故风险。

（5）故障扩散：通信故障可能会影响总线上的其他设备，导致故障扩散。这可能会导致更多设备失去功能或无法正常工作，引起系统范围的故障。

（6）诊断和维修困难：通信故障可能会增加故障诊断和维修的难度。由于通信故障可能导致故障码无法传输或读取，诊断人员可能需要花费更多时间与资源来识别和解决问题。

因此，CAN总线通信故障可能对系统性能、安全性、稳定性和维修成本产生负面影响。

（四）CAN总线通信系统故障排除流程

在检修过程中，首先应查看具体的故障现象，根据故障现象和网络拓扑结构图来初步分析有可能是哪些原因造成的，然后使用相关的诊断仪器进行诊断。根据诊断结果制订相关检修方案。接着查找具体的故障部位和原因，同时结合相应的检测方法和测量结果找到故障点，从而彻底排除故障。

由于CAN网络采用多种协议，每个控制模块的端口在正常的情况下都有标准波形和电压，因此波形测量法或是电压测量法可用于判断线路是否有对地或电源短路、相线间短路等问题。为了确定CAN-H线或CAN-L线是否损坏或信号是否正常，可以测量其是对地电压或是系统电阻。图5-4-10所示是高速CAN故障诊断流程图。

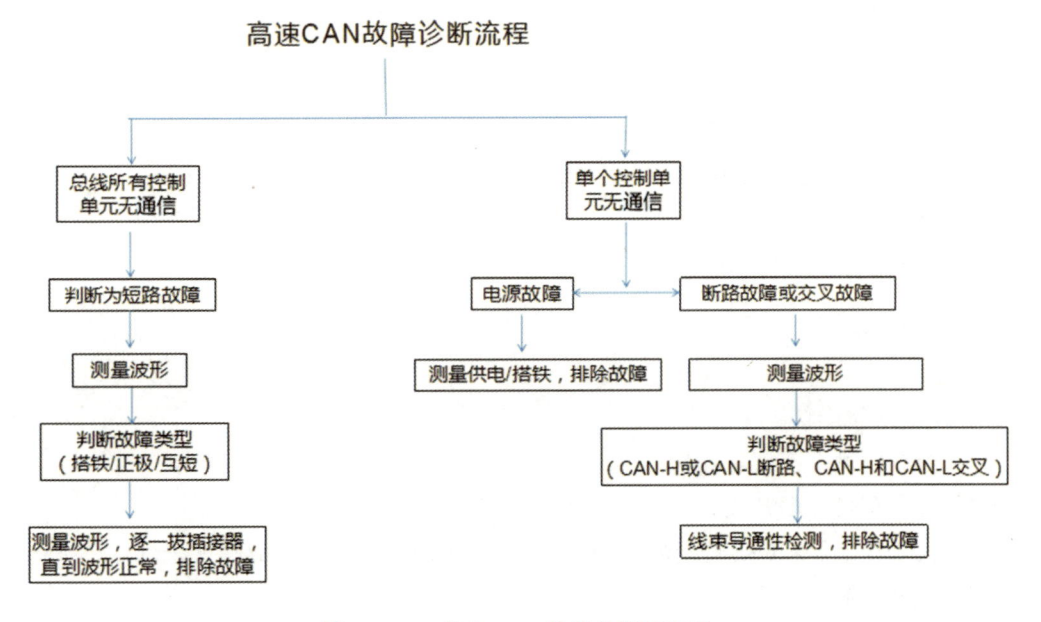

图 5-4-10　高速 CAN 故障诊断流程图

四、任务实施

实训1　比亚迪秦EV高速CAN通信系统故障诊断与排除
——电池子网CAN通信电路

电池管理器信息通讯系统故障（比亚迪秦EV）

（一）任务准备

1. 操作规范

新能源汽车操作车间，除了普通车间的安全要求外，必须放置安全警示标志，避免他人未经允许进入高电压工位而发生危险。实训操作前需严格按照规范穿戴安全防护装备，操作过程中要严格按照规范进行，操作后要进行复检，确保车辆恢复原样。在对插接器线束测量时需要用探针背插测量，操作需严谨细致、专业规范，减少线束损坏。

2. 实训准备

（1）实训分组。

根据车辆及人员数量对学生进行分组，通常每组有3～4人，即1人操作、1人记录、1～2人作为安全员，完成"比亚迪秦EV高速CAN总线系统故障诊断"任务。

（2）工具准备。

绝缘工具套装、绝缘鞋、安全帽、绝缘手套、护目镜、绝缘胶带、举升机、维修组合工具、万用表、示波器、探针。

（3）设备准备。

比亚迪秦EV400KM整车。

（4）辅助资料。

比亚迪秦EV400维修手册。

（二）任务实施

1. 故障现象确认

（1）查看车辆基本信息。

（2）打开车辆启动开关。

（3）仪表盘上显示OK灯不亮，车辆不能正常上电，动力电池故障警告灯点亮。

（4）关闭车辆启动开关。

2. 初步判定故障范围

（1）使用故障诊断仪读取故障码。

（2）查阅维修手册，确认故障码定义，如图5-4-11所示。

（3）读取相关数据流，如图5-4-12和图5-4-13所示。

项目五　新能源汽车综合故障诊断与排除

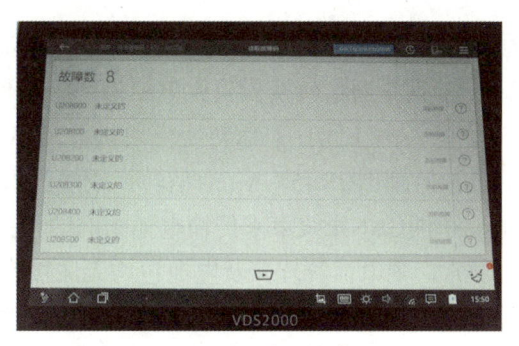

图 5-4-11　读取故障码

图 5-4-12　读取数据流

图 5-4-13　读取的异常数据流

（4）结合故障现象和检查结果，初步判断电池管理器及相关电路可能存在故障。

注意事项
若读取到故障码，则为确保读取的为当前故障码，需清除故障码后再次读取。

3．故障分析

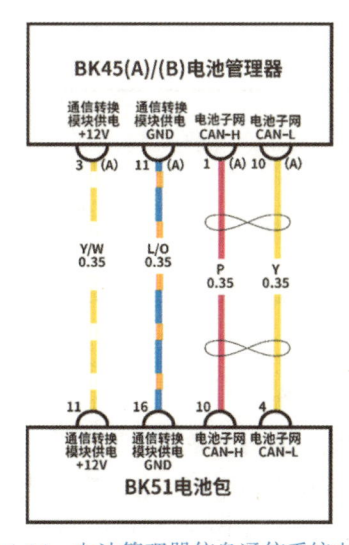

（1）电路分析如图5-4-14所示。

图 5-4-14　电池管理器信息通信系统电路图

— 175 —

查找电池管理系统通信相关电路图可知，从电池包BK51到电池管理器BK45（A）进行信息通信的线路有4根线束，分别是通信转换模块供电+12V线、通信转换模块供电GND线、电池子网CAN-H线和电池子网CAN-L线。通信转换模块供电+12V线和通信转换模块供电GND线形成闭合回路，为电池管理器BK45（A）通信转换模块提供5V的初始电压。并通过电池子网CAN-H线束和电池子网CAN-L线束来传输电池子网的相关信息。

若通信转换模块供电异常，则电池管理器及电池包均无法接收到CAN通信信号；若电池子网CAN通信线束断路，则电池管理器及电池包之间无法正常通信；若通信转换模块供电、电池子网CAN通信线束均正常，那么则可能是电池包或电池管理器本体损坏导致的电池管理器通信系统故障，需对电池包或电池管理器本体做进一步检测分析。

因此，导致该车辆故障的可能原因有：
① 通信转换模块电源电路故障。
② 电池子网CAN通信电路故障。
③ 动力电池包内部通信转换模块或电池管理器本体故障。

（2）故障诊断与排除流程图如图5-4-15所示。

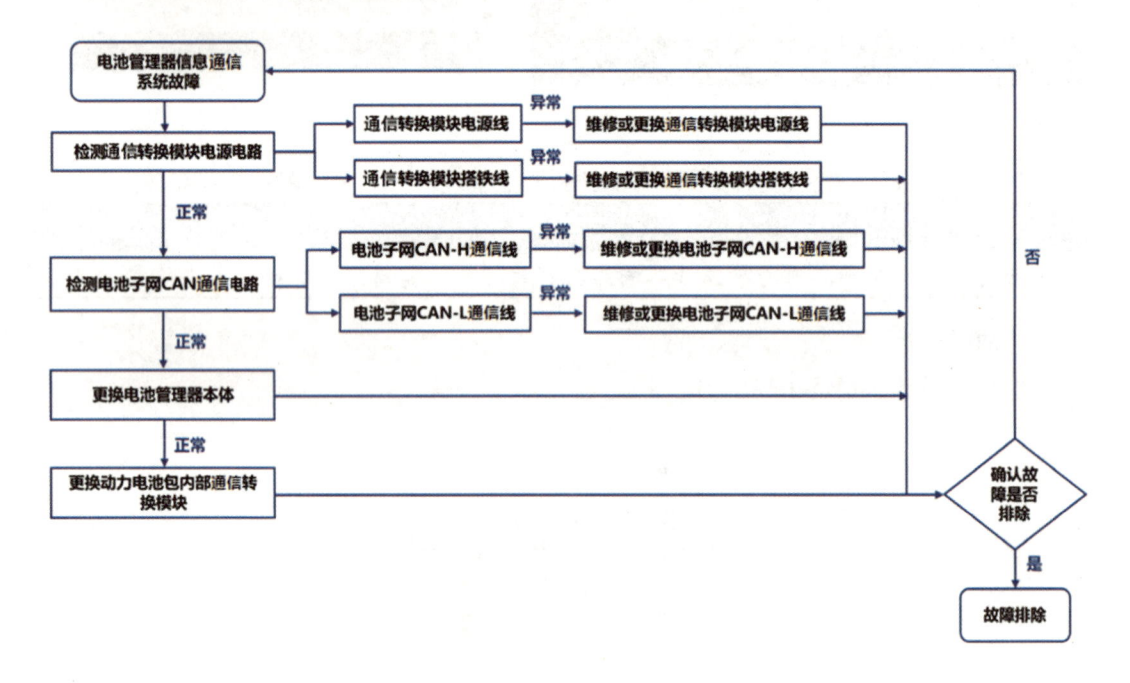

图 5-4-15　电池管理器信息通信系统故障诊断与排除流程图

4．故障诊断

（1）检测通信转换模块电源电路。

① 检测通信转换模块电源线，打开车辆启动开关。

a．取出万用表，校表确认万用表正常可用，将万用表调至直流电压挡位。

b．将万用表红表笔连接动力电池包BK51的11号针脚，黑表笔连接蓄电池负极，检测动力电池包通信转换模块电源线的电源、电压,如图5-4-16所示。

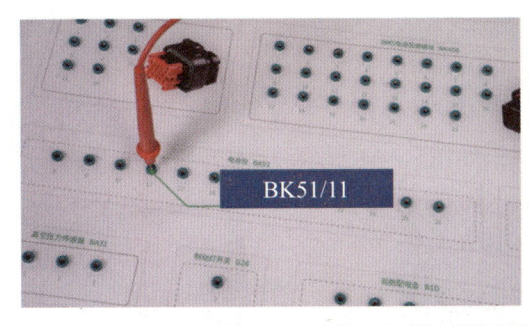

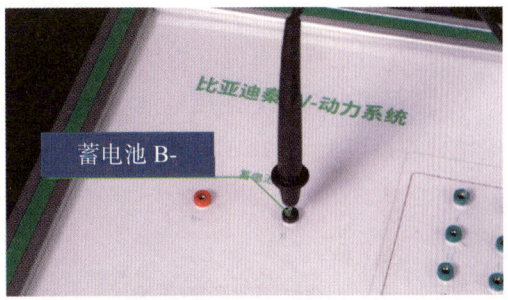

图 5-4-16　动力电池包通信转换模块电源线的电源、电压检测

c. 若测量值与标准值不符,则说明动力电池包通信转换模块电源线存在故障,需对线束进行导通性测试。

检测内容	检测条件	标准值
BK51/11 — 蓄电池负极	车辆启动开关打开,将万用表调至直流电压挡位	11～14V

② 检测通信转换模块搭铁线。

a. 关闭车辆启动开关。

b. 断开蓄电池负极电缆。

c. 将万用表调至电阻挡位。

d. 将万用表红表笔连接动力电池包BK51的16号针脚,黑表笔连接电池管理器BK45(A)/11号针脚,检测电池管理器通信转换模块搭铁线的电阻,如图5-4-17所示。

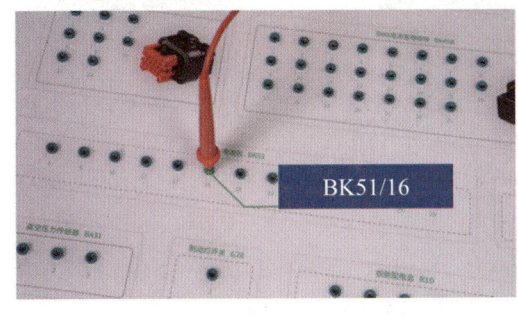

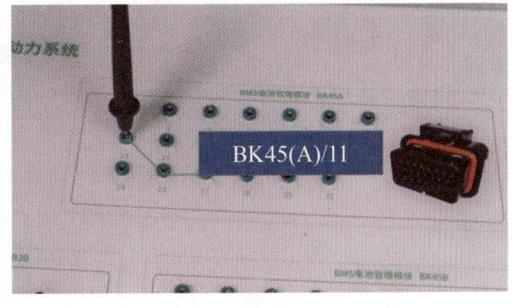

图 5-4-17　电池管理器通信转换模块搭铁线的电阻检测

e. 若测量值与标准值不符,则说明电池管理器通信转换模块搭铁线出现断路故障,需维修或更换线束。

检测内容	检测条件	标准值
BK45(A)/11 — BK51/16	车辆启动开关关闭,蓄电池负极断开,将万用表调至电阻挡位	<1Ω

(2)检测电池子网CAN总线通信电路。

① 检测电池子网CAN-H线。

a. 连接蓄电池负极电缆。
b. 打开车辆启动开关。
c. 将万用表调至直流电压挡位。
d. 将万用表红表笔连接电池管理器BK45(A)的1号针脚，黑表笔连接蓄电池负极，检测电池管理器电池子网CAN-H线的电源、电压，如图5-4-18所示。

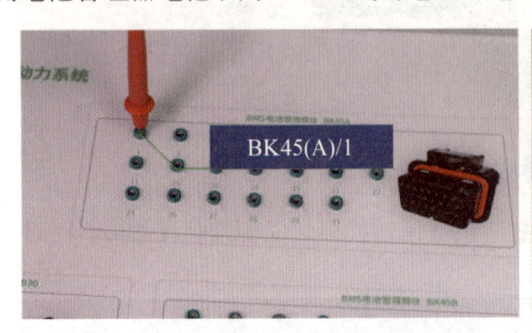

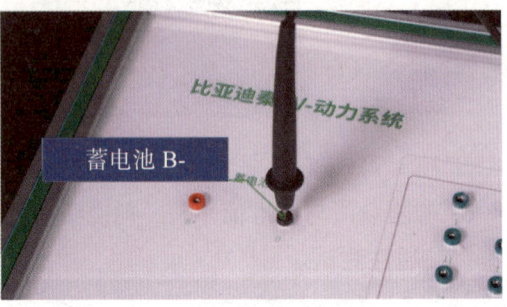

图 5-4-18　电池管理器电池子网 CAN-H 线的电源、电压检测

e. 若测量值与标准值不符，则说明电池管理器电池子网CAN-H线可能存在异常，需进一步检修。

检测内容	检测条件	标准值
BK45（A）/1 — 蓄电池负极	车辆启动开关打开，将万用表调至直流电压挡位	2.5～3.5V

f. 将万用表红表笔连接电池包BK51的10号针脚，黑表笔连接蓄电池负极，检测动力电池包电池子网CAN-H线的电源、电压，如图5-4-19所示。

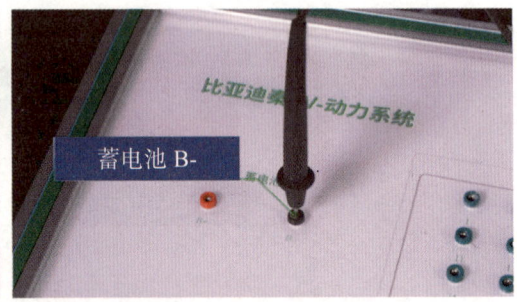

图 5-4-19　动力电池包电池子网 CAN-H 线的电源、电压检测

g. 若测量值与标准值不符，则说明动力电池包电池子网CAN-H线可能存在异常，需进一步检修。

检测内容	检测条件	标准值
BK51/10 — 蓄电池负极	车辆启动开关打开，将万用表调至直流电压挡位	2.5～3.5V

② 检测电池子网CAN-L线。
a. 将万用表红表笔连接电池管理器BK45(A)的10号针脚，黑表笔连接蓄电池负极，检

测电池管理器电池子网CAN-L线的电源、电压，如图5-4-20所示。

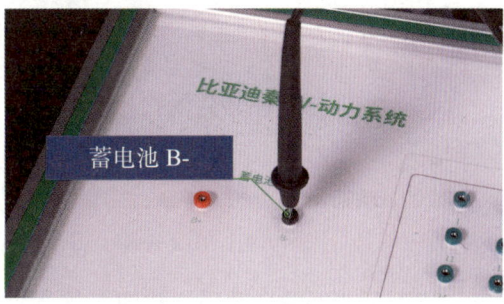

图 5-4-20　电池管理器电池子网 CAN-L 线的电源、电压检测

b. 若测量值与标准值不符，则说明电池管理器电池子网CAN-L线可能存在异常，需进一步检修。

检测内容	检测条件	标准值
BK45（A）/10 — 蓄电池负极	车辆启动开关打开，将万用表调至直流电压挡位	1.5～2.5V

c. 将万用表红表笔连接电池包BK51的4号针脚，黑表笔连接蓄电池负极，检测电池子网CAN-L线的电源、电压，如图5-4-21所示。

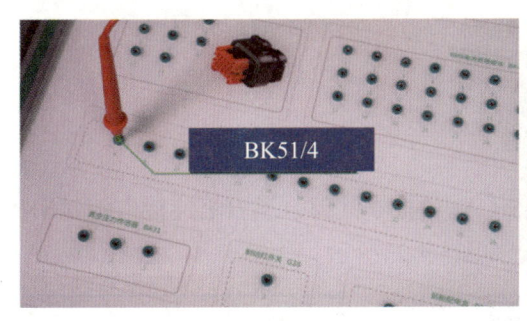

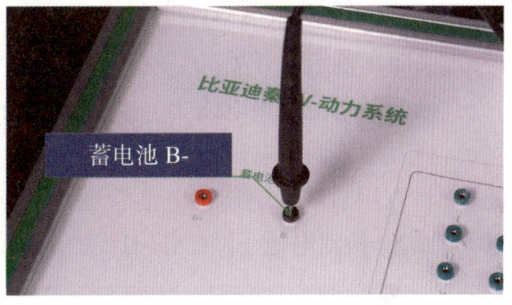

图 5-4-21　电池子网 CAN-L 线的电源、电压检测

d. 若测量值与标准值不符，则说明动力电池包电池子网CAN-L线可能存在异常，需进一步检修。

检测内容	检测条件	标准值
BK51/4 — 蓄电池负极	车辆启动开关打开，将万用表调至直流电压挡位	1.5～2.5V

③ 示波器波形验证CAN总线。

a. 取出示波器，检查并确认示波器正常可用。

b. 将示波器搭铁线连接蓄电池负极，其余两根通道线分别连接电池管理器BK45（A）的1号针脚和电池管理器BK45（A）的10号针脚，如图5-4-22所示。

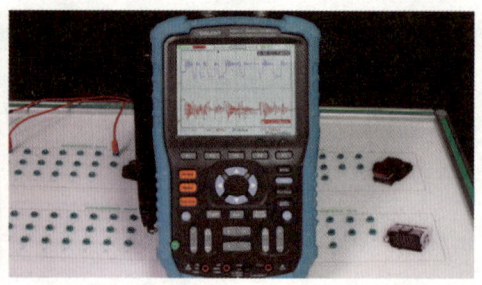

图 5-4-22 电池子网 CAN 总线波形检测

c. 按下示波器的自动采样按钮,等待示波器自动采样。

d. 调整示波器波形,截取部分波形进行观察。

> **注意事项**
>
> 正常的电子子网CAN信号波形为标准的方波信号,电子子网CAN-H波形和CAN-L波形应呈上下对称,波形应平整无毛刺。若波形存在干扰,则需排除干扰后重新进行检测。

(3)若测量出的电池子网CAN-H波形和正常波形存在异常,结合电池子网CAN-H线检测结果,则判定电池子网CAN-H线存在断路,需维修或更换线束。

④ 检测电池子网CAN-H线和CAN-L线。

a. 关闭车辆启动开关。

b. 断开蓄电池负极电缆。

c. 将万用表调至电阻挡位。

d. 将万用表红表笔连接电池管理器BK45(A)的1号针脚,黑表笔连接电池包BK51的10号针脚,检测电池子网CAN-H线的电阻,如图5-4-23所示。

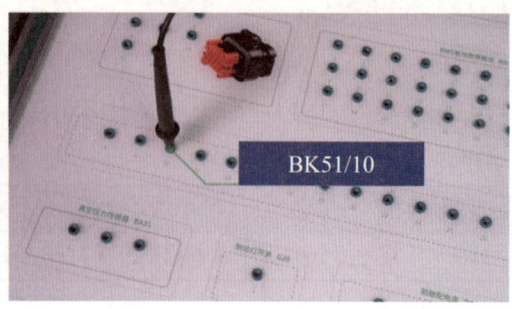

图 5-4-23 电池子网 CAN-H 线电阻检测

e. 若测量值与标准值不符,则说明电池子网CAN-H线出现断路故障,需维修或更换线束。

检测内容	检测条件	标准值
BK45(A)/1 — BK51/10	车辆启动开关关闭,蓄电池负极断开,将万用表调至电阻挡位	<1Ω

f. 将万用表红表笔连接电池管理器BK45（A）的10号针脚，黑表笔连接电池包BK51的4号针脚，检测电池子网CAN-L线的电阻，如图5-4-24所示。

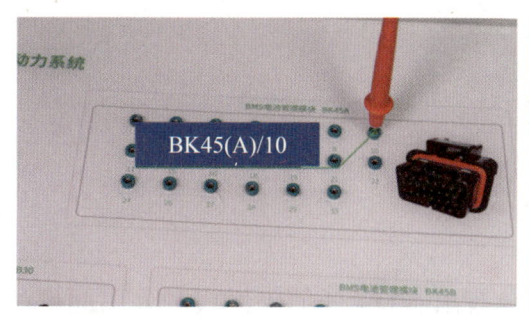

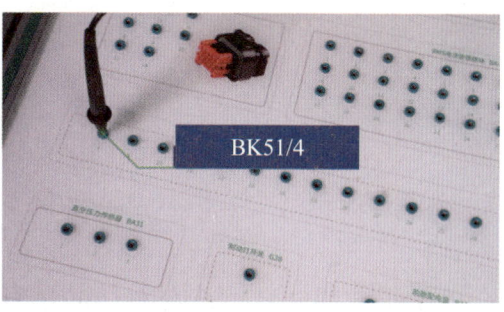

图 5-4-24　电池子网 CAN-L 线电阻检测

g. 若测量值与标准值不符，则说明电池子网CAN-L线出现断路故障，需维修或更换线束。

检测内容	检测条件	标准值
BK45（A）/10 — BK51/4	车辆启动开关关闭，蓄电池负极断开，将万用表调至电阻挡位	<1Ω

5. 故障排除

根据排查到的故障点，对线路或器件进行维修或更换。排除后需再次检测故障点的相关数据，确定故障排除。

6. 整车复检

使用故障诊断仪清除历史故障码，并确认当前车辆无故障码。

> **注意事项**
> 故障排除后需先清除历史故障码，否则故障码会一直存在。

试车检验，打开车辆启动开关，仪表盘上OK灯点亮，车辆能正常上电，动力电池故障警告灯消失，确认故障已排除。

反侵权盗版声明

电子工业出版社依法对本作品享有专有出版权。任何未经权利人书面许可，复制、销售或通过信息网络传播本作品的行为；歪曲、篡改、剽窃本作品的行为，均违反《中华人民共和国著作权法》，其行为人应承担相应的民事责任和行政责任，构成犯罪的，将被依法追究刑事责任。

为了维护市场秩序，保护权利人的合法权益，我社将依法查处和打击侵权盗版的单位和个人。欢迎社会各界人士积极举报侵权盗版行为，本社将奖励举报有功人员，并保证举报人的信息不被泄露。

举报电话：（010）88254396；（010）88258888

传　　真：（010）88254397

E-mail：　　dbqq@phei.com.cn

通信地址：北京市万寿路南口金家村288号华信大厦
　　　　　电子工业出版社总编办公室

邮　　编：100036

新能源汽车整车检测与控制技术

实训任务-练习题-工作页

目 录

任务 1.1 整车控制系统基础知识 3
任务 1.2 整车控制系统控制策略 5
任务 1.3 比亚迪秦 EV 整车控制器工作分析 7
任务 2.1 低压控制系统认知 9
任务 2.2 低压分配系统检测 11
任务 2.3 车载通信网络系统检测 16
任务 3.1 高压控制系统认知 20
任务 3.2 电池管理系统（BMS）检测 22
任务 3.3 电机控制器检测 27
任务 3.4 高压分配系统检测 31
任务 4.1 认识新能源汽车故障灯 36
任务 4.2 新能源汽车故障诊断策略 38
任务 4.3 诊断仪的使用与诊断数据分析 40
任务 5.1 绝缘故障诊断与排除 45
任务 5.2 高压互锁故障诊断与检测 50
任务 5.3 交流充电系统故障诊断与排除 55
任务 5.4 CAN 通信故障诊断与排除 60

任务 1.1　整车控制系统基础知识

【知识链接】

一、填空题

1. 新能源汽车整车控制系统的发展趋势是_____、_____、_____、_____。
2. _____"电驱+电控+VCU"集成系统已成为整车电控系统发力的重点方向。
3. 整车控制系统对整车的_____、_____具有重要影响。
4. 整车控制系统是电动汽车的神经中枢,它可以起到对各系统的_____、_____、_____、_____、_____、动力电池能量管理等作用。
5. 整车控制系统主要由_____、_____和_____三部分组成。
6. 在整车控制系统中低压电器控制系统主要由_____和_____组成。
7. 整车控制系统的电器控制系统主要由_____、_____、_____、_____等高压电器设备组成。
8. 整车网络控制系统主要包括_____、_____、_____和_____等。
9. 整车控制器主要负责_____、_____、_____、_____、_____等。

二、判断题

1. 新能源汽车的智能化、轻量化,将使车辆更加智能、高效、安全和环保。(　　)
2. 随着新能源汽车行业的持续发展,控制系统集成方式成为重要的技术发展趋势。(　　)
3. 为进一步降低新能源汽车的重量,提高产品的性能及乘坐的舒适性,各汽车厂商纷纷推出高集成产品。(　　)
4. 比亚迪"八合一"集成系统是典型的单系统集成产品。(　　)
5. 比亚迪"八合一"集成系统,节省了大量的高压线束,模块体积缩小40%,整体体积降低16%,减重10%。(　　)
6. 整车控制系统是新能源电动汽车的核心。(　　)
7. 整车控制系统不影响电动汽车的安全性和舒适性。(　　)
8. 整车控制系统必须具有可靠性、容错性、电磁兼容性和环境适应性。(　　)
9. 整车网络控制系统常用的通信协议是CAN协议,具有较好的可靠性和实时性。(　　)
10. 新能源汽车各系统之间的信息传递通过网络通信系统实现。(　　)

三、选择题[单选题]

1. （　　）是电动汽车的神经中枢，承担着能量与信息传递的功能，是电动汽车的重要组成部分。

  A、整车控制系统　　　　　　　　　B、电池管理系统

  C、电机控制系统　　　　　　　　　D、能量管理系统

2. （　　）主要由辅助蓄电池和若干低压电器设备组成，低压电器控制系统采用直流12V或24V的电源。

  A、整车控制系统　　　　　　　　　B、低压电器控制系统

  C、高压电器控制系统　　　　　　　D、网络控制系统

3. （　　）具有数据交换与管理、故障诊断、安全监控、驾驶人意图解析等功能。

  A、整车控制系统　　　　　　　　　B、低压电器控制系统

  C、高压电器控制系统　　　　　　　D、网络控制系统

4. （　　）根据车辆行驶的功率需求，完成从动力电池到驱动电机的能量变换与传输过程。

  A、整车控制系统　　　　　　　　　B、低压电器控制系统

  C、高压电器控制系统　　　　　　　D、网络控制系统

5. （　　）负责控制动力总成唤醒、电源加载、停机、驱动、能量回收、安全控制、故障检索与诊断、失效控制等工作。

  A、整车控制器　　　　　　　　　　B、高压分配盒

  C、车载充电机　　　　　　　　　　D、电机控制器

任务 1.2　整车控制系统控制策略

【知识链接】

一、填空题

1. 纯电动汽车上电、下电流程包括_____、_____、_____、_____。
2. 车辆钥匙在感应范围以内后，_____、_____、_____、_____等相关的控制模块将会被唤醒并各自进入自检的模式。
3. 电池管理系统BMS在接收到启动信号以后，利用_____与高压BMS通信。
4. 电池管理系统BMS通过CAN网络与电池信息采集器进行通信，检测电池包内单体电池_____、_____、_____以及_____、_____等参数是否正常。
5. 当电机控制器检测到预充电压已经达到_____以上时，通过CAN线通信告知BMS预充完成。
6. 整车高压上电完成后，车辆_____点亮。如果高压BMS在10秒内仍未检测到预充完成信号，则断开_____、_____与_____，整车高压上电失败。
7. 高压下电后，_____通知BMU和MCU进入休眠状态。
8. 确定车辆下电后，VCU先给_____指令，同时控制车辆高压系统的_____、_____、_____停止工作。
9. 在整车控制系统中，整车控制器的控制主要包括对_____、动力电池组内的_____和_____、_____、_____等进行分层控制。

二、判断题

1. 新能源汽车整车控制系统的控制策略只包括上电、下电控制。（　　）
2. 纯电动汽车先低压上电再高压上电。（　　）
3. 高压下电后，VCU不会进入休眠状态。（　　）
4. 在车辆高压下电时，先给BMS发出下电指令，再给车辆高压电器发出停止工作指令。（　　）
5. 在车辆高压下电时，BMS控制动力电池主正继电器和主负继电器断开。（　　）
6. 在整车控制系统中，各控制器之间通过CAN网络进行信息交互，共同实现整车的功能控制。（　　）
7. 整车控制器通过挡位传感器获取车辆的挡位信息。（　　）
8. 整车控制器根据制动踏板位置传感器来获得加减速信息，从而改变电机转矩，控制

电机转速，进而改变车速。（　　）

9. 整车控制器与电机控制器之间的信息通信都是通过CAN总线来实现的。（　　）
10. 整车控制器与电机控制器之间的信息通信都不是通过CAN总线来实现的。（　　）

三、选择题[单选题]

1. 当车身充电口接入充电枪后，整车控制器通过（　　）再向仪表发出信号，仪表盘上充电指示灯点亮。

　　A、车身控制模块　　　　　　　　B、电池管理系统
　　C、电机控制器　　　　　　　　　D、整车控制器

2. DC-DC变换器接到（　　）发出的使能信号，在充电或起动车辆时将高压直流电变压后给低压蓄电池充电。

　　A、车身控制模块　　　　　　　　B、电池管理系统
　　C、电机控制器　　　　　　　　　D、整车控制器

3. 整车控制器根据（　　）来获得加减速信息，改变电机转矩、转速，进而改变车速。

　　A、制动踏板位置传感器　　　　　B、加速踏板位置传感器
　　C、挡位开关　　　　　　　　　　D、挡位传感器

4. 整车控制器通过（　　）获取挡位信息。

　　A、制动踏板位置传感器　　　　　B、加速踏板位置传感器
　　C、挡位开关　　　　　　　　　　D、挡位传感器

5. （　　）反馈电机转速、温度及控制器温度信号等信息。

　　A、车身控制模块　　　　　　　　B、电池管理系统
　　C、电机控制器　　　　　　　　　D、整车控制器

6. 用来检测动力电池电量、温度、电压、电流信号等信息的是（　　）。

　　A、车身控制模块　　　　　　　　B、电池管理系统
　　C、电机控制器　　　　　　　　　D、整车控制器

7. （　　）是完成动力电池电源的输出及分配，实现对支路用电器的保护及切断的部件。

　　A、高压控制盒　　　　　　　　　B、电池管理系统
　　C、车载充电机　　　　　　　　　D、整车控制器

任务 1.3　比亚迪秦 EV 整车控制器工作分析

【知识链接】

一、填空题

1. 整车控制器可以采集的驾驶员操作信息主要包括_____、_____和_____等。
2. 整车控制器可以同时通过 CAN 总线接收_____和_____发出的数据。
3. 整车控制器可以_____、_____、_____、_____、_____等控制。
4. _____应该对车辆的状态进行实时检测，并且将各个子系统的信息发送给车载信息显示系统。
5. 存储模块分为_____和_____。

二、判断题

1. 整车控制器可以根据采集的驾驶员操作信息分析出驾驶员的操作意图。（　　）
2. 整车控制器可以根据从 CAN 总线上接收的电机控制器和电池管理系统发出的数据，判定车辆运行信息。（　　）
3. 驾驶员意图解释是对驾驶员操作信息及控制命令进行分析处理。（　　）
4. 在驱动电机进行制动能量回馈时，驱动电机作为发电机可以利用制动能量发电。（　　）
5. 在车辆行驶过程中，当驾驶员松开加速踏板但没有踩下制动踏板时，新能源汽车不进行能量回收。（　　）
6. 新能源汽车只有在驾驶员踩下制动踏板后才开始进行能量回收。（　　）
7. 在上电过程中需要对高压电路进行防电流瞬态冲击的预充电过程。（　　）
8. 在车辆遇到紧急情况时切断高压电源与动力系统的连接，保证乘车安全，高压下电包括正常停车断电和紧急故障断电。（　　）
9. 电源模块为整车控制器内部的其他模块提供基本的工作电压，使各部分进入正常工作状态。（　　）
10. 数据采集模块只接收各种传感器产生的模拟信号，并发送给微控制器模块。（　　）

三、选择题

1. 下列哪些是进行制动能量回馈时应遵循的原则？（　　）[多选题]

A、制动能量回收应该不干预 ABS 的工作

B、当 ABS 进行制动力调节时，制动能量回收不工作

C、当 ABS 报警时，制动能量回收不工作

D、当电驱动系统具有故障时，制动能量回收不工作

2. 整车控制器与（　）共同进行充电过程中的充电功率控制。[单选题]

A、整车控制系统　　　　　　　B、电池管理系统

C、高压电器控制系统　　　　　D、整车网络控制系统

3. （　）可以接收微控制器模块的指令并通过CAN通信模块传送给相应的执行元器件，控制其工作。[单选题]

A、电源模块　　　　　　　　　B、数据采集模块

C、存储模块　　　　　　　　　D、CAN 通信模块

E、微控制器模块　　　　　　　F、功率驱动及保护模块

G、输出模块　　　　　　　　　H、显示模块

4. 下列是整车控制器组成的是（　）。[多选题]

A、电源模块　　　　　　　　　B、数据采集模块

C、存储模块　　　　　　　　　D、CAN 通信模块

E、微控制器模块　　　　　　　F、功率驱动及保护模块

G、输出模块　　　　　　　　　H、显示模块

5. （　）通过对电动汽车的电机驱动系统、电池管理系统、传动系统以及其他车载能源动力系统（如空调、电动泵等）的协调和管理，提高汽车能量利用率，延长续驶里程。[单选题]

A、整车控制器　　　　　　　　B、高压分配盒

C、车载充电机　　　　　　　　D、电机控制器

任务 2.1　低压控制系统认知

【知识链接】

一、填空题

1. 纯电动汽车低压控制系统主要由_____、_____、_____、_____、_____、_____、_____、_____、_____等组成。
2. BCM是由_____、_____、_____、_____等组成的。
3. 汽车照明按其安装位置和功能分为_____、_____、_____、_____、_____和工作灯。
4. 汽车电动辅助装置主要包括_____、_____、_____、_____等。
5. 根据纯电动汽车工作状态的不同,可将纯电动汽车低压控制系统分为_____和_____2种模式。

二、判断题

1. 低压控制系统的作用是为各电子控制单元、各高压部件控制器、各电动辅助装置提供12V的工作电压,并控制电动转向系统、电动制动系统等低压系统的工作。(　　)
2. 新能源汽车中的启动按钮可以启动或关闭车辆。(　　)
3. 仅按下启动按钮,驾驶员也可以启动车辆。(　　)
4. 启动按钮提供了一种复杂的操作方式,使得驾驶员很难控制汽车的启停。(　　)
5. BCM可以实现内外照明控制、洗擦逻辑控制和自动功能、中央门锁控制、喇叭、除霜。(　　)
6. 汽车灯光系统有汽车照明灯和汽车信号灯两种。(　　)
7. 在充电状态下,低压控制系统只需提供足够的电能满足充电相关电器部件工作并提供一定的电流为蓄电池充电即可。(　　)
8. 纯电动汽车对低压控制系统的要求是:DC-DC变换器必须在汽车运行的所有工况下,均能提供足够的电能满足低压用电器的需求,同时还要保证为蓄电池充电。(　　)

三、选择题

1. 下面是车身控制器模块BCM的功能的是(　　)。[多选题]
   A、电源管理　　　B、高低压保护　　　C、延时断电　　　D、系统休眠

2. 下面是低压控制系统组成的是（　　）。[多选题]
   A、启动按钮　　　　　　　　　　B、车身控制模块
   C、电动制动真空泵　　　　　　　D、电动助力转向器
   E、电动水泵　　　　　　　　　　F、继电器
   G、组合仪表

3. 汽车（　　）给驾乘人员提供更加方便、舒适和安全的驾驶和乘坐体验，从而提高汽车的人性化、操作方便性和行车安全性。[单选题]
   A、电动辅助装置　　　　　　　　B、车身控制模块
   C、启动按钮　　　　　　　　　　D、继电器

任务 2.2　低压分配系统检测

【知识链接】

一、填空题

1. 新能源汽车低压分配系统，即为_____、_____与_____共同组成了低压电气系统。
2. 传统汽车电源系统由两个电源组成，一个是_____，一个是_____。
3. 新能源汽车低压电源系统主要为_____、_____和_____提供工作电源。
4. 纯电动汽车低压电源系统主要由_____、_____、_____、_____等组成。
5. 混合动力汽车的低压电源系统主要由_____、_____、_____和_____等部件组成。
6. DC-DC变换器是一种电压转换器，DC-DC变换器主要由_____、_____等部件组成，DC-DC变换电路板上主要由_____、_____和_____组成。

二、判断题

1. 燃油车低压电源系统为燃油车提供电力。（　　）
2. 电源系统内的蓄电池和发电机是串联工作的，在发电机正常工作时，由发电机向用电设备供电并向蓄电池充电。（　　）
3. 在汽车启动时，蓄电池向启动机供电。（　　）
4. 新能源汽车电压电源系统给电池管理系统、电机控制系统、充电控制装置、整车控制器等供电。（　　）
5. 动力电池是纯电动汽车的主要能源存储装置，提供电力给整个车辆系统。（　　）
6. DC-DC变换器将电池组输出的高压直流电转换为低压直流电，供给车辆的低压电子设备和辅助装置使用。（　　）
7. 低压蓄电池存储动力电池转换的电能，也能给整车低压控制单元、辅助电器提供工作电源。（　　）
8. 混合动力汽车还配备了发动机驱动的发电机，通过发电机为12V蓄电池充电，同时也可以为高压电池充电。（　　）
9. 部分混合动力车型，发动机保留了发电机，低压电器系统由12V蓄电池、DC-DC变换器和发电机三个电源共同提供。（　　）
10. DC-DC变换器能将一种直流电变换为另一种直流电，可以对电压、电流实现变换，

它在新能源汽车中起着能量转换和传递的作用。（   ）

三、选择题

1. 下面是传统汽车电源系统组成的是（   ）。[多选题]
   A、发电机   B、蓄电池
   C、充电指示灯   D、点火开关
2. 下面是低压控制系统组成的是（   ）。[多选题]
   A、启动按钮   B、车身控制模块
   C、电动制动真空泵   D、电动助力转向器
   E、电动水泵   F、继电器
   G、组合仪表
3. 纯电动汽车（   ）是为车载各种仪表、控制系统提供的直流低压电源，它是整个系统稳定运行的保障。[单选题]
   A、低压辅助电源   B、动力电池
   C、发电机   D、电动机
4. （   ）取代了传统燃油汽车中的发电机，将动力电池的高压直流电转化为整车低压12V直流电，给整车用电系统供电及给铅酸蓄电池充电。[单选题]
   A、DC-DC 变换器   B、低压辅助电源
   C、动力电池   D、发电机

【任务实施】

低压分配系统检测-作业表

车辆信息	车辆型号	
	车辆 VIN 码	

姓名		班级		总分	100 分	得分	

项 目	作业记录内容		
前期准备 （5分）	□车内三件套铺设　　□车外三件套铺设　　□穿戴个人防护用品 □其他_____		
安全检查 （10分）	车辆停放　（□正常　□异常）　　蓄电池电压（□正常　□异常） 冷却液液位（□正常　□异常）　　制动液液位（□正常　□异常） □其他_____		
检查 DC-DC 变 换器外观 （15分）	检测部位	检测情况	结果判定
	充配电总成看起来外观是否有破损	□是　□否	□正常　□异常
	充配电总成高低压线束与高低压接插器连接是否可靠	□是　□否	□正常　□异常
	充配电总成固定螺栓是否牢固	□是　□否	□正常　□异常
观察 DC-DC 变 换器工况 （10分）	检测部位	检测情况	结果判定
	车辆在高压上电过程中，查看仪表盘上的充电系统警告灯"🔋"是否点亮后熄灭	□是　□否	□正常　□异常
		□是　□否	□正常　□异常
		□是　□否	□正常　□异常
DC-DC 变 换器诊断 仪检测/在 线检测 （20分）	□正确连接电脑诊断仪　　□正确连接示波器　　□其他_____		
	□有 DTC　　　　　□无 DTC		
	故障代码	故障信息	
	数据流名称	检测值	标准值	结果判定
				□正常　□异常
				□正常　□异常
				□正常　□异常
				□正常　□异常

（续表）

项 目	作业记录内容			
	检测部位	检测值	标准值	结果判定
检测DC-DC变换器电压（15分）	车辆在不上电的情况下,测量低压蓄电池的供电电压			□正常 □异常
	车辆启动后,检测DC-DC变换后的输出电压			□正常 □异常
	检测部位	检测值	标准值	结果判定
检测DC-DC变换器电流（15分）	车辆ON状态,用钳形电流表检测低压蓄电池与DC-DC变换器输出连接线之间是否有电流输出	□是 □否	□是 □否	□正常 □异常
	车辆启动后,用钳形电流表检测低压蓄电池与DC-DC变换器输出连接线之间是否有电流输出	□是 □否	□是 □否	□正常 □异常
整理归位（10分）	（□是　□否）完成实训工具的整理及复位 （□是　□否）完成实训场地的清洁 （□是　□否）完成实训设备的复位			

【任务评价】

低压分配系统检测-评价表

评分项目	考核内容及配分	评分标准	配分	得分
前期准备与整理归位	1."7S"管理 □1.1 整理、整顿（1分） □1.2 清扫、清洁（1分） □1.3 安全、素养、节约（3分）	未做0分； 不按规范做,扣赋分的一半	5	
	2.实训准备 □2.1 正确安装绝缘翼子板布和格栅垫（1分） □2.2 正确安装车内三件套（1分） □2.3 正确安装车轮挡块（1分） □2.4 正确安装尾排（1分） □2.5 规范穿戴工作服,做好个人防护（1分）	未做0分； 不按规范做,扣赋分的一半	5	
	3.安全检查 □3.1 车辆停放检查（2分） □3.2 蓄电池电压检查（4分） □3.3 冷却液液位检查（2分） □3.4 制动液液位检查（2分）	未做0分； 不按规范做,扣赋分的一半	10	
	4.工具及仪器使用 □4.1 检查所需的仪器工具是否完备正常（1分） □4.2 能对检测工具和量具进行校准（1分） □4.3 能正确连接检测仪器（诊断仪、万用表和钳形电流表）（1分） □4.4 使用后对工具和量具进行清洁（1分）	未做0分； 不按规范做,扣赋分的一半	5	

(续表)

评分项目	考核内容及配分	评分标准	配分	得分
	□4.5 作业过程做到工具不落地（1分）			
检测 DC-DC 变换器	1.DC-DC 变换器外观检查 □1.1 能正确检查充配电总成外观（4分） □1.2 能正确连接配电总成高低压线束与高低压接插器（4分） □1.3 能正确检查充配电总成固定螺栓（5分）	未做0分； 不能实车试出症状0分；不按规范做，扣赋分的一半	13	
	2.DC-DC 变换器工况检查 □2.1 能正确启动车辆（4分） □2.2 能正确查看仪表盘上的充电系统警告灯（5分）	未做0分； 不能正确找出线路0分	9	
	3.DC-DC 变换器在线检测 □3.1 能正确连接诊断仪（5分） □3.2 能正确使用诊断仪读取车辆故障码（5分） □3.3 能正确使用诊断仪读取数据流（10分）	未做0分； 不按照规范做，扣赋分的一半	20	
	4.DC-DC 变换器电压检测 □4.1 能正确操作并判定车辆状态（4分） □4.2 能正确检测低压蓄电池的供电电压（5分） □4.3 能正确检测 DC-DC 变换器的输出电压（5分）	未做0分； 不能正确分析出可能故障点，扣赋分的一半	14	
	5.DC-DC 变换器电流检测 □5.1 能正确操作并判定车辆状态（4分） □5.2 能正确检测车辆ON状态，DC-DC 变换器是否有电流输出（5分） □5.3 能正确检测车辆启动状态 DC-DC 变换器是否有电流输出（5分）	未做0分； 不能正确检测，扣赋分的一半	14	
资料查找及工单填写	1.能正确使用用户手册和维修手册查询资料 □1.1 能运用网络查找仪表资料（1分） □1.2 能从维修手册上找出与仪表相关的电路图（1分）	未查找0分；不能找到电路图0分	2	
	2.能正确填写作业表，记录维修信息 □2.1 能根据操作正确记录工单（1分） □2.2 能正确记录检测步骤及检测数据（1分） □2.3 能正确判定检测结果（1分）	不记录0分；不能规范记录，扣赋分的一半	3	

任务 2.3　车载通信网络系统检测

【知识链接】

一、填空题

1. 汽车网络的拓扑结构主要有_____、_____、_____等几种。
2. CAN总线按联网范围分为_____、_____。
3. CAN数据总线由_____、_____、_____以及两条数据传输线组成。
4. 传输线又称为通信介质或媒体，常用的通信传输介质有_____、_____、_____、_____、_____等。
5. 在没有数据传输时，两条线的电压相同，为_____，逻辑信号为_____；两条线就会出现电压不同的情况，CAN总线就会表现为_____，逻辑信号为_____。

二、判断题

1. 网络的拓扑结构是指网上计算机或设备与信息传输介质形成的节点与数据传输线的物理构成模式。（　　）
2. 星形拓扑结构是一种信道共享的物理结构。（　　）
3. 线形拓扑结构以中央节点为中心。（　　）
4. 主总线系统负责跨系统的数据交换。（　　）
5. 子总线系统负责系统内的数据交换。（　　）
6. CAN控制器对这些数据进行处理并将其传往CAN收发器。（　　）
7. 为了消除信号在线路上传输时的反射，CAN总线中安装有负载电阻，负载电阻值取决于总线控制单元的数量和它们的电阻。（　　）
8. CAN数据总线中的数据传递就像一个电话会议，一个用户（控制单元）将数据"讲"入网络中，而其他用户通过网络"收听"到这些数据。（　　）
9. CAN总线是双绞线，在传输数据时，根据两根电缆之间的电压差进行传输，也称为差分传输。（　　）

三、选择题

1. 下列是收发器接收过程的是（　　）。[多选题]
   A、检查信息是否正确　　　　　　B、检查信息是否可用
   C、检查控制信号是否正确　　　　D、检查控制信号是否可用

2. （　　）本身兼具接收与发送的功能,它将CAN控制器传来的数据化为电信号并将其送入数据传输线。[单选题]

　　A、CAN 控制器　　　　　　　　　　B、CAN 收发器
　　C、数据传输终端　　　　　　　　　D、数据传输线

3. （　　）由各节点首尾相连形成一个闭合环形线路。[单选题]

　　A、星形拓扑结构　　　　　　　　　B、线形拓扑结构
　　C、环形拓扑结构　　　　　　　　　D、菱形拓扑结构

4. （　　）是一种把若干外围节点连接起来的辐射式互联结构。[单选题]

　　A、星形拓扑结构　　　　　　　　　B、线形拓扑结构
　　C、环形拓扑结构　　　　　　　　　D、菱形拓扑结构

5. 在显性状态时,CAN高线升高至大约（　　）V。[单选题]

　　A、3.5　　　　B、2.5　　　　C、1.5　　　　D、0.5

6. 下列是新能源比亚迪E5车载网络系统组成的是（　　）。

　　A、启动网　　　B、舒适网　　　C、空调子网
　　D、动力网　　　E、ESC 网　　　F、电池子网

【任务实施】

车辆信息	车辆型号	
	车辆 VIN 码	

姓名		班级		总分	100 分	得分	

车载通信网络系统检测-作业表

项　目	作业记录内容
前期准备 （5分）	□车内三件套铺设　　□车外三件套铺设　　□穿戴个人防护用品 □其他_____
安全检查 （10分）	车辆停放　（□正常 □异常）　　蓄电池电压（□正常 □异常） 冷却液液位（□正常 □异常）　　制动液液位（□正常 □异常） □其他_____
电路图 分析 （15分）	根据教材项目2.3 图 2-3-18 电机控制器相关 CAN 通信电路图,填写连接导线及名称:
	相关连接导线	导线名称

检测动力	检测部位	检测值	标准值	结果判定

（续表）

项 目	作业记录内容		
检测动力网 CAN-H 通信线（20分）	检测动力网 CAN-H 通信线电压		□正常 □异常
			□正常 □异常
			□正常 □异常
检测动力网 CAN-L 通信线（20分）	检测动力网 CAN-L 通信线电压		□正常 □异常
			□正常 □异常
			□正常 □异常
检测动力网 CAN 通信线波形（20分）	检测动力网 CAN-H 和 CAN-L 通信线波形： □正常 □异常 CAN 通信线正常波形：		
整理归位（10分）	（□是 □否）完成实训工具的整理及复位 （□是 □否）完成实训场地的清洁 （□是 □否）完成实训设备的复位		

【任务评价】

车载通信网络系统检测-评价表

评分项目	考核内容及配分	评分标准	配分	得分
前期准备与整理归位	1."7S"管理 □1.1 整理、整顿（1分） □1.2 清扫、清洁（1分） □1.3 安全、素养、节约（3分）	未做0分；不按规范做，扣赋分的一半	5	
	2.实训准备 □2.1 正确安装绝缘翼子板布和格栅垫（1分） □2.2 正确安装车内三件套（1分） □2.3 正确安装车轮挡块（1分） □2.4 正确安装尾排（1分） □2.5 规范穿戴工作服，做好个人防护（1分）	未做0分；不按规范做，扣赋分的一半	5	
	3.安全检查 □3.1 车辆停放检查（2分） □3.2 蓄电池电压检查（4分） □3.3 冷却液液位检查（2分） □3.4 制动液液位检查（2分）	未做0分；不按规范做，扣赋分的一半	5	
	4.工具及仪器使用	未做0分；不	5	

（续表）

评分项目	考核内容及配分	评分标准	配分	得分
	□4.1 检查作业所需要的仪器工具是否完备正常（1分） □4.2 能对检测工具和量具进行校准（1分） □4.3 能正确连接检测仪器（示波器）（1分） □4.4 使用后对工具和仪器进行清洁（1分） □4.5 作业过程做到工具不落地（1分）	按规范做，扣赋分的一半		
动力网CAN检测	1.电路分析 □1.1 能正确找出电机控制器相关电路图（5分） □1.2 能正确分析充配电总成CAN通信电路（10分）	未做0分；不能正确找出线路0分	15	
	2.动力网CAN-H通信线相关检测 □2.1 能正确检测动力网CAN-H信号电压（15分） □2.2 能正确找到动力网CAN-H端子（5分）	未做0分；不能正确分析可能故障点得赋分的一半	20	
	3.动力网CAN-L通信线相关检测 □3.1 能正确检测动力网CAN-L信号电压（15分） □3.2 能正确找到动力网CAN-L端子（5分）	未做0分；不能正确检测，扣赋分的一半	20	
	4.动力网CAN通信线波形相关检测 □4.1 能正确检测动力网CAN-H和CAN-L信号波形（15分） □4.2 能正确找到动力网CAN-H和CAN-L波形检测端子（5分）	未做0分；不能正确检测，扣赋分的一半	20	
资料查找及工单填写	1.正确使用用户手册和维修手册查询资料 □1.1 能运用网络查找仪表资料（1分） □1.2 能从维修手册中找出与仪表相关的电路图（1分）	未查找0分不能找到电路图0分	2	
	2.能正确填写作业表，记录维修信息 □2.1 能根据操作正确记录工单（1分） □2.2 能正确记录检测步骤及检测数据（1分） □2.3 能正确判定检测结果（1分）	不记录0分；不能规范记录，扣赋分的一半	3	

任务 3.1　高压控制系统认知

【知识链接】

一、填空题

1. 纯电动汽车高压控制系统主要由_____、_____、_____、_____和_____等组成。
2. 比亚迪秦EV400 KM高压控制系统的高压配电箱、车载充电器和DC-DC变换器位于_____内。
3. 电动汽车配电箱在电动汽车高压电力系统的_____、_____、_____和消耗中起_____、控制或保护等作用。
4. 电机控制器安装在前舱内，采用CAN通信控制，控制着动力电池组到驱动电机之间能量的传输，同时采集_____和_____，精确地控制驱动电机运行。
5. DC-DC变换器按输入电压的不同，分为_____、_____和可分别工作于升压与降压两种状态的转换器。

二、判断题

1. 电动汽车配电箱耐压等级在2000V以上。（　　）
2. 电动汽车配电箱位于电动汽车动力电池组与所有高压电负载之间。（　　）
3. 电机控制器主要依靠电流传感器、温度传感器、旋转变压器来进行电机运行状态的监测。（　　）
4. 电机控制器内的温度传感器用于检测电机控制系统的工作温度，包括IGBT模块的温度。（　　）
5. 当车辆处于能量消耗阶段，电机控制器将动力电池中的直流电转换为高压直流电以驱动电机。（　　）
6. 当车辆制动或滑行时，驱动电机作为发电机应用。（　　）
7. DC-DC变换器的作用有些类似于内燃机汽车上的发电机。（　　）
8. 比亚迪秦EV400 KM高压控制系统主要在前机舱。（　　）
9. 高压控制系统将高压电池的电流进行分配。（　　）

三、选择题

1.（　　）用于检测电机工作实际电流，包括母线电流、三相交流电流。[单选题]

A、电流传感器 B、旋转变压器
C、温度传感器 D、电压传感器

2. 当车辆制动或滑行时，（ ）可以将车轮旋转的动能转换成电能，给电池充电。[单选题]

A、动力电池 B、驱动电机
C、电机控制器 D、高压配电箱

3. （ ）将220V交流电转换为高压直流电给动力电池进行充电，保证车辆正常行驶。[单选题]

A、车载充电器 B、驱动电机
C、电机控制器 D、高压配电箱

4. （ ）将漏电数据信息通过CAN信号发送给电池管理器、VTOG，采取相应的保护措施。[单选题]

A、车载充电器 B、驱动电机
C、电机控制器 D、漏电传感器

任务 3.2　电池管理系统（BMS）检测

【知识链接】

一、填空题

1. 电池管理系统的控制功能有_____、_____、_____、_____、_____、_____等。
2. 电池信息采集器的主要功能有_____、_____、_____、_____等。
3. 比亚迪E5采用分布式电池管理系统，由_____、_____、_____、温度传感器和电流传感器等组成。
4. 电池管理器也称为动力电池控制单元，负责收集_____、_____、_____、_____等数据。
5. BMS的功用主要包括_____、_____、_____、_____、_____和_____等。

二、判断题

1. 动力电池控制单元，是电池管理系统的核心部件。（　　）
2. 当动力电池存在过压、欠压、过温、过流时，应采取安全保护措施。（　　）
3. 动力电池控制单元对动力电池SOC、SOH、SOP进行估算。（　　）
4. 常用的电流传感器为电磁式传感器。（　　）
5. 电池采样线是电压采样点和温度传感器到电池信息采集装置之间的连接线。（　　）
6. 动力电池部分电池模组有温度和电压的采样线，有些模组是没有采样线的。（　　）
7. 有些电池模组上的采样线为柔性采样线。（　　）
8. 温度传感器主要检测动力电池包内部各电池模组的温度信号。（　　）
9. 一个电池模组上只有1个温度传感器。（　　）

三、选择题

1. （　　）在动力电池包内部，用来监测模组各电池单体电压、模组温度等信息。[单选题]

　　A、电池信息采集器　　　　　　B、电池管理控制器
　　C、通信转换模块　　　　　　　D、采样通信线

2. （　　）是控制动力电池高压线路通断的执行单元。[单选题]
　　A、电池信息采集器　　　　　　　　B、动力电池高压分配单元 BDU
　　C、通信转换模块　　　　　　　　　D、采样通信线
3. 下列位于动力电池高压分配单元内的器件有（　　）。[多选题]
　　A、主正继电器　　B、主负继电器　　C、充电继电器
　　D、预充继电器　　E、电流传感器　　F、预充电阻
4. （　　）负责动力电池包的电流检测，并将采集到的电流值转化为数字信号。[单选题]
　　A、温度传感器　　　　　　　　　　B、电压传感器
　　C、电流传感器　　　　　　　　　　D、漏电传感器
5. 动力电池包内电池模组采用的温度传感器一般为（　　）。[单选题]
　　A、正温度系数热敏电阻式　　　　　B、电磁式
　　C、霍尔式　　　　　　　　　　　　D、负温度系数热敏电阻式

【任务实施】

车辆信息	车辆型号				
	车辆 VIN 码				
姓名		班级		总分	100 分	得分	

电池管理系统（BMS）检测-作业表

项 目	作业记录内容			
前期准备 （5分）	□车内三件套铺设　　□车外三件套铺设　　□穿戴个人防护用品 □其他_____			
安全检查 （10分）	车辆停放　（□正常　□异常）　　蓄电池电压（□正常　□异常） 冷却液液位（□正常　□异常）　　制动液液位（□正常　□异常） □其他_____			
仪器连接 （5分）	□正确连接电脑诊断仪　　□正确连接示波器　　□其他_____			
读取故障 代码 （5分）	□有 DTC		□无 DTC	
	故障代码		故障信息	
读取故障数 据流 （5分）	数据流名称	检测值	标准值	结果判定
				□正常 □异常
				□正常 □异常
				□正常 □异常
				□正常 □异常
电路图 分析 （15分）	根据教材项目3.2 图 3-2-12 电池管理器相关电路图，填写连接导线及名称：			
	相关连接导线		导线名称	
电池管理器 电源电路检 测 （25分）	检测部位	检测值	标准值	结果判定
	检测 BMS BK45（B）常电电源线 的电源电压			□正常 □异常
	检测 BMS BK45（A）常电电源线 的电源电压			□正常 □异常
	检测 BMS 常电电源线 SP2079 线 束结点的电源电压			□正常 □异常
	检测 BMS BK45（B）/1 至 SP2079			□正常 □异常

（续表）

项目	作业记录内容			
	导线的电阻			
	检测 BMS BK45(A)/28 至 SP2079 导线的电阻			□正常 □异常
	检测 BMS 双路电电源电压			□正常 □异常
	检测 BMS BK45(B)/2 至 Eb05 搭铁线的电阻			□正常 □异常
	检测 BMS BK45(B)/21 至 Eb05 搭铁线的电阻			□正常 □异常
检测电池管理器 CAN 通信电路（20分）	检测部位	检测值	标准值	结果判定
	检测 BMS CAN-H 电压			□正常 □异常
	检测 BMS CAN-L 电压			□正常 □异常
	检测 BMS CAN-H 和 CAN-L 波形：			□正常 □异常
	CAN 通信线正常波形：			
整理归位（10分）	（□是 □否）完成实训工具的整理及复位 （□是 □否）完成实训场地的清洁 （□是 □否）完成实训设备的复位			

【任务评价】

电池管理系统（BMS）检测-评价表

评分项目	考核内容及配分	评分标准	配分	得分
前期准备与整理归位	1."7S"管理 □1.1 整理、整顿（1分） □1.2 清扫、清洁（1分） □1.3 安全、素养、节约（3分）	未做0分； 不按规范做， 扣赋分的一半	5	
	2.实训准备 □2.1 正确安装绝缘子板布和格栅垫（1分） □2.2 正确安装车内三件套（1分） □2.3 正确安装车轮挡块（1分） □2.4 正确安装尾排（1分） □2.5 规范穿戴工作服，做好个人防护（1分）	未做0分； 不按规范做， 扣赋分的一半	5	
	3.安全检查 □3.1 车辆停放检查（2分） □3.2 蓄电池电压检查（4分）	未做0分； 不按规范做， 扣赋分的一半	10	

（续表）

评分项目	考核内容及配分	评分标准	配分	得分
	□3.3 冷却液液位检查（2分） □3.4 制动液液位检查（2分）			
	4.工具及仪器使用 □4.1 检查仪器和工具是否完备正常（1分） □4.2 能对检测工具和量具进行校准（1分） □4.3 正确连接诊断仪和万用表（1分） □4.4 使用后对工具和仪器进行清洁（1分） □4.5 作业过程做到工具不落地（1分）	未做0分； 不按规范做， 扣赋分的一半	5	
读取故障码、数据流	□1.1 正确连接诊断仪（5分） □1.2 正确使用诊断仪读取车辆故障码（5分） □1.3 能正确使用诊断仪读取数据流（5分）	未做0分；不会读0分；不按规范做，扣赋分的一半	15	
充配电总成检测	1.电路分析 □1.1 能正确找出 BMS 电路图（5分） □1.2 能正确分析 BMS 电源电路（5分） □1.3 正确分析 BMS CAN 电路（5分）	未做0分； 不能正确找出线路0分	15	
	2.电池管理器电源电路检测 □2.1 正确检测 BMS BK45（B）的电压（3分） □2.2 正确检测 BMS BK45（A）的电压（3分） □2.3 能正确检测电池管理器常电电源线 SP2079 线束结点的电源电压（3分） □2.4 能正确 BMS BK45（B）/1 至 SP2079 导线的电阻（2分） □2.5 能正确检测 BMS BK45（A）/28 至 SP2079 导线的电阻（2分） □2.6 检测 BMS 双路电电源电压（3分） □2.7 检测 BMS BK45（B）/2 搭铁电阻（2分） □2.8 检测 BMS BK45（B）/21 搭铁电阻（2分）	未做0分； 不能正确分析出可能故障点，扣赋分的一半	20	
	3.BMS CAN 通信电路检测 □3.1 正确检测 BMS CAN-H 电压（5分） □3.2 正确检测 BMS CAN-L 电压（5分） □3.3 正确检测 BMS CAN 波形（10分）	未做0分； 不能正确检测，扣赋分的一半	20	
资料查找及工单填写	1.能使用用户手册和维修手册查询所需资料 □1.1 能运用网络查找仪表资料（1分） □1.2 从维修手册中找出与仪表相关的电路图（1分）	未查找0分； 不能找到电路图0分	2	
	2.能正确填写作业表，记录维修信息 □2.1 能根据操作正确记录工单（1分） □2.2 能正确记录检测步骤及检测数据（1分） □2.3 能正确判定检测结果（1分）	不记录0分； 不能规范记录，扣赋分的一半	3	

任务 3.3　电机控制器检测

【知识链接】

一、填空题

1. 电机控制器主要由 _____ 、_____ 、_____ 、通信单元等组成。
2. 电机控制器用于_____。
3. 目前常用的功率变换器件主要有 _____ 、_____ 、功率场效应晶体管（MOSFET）、_____ 、MOS控制晶闸管（MCT）等。
4. 比亚迪秦EV的电机驱动系统采用的是电驱三合一结构，其主要由_____、_____和_____构成电驱动桥总成。
5. 电机控制器同时接收_____、_____、_____、_____、_____、冷却水温等信号，经过对这些信号的分析完成对电机的精确控制。
6. 电机位置传感器主要由_____和_____组成。

二、判断题

1. MCU是永磁同步电机的控制大脑。（　　）
2. 电机控制器主要依靠电压传感器来进行电机运行状态的监测。（　　）
3. 新能源汽车的充电及低压设备的供电也是通过相应的功率变换技术完成的。（　　）
4. 通信单元给主控单元输送电压、电流、温度等各种信号。（　　）
5. 比亚迪秦EV的电机驱动系统中的电机控制器位于前机舱驱动电机的上方。（　　）

三、选择题

1. （　　）的作用是综合处理速度指令、速度反馈信号及电流传感器、位置传感器、温度传感器的反馈信号，控制功率变换器中的主控开关断，实现对电机运行状态的控制。[单选题]

  A、主控制单元MCU　　　　　　　　B、电流检测模块
  C、通信单元　　　　　　　　　　　D、功率变换电路

2. （　　）通过合理、有效地控制电源系统电压、电流的输出和驱动电机电压、电流的输入，完成对驱动电机的转矩、转速和旋转方向的控制。[单选题]

  A、主控制单元MCU　　　　　　　　B、电流检测模块
  C、通信单元　　　　　　　　　　　D、功率变换电路

3. 下列属于电机控制器功用的是（　　）。[多选题]

   A、电机控制器是动力系统的总控中心，驱动电机的运行，并协调驱动电机管理系统工作

   B、硬线采集电机的旋变、温度、制动、油门踏板开关信号

   C、通过CAN通信采集刹车深度（制动踏板位置）、挡位信号、驻车开关信号、启动命令、电池管理控制器相关数据

   D、内部处理直流侧母线电压、交流侧三相电流、IGBT温度等信息

4. 连接诊断仪读取的电机控制器的相关数据流有（　　）。[多选题]

   A、电机转速和转矩　　　　　　B、电机温度

   C、控制信号　　　　　　　　　D、电机控制器IPM状态

   E、过流状态　　　　　　　　　F、驱动电机标定状态

5. 下列需要电机控制器自检的是（　　）。[多选题]

   A、供电　　　　　　　　　　　B、内部软件

   C、IGBT性能　　　　　　　　　D、电机温度

【任务实施】

车辆信息	车辆型号				
	车辆 VIN 码				
姓名		班级		总分	100 分	得分	

电机控制器检测-作业表

项 目	作业记录内容			
前期准备 （5分）	□车内三件套铺设　　□车外三件套铺设　　□穿戴个人防护用品 □其他_____			
安全检查 （10分）	车辆停放　（□正常　□异常）　　蓄电池电压（□正常　□异常） 冷却液液位（□正常　□异常）　　制动液液位（□正常　□异常） □其他_____			
仪器连接 （5分）	□正确连接电脑诊断仪　　□正确连接示波器　　□其他_____			
读取故障代码 （5分）	□有 DTC　　　　　　　□无 DTC			
	故障代码		故障信息	
读取故障数据流 （5分）	数据流名称	检测值	标准值	结果判定
				□正常 □异常
				□正常 □异常
				□正常 □异常
				□正常 □异常
电路图分析 （15分）	根据教材项目 3.3 图 3-3-11 驱动电机控制器相关电路，填写连接导线及名称：			
	相关连接导线		导线名称	
检测电机控制器电源线 （30分）	检测部位	检测值	标准值	结果判定
	检测电机控制器电源电压			□正常 □异常
	检测电机控制器电源线电阻			□正常 □异常
检测电机控制器搭铁线（15分）	检测部位	检测值	标准值	结果判定
	检测电机控制器搭铁线			□正常 □异常
整理归位 （10分）	工具是否整理及复位（□是　□否）；实训场地是否清洁（□是　□否）； 实训设备是否复位（□是　□否）			

【任务评价】

电机控制器检测-评价表

评分项目	考核内容及配分	评分标准	配分	得分
前期准备与整理归位	1."7S"管理 ☐1.1 整理、整顿（1分） ☐1.2 清扫、清洁（1分） ☐1.3 安全、素养、节约（3分）	未做0分；不按规范做，扣赋分的一半	5	
	2.实训准备 ☐2.1 正确安装绝缘翼子板布和格栅垫（1分） ☐2.2 正确安装车内三件套（1分） ☐2.3 正确安装车轮挡块、尾排（2分） ☐2.4 规范穿戴工作服，做好个人防护（1分）	未做0分；不按规范做，扣赋分的一半	5	
	3.安全检查 ☐3.1 车辆停放检查（2分） ☐3.2 蓄电池电压检查（4分） ☐3.3 冷却液液位检查（2分） ☐3.4 制动液液位检查（2分）	未做0分；不按规范做，扣赋分的一半	10	
	4.工具及仪器使用 ☐4.1 制动液液位检查（1分） ☐4.2 能对检测工具和量具进行校准（1分） ☐4.3 能正确连接诊断仪和万用表（1分） ☐4.4 使用后对工具和仪器进行清洁（1分） ☐4.5 作业过程做到工具不落地（1分）	未做0分；不按照规范做，扣赋分的一半	5	
读取故障码、数据流	☐1.1 能正确连接诊断仪（5分） ☐1.2 能正确用诊断仪读取车辆故障码（5分） ☐1.3 能正确使用诊断仪读取数据流（5分）	未做0分；不会读0分；不按规范做，扣赋分一半	15	
电机控制器检测	1.电路分析 ☐1.1 能正确找出电机控制器电路图（5分） ☐1.2 能正确分析电机控制器电源线（5分） ☐1.3 能正确分析电机控制器搭铁线（5分）	未做0分；不能正确找出线路0分	15	
	2.电机控制器电源线检测 ☐2.1 正确检测电机控制器电源电压（10分） ☐2.2 正确检测电机控制器导线电阻（10分） ☐2.3 正确找到电机控制器电源检测点（5分）	未做0分；不能分析可能故障点，扣赋分的一半	25	
	3.电机控制器搭铁线检测 ☐3.1 找到电机控制器搭铁线检测点（5分） ☐3.2 正确检测控制器搭铁线电阻（10分）	未做0分；不正确检测得分值一半；	15	
资料查找及工单填写	☐1.1 能运用网络查找仪表资料（1分） ☐1.2 从维修手册中找出与仪表相关的电路图（1）	未查0分；查不到图0分	2	
	☐写工单、记录检测步骤及数据、判定结果（各1分）	不记录0分；记一项1分	3	

任务 3.4　高压分配系统检测

【知识链接】

一、填空题

1. 高压分配系统是指将高压电能从高压电池传输到_____、_____、_____等其他高压设备的系统。
2. 高压分配系统依靠高压控制盒或高压配电箱分配和控制_____。
3. 高压分配系统主要由_____和_____等组成。
4. 新能源汽车的高压配电箱即为_____，通过_____、_____等元器件，实现对高压电能的精确控制和管理。
5. 高压配电箱主要由_____、_____、_____、_____、_____、_____、_____和指示灯组成。

二、判断题

1. 高压分配系统的作用是将高压电能从高压电池传输到电动机或其他高压设备，以驱动车辆运行。（　　）
2. 高压线束用于将电能从高压电池传输到其他高压设备。（　　）
3. 高压配电箱可以将车载充电器的高压直流电分配给电池包。（　　）
4. 比亚迪秦EV的高压配电箱位于电机控制器内部。（　　）
5. 高压配电箱是控制高电压接通与关闭的检测部件。（　　）
6. 外壳是高压配电箱的外部保护结构，通常由金属材料制成。（　　）
7. 进线口是高压配电箱的电源输入接口，用于连接高压电源线路。（　　）
8. 开关用于手动控制电路的通断，可以将电能从高压配电箱传输到其他设备或断开电路。（　　）

三、选择题

1. （　　）负责分配和控制高压电能的传输和使用。[单选题]
 A、高压配电箱　　　　　　　　　B、DC-DC 变换器
 C、动力电池　　　　　　　　　　D、驱动电机
2. 高压配电箱将电池包的高压直流电分配给整车高压电器使用，其上游是动力电池包，下游包括（　　）。[多选题]

    A、电机控制器   B、DC-DC 变换器

    C、PTC 水加热器   D、电动压缩机

3. 比亚迪秦EV的高压配电箱位于（　）内部。[单选题]

    A、充配电总成   B、电机控制器

    C、动力电池   D、DC-DC 变换器

4. （　）是高压配电箱中的关键元器件之一，用于控制电能的开关和断电。[单选题]

    A、断路器   B、继电器   C、开关   D、保护装置

5. （　）是高压配电箱中常用的控制元器件，通过电磁吸合或断开的方式来控制电路的通断和电能的传输。[单选题]

    A、断路器   B、继电器   C、开关   D、保护装置

【任务实施】

车辆信息	车辆型号				
	车辆 VIN 码				
姓名		班级	总分	100 分	得分

高压分配系统检测-作业表

项 目	作业记录内容			
前期准备 （5分）	□车内三件套铺设　　□车外三件套铺设　　□穿戴个人防护用品 □其他_____			
安全检查 （10分）	车辆停放　（□正常　□异常）　　蓄电池电压（□正常　□异常） 冷却液液位（□正常　□异常）　　制动液液位（□正常　□异常） □其他_____			
仪器连接 （5分）	□正确连接电脑诊断仪　□正确连接示波器　□其他_____			
读取故障 代码 （5分）	□有 DTC　　　　　　　　　□无 DTC			
	故障代码		故障信息	
读取故障数 据流 （5分）	数据流名称	检测值	标准值	结果判定
				□正常　□异常
				□正常　□异常
				□正常　□异常
				□正常　□异常
电路图 分析 （15分）	根据教材项目3.4 图3-4-15 充配电总成相关电路图，填写连接导线及名称：			
	相关连接导线		导线名称	
充配总成电 电源电路检 测（25分）	检测部位	检测值	标准值	结果判定
	检测充配电总成常电电源线 1 的电源电压			□正常　□异常
	检测充配电总成常电电源线 2 的电源电压			□正常　□异常
	检测充配电总成 SP2036 线束结点处的电源电压			□正常　□异常
	检测充配电总成常电 1 线路的电阻			□正常　□异常

（续表）

项 目	作业记录内容			
检测充配电总成CAN通信电路（20分）	检测充配电总成常电2线路的电阻			□正常 □异常
	检测充配电总成搭铁线电阻			□正常 □异常
	检测部位	检测值	标准值	结果判定
	检测CAN-H通信线电源电压			□正常 □异常
	检测CAN-L通信线电源电压			□正常 □异常
	检测CAN通信线波形： CAN通信线正常波形： （CAN_H显性电压 / 隐性电压 / CAN_L显性电压 波形图）			□正常 □异常
整理归位（10分）	（□是 □否）完成实训工具的整理及复位 （□是 □否）完成实训场地的清洁 （□是 □否）完成实训设备的复位			

【任务评价】

高压分配系统检测-评价表

评分项目	考核内容及配分	评分标准	配分	得分
前期准备与整理归位	1."7S"管理 □1.1 整理、整顿（1分） □1.2 清扫、清洁（1分） □1.3 安全、素养、节约（3分）	未做0分；不按规范做，扣赋分的一半	5	
	2.实训准备 □2.1 正确安装绝缘翼子板布和格栅垫（1分） □2.2 正确安装车内三件套（1分） □2.3 正确安装车轮挡块（1分） □2.4 正确安装尾排（1分） □2.5 规范穿戴工作服，做好个人防护（1分）	未做0分；不按规范做，扣赋分的一半	5	
	3.安全检查 □3.1 车辆停放检查（2分） □3.2 蓄电池电压检查（4分） □3.3 冷却液液位检查（2分） □3.4 制动液液位检查（2分）	未做0分；不按规范做，扣赋分的一半	10	
	4.工具及仪器使用 □4.1 制动液液位检查（1分） □4.2 能对检测工具和量具进行校准（1分） □4.3 能正确连接检测仪器（1分）	未做0分；不按规范做，扣赋分的一半	5	

(续表)

评分项目	考核内容及配分	评分标准	配分	得分
	□4.4 使用后对工具和仪器进行清洁（1分） □4.5 作业过程做到工具不落地（1分）			
读取故障码、数据流	□1.1 能正确连接诊断仪（5分） □1.2 正确使用诊断仪读取车辆故障码（5分） □1.3 能正确使用诊断仪读取数据流（5分）	未做0分； 不会读0分； 不按规范做，扣赋分的一半	15	
充配电总成检测	1.电路分析 □1.1 能正确找出充配电总成电路图（5分） □1.2 能正确分析充配电总成电源电路（5分） □1.3 能正确分析配电总成CAN通信电路（5分）	未做0分； 不能正确找出线路0分	15	
	2.充配电总成电源电路检测 □2.1 能正确检测配电总成常电电源线1的电源电压（4分） □2.2 正确检测配电总成常电电源线2的电源电压（3分） □2.3 正确检测配电总成节点处的电源电压（4分） □2.4 正确检测充配电总成BK46常电1线路电阻（3分） □2.5 正确检测配电总成BK46常电2线路电阻（3分） □2.6 正确检测充配电总成搭铁线电阻（3分）	未做0分； 不能正确分析出可能故障点，扣赋分的一半	20	
	3.充配电总成CAN通信电路检测 □3.1 能正确检测CAN-H通信线电源电压（5分） □3.2 能正确检测检测CAN-L电源电压（5分） □3.3 能正确检测充配电总成CAN波形（10分）	未做0分； 不能正确检测，扣赋分的一半	20	
资料查找及工单填写	1.能正确使用用户手册和维修手册查询资料 □1.1 能运用网络查找仪表资料（1分） □1.2 能从维修手册中找出与仪表相关的电路图（1分）	未查找0分； 不能找到电路图0分	2	
	2.能正确填写作业表，记录维修信息 □2.1 能根据操作正确记录工单（1分） □2.2 能正确记录检测步骤及检测数据（1分） □2.3 能正确判定检测结果（1分）	不记录0分； 不能规范记录，扣赋分的一半	3	

任务4.1　认识新能源汽车故障灯

【知识链接】

一、填空题

1. 新能源故障指示灯在_____上显示，用户通过车辆故障指示灯来判断车辆的技术状况，保证车辆行驶安全。
2. 指示灯显示一般有三种颜色，_____表示紧急，需要用户马上采取措施排除的；_____表示警告，需要用户尽快排除的；_____表示正常启用的汽车功能。
3. 🔋灯是_____。
4. 当 OK 灯点亮时，代表_____。
5. 当动力电池故障警告灯 🔋! 点亮时，代表_____。

二、判断题

1. 新能源汽车仪表盘上有着各种各样的指示灯，通过这些指示灯来显示当前车辆的技术状况。（　　）
2. 新能源汽车故障指示灯点亮，提示驾驶者车辆一定存在故障。（　　）
3. 放电指示灯 🚗 点亮，代表车辆存在漏电故障。（　　）
4. 电机冷却液温度过高警告灯点亮，代表电驱冷却系统一定存在异常。（　　）
5. 动力电池过热警告灯点亮，代表电池热管理系统一定存在故障。（　　）
6. 车辆故障指示灯点亮，代表车辆一定存在故障。（　　）

三、选择题

1. 当动力系统出现故障，不能正常工作时，常亮或闪烁的指示灯是（　　）。[单选题]

   A、⌵　　　B、🔋!　　　C、🔧　　　D、⊙!

2. 高压配电箱将电池包的高压直流电分配给整车高压电器使用，其上游是动力电池包，下游包括（　　）。[多选题]

   A、由于存放时间过长或者过量使用蓄电池导致低压蓄电池电压较低

   B、DC-DC 变换器故障，不能给低压蓄电池充电

   C、DC-DC 变换器保险熔断，低压蓄电池上方的保险丝熔断

   D、连接 DC-DC 变换器至低压蓄电池端的线束存在问题

3. 下面可能引起低压蓄电池故障灯 🔋 常亮的有（　　）。[多选题]
   A、充配电总成　　　　　　　　　B、电机控制器
   C、动力电池　　　　　　　　　　D、DC-DC 变换器

4. 高压不上电，OK 灯不亮，动力电池故障灯 🔋 常亮可能由于（　　）。[单选题]
   A、高压电池系统（BMS）故障　　B、高压动力电池本体单体存在故障
   C、驱动电机故障　　　　　　　　D、电机控制器故障

5. 下列引起动力系统故障灯和动力电池故障灯不亮，电池断开指示灯 🔋 常亮的是（　　）。[多选题]
   A、高压继电器盒内保险丝烧断
   B、高压继电器（正极\负极\预充电）控制线束有问题
   C、继电器本身损坏
   D、预充电阻失效

任务 4.2　新能源汽车故障诊断策略

【知识链接】

一、填空题

1. 确认客户描述的车辆故障信息，尽可能多的向客户了解与该故障相关的信息：_____、_____等。
2. 针对无故障诊断码的故障，应该_____。
3. 在故障诊断过程中，应从维修手册中查看故障系统的_____、_____、_____电路，确定接头和其他多条电路相连接的部位。
4. 新能源汽车高压电气系统，包含_____、_____、_____、_____和线束等，为了保证安全，所有的高压电线均已采取密封或隔离措施，高压电线束采用洁净的橙色加以区分。

二、判断题

1. 基本故障诊断思路能够为故障诊断提供一个相对正确的诊断流程。（　　）
2. 故障诊断需要严格按照流程进行，不需要根据实际情况灵活变通。（　　）
3. 维修人员实车验证车辆故障，是为了确认是否存在客户反映的故障。（　　）
4. 过预检获取的信息，可以针对故障所在的模块进行系统化的诊断和排查。（　　）
5. 查阅已有的维修案例，可以最大程度缩短后期维修和诊断的时间。（　　）
6. 按照指定的故障诊断码诊断可以进行有效的诊断和维修。（　　）
7. 在故障诊断过程中，应查看部件的位置，确认部件、连接器或线束是否暴露在极端温度或湿度环境中。（　　）
8. 间歇性故障是一种不连续出现，可以重现且只在条件符合时才发生的故障。（　　）
9. 必须查询并依照新能源汽车的维修手册，依规定程序进行操作。（　　）
10. 在分析故障代码时，不需要区分与故障不关联的故障码。（　　）

三、选择题

1. 下列属于新能源汽车的基本诊断策略的是（　　）。[单选题]
   A、确认和理解客户描述的故障　　　　B、确认车辆故障
   C、车辆预检并进行全面的目视检查　　D、执行系统化的车辆诊断与检查

2. 车辆预检和全面的目视检查包括（ ）。[多选题]

   A、外观全面检查　　　　　　　　　B、异常的响声或异味检查

   C、取故障诊断码（DTC）　　　　　D、故障点分析

3. 下面有利于定位和修理间歇性故障或历史故障诊断码的为（ ）。[多选题]

   A、高压电池系统（BMS）故障

   B、高压动力电池本体单体存在故障

   C、使用带数据捕获（数据流读取）功能的故障诊断仪、数字式万用表

   D、经验判定故障

任务4.3 诊断仪的使用与诊断数据分析

【知识链接】

一、填空题

1. 故障自诊断主要完成对_____、_____和_____的状态进行实时监测。
2. 故障自诊断系统能够实现与外部通信，_____可以获取存储的故障信息。
3. 当车辆出现故障时，常用的故障处理方式包括_____、_____、_____、_____。
4. 故障确认主要是指维修人员通过观察_____、_____和_____等，确认相关故障的范围，即_____和_____，判定具体是什么系统出现了问题。
5. 诊断仪可分为_____和_____。
6. 汽车诊断仪主要由两个部分组成，即_____和_____。

二、判断题

1. 故障自诊断能够实时监测系统的故障信息。（　　）
2. 通用诊断仪能用于多种不同的车型，价格相对低，功能简单，主要用于读取故障码和数据流。（　　）
3. 节点故障一般是由于节点硬件或软件故障导致的，如处理器错误。（　　）
4. 环境干扰对CAN总线没有影响。（　　）
5. 电源电压不稳定，CAN节点是可以正常工作的。（　　）
6. 总线负载过高是由于总线节点过多、总线通信速率过高或节点上的负载电流过大导致的。（　　）
7. 总线短路是由于电缆内部导线短路或两个CAN总线节点之间的开路引起的。（　　）
8. 总线断开一定是由于连接插头松动、接线不良或电缆损坏导致的。（　　）
9. 环境干扰是由于电磁干扰、放射干扰或外部噪声干扰导致的通信异常。（　　）
10. 当新能源汽车CAN网络出现故障时，需要及时进行故障诊断、排除和维修。（　　）

三、选择题

1. （　　）确定了某一个故障后，还要根据实际情况给驾驶员提供相应的信息，如点亮报警灯或声音提示等。[单选题]

    A、控制器　　　　B、传感器　　　　C、执行器　　　　D、其他

2. ( ) 根据故障诊断仪器读取的故障代码、数据流和电路图,分析出可能故障点,并梳理出故障诊断流程。[单选题]

  A、故障确认   B、故障分析

  C、故障检测   D、故障排除与确认

3. ( ) 使用检测工具,检测可能的故障点,并根据检测结果判定具体故障点。[单选题]

  A、故障确认   B、故障分析

  C、故障检测   D、故障排除与确认

4. ( ) 按照规范维修检测到的具体故障点,起动车辆观察故障现象是否已经消失,并连接诊断仪清除历史故障码,确认没有新故障码。[单选题]

  A、故障确认   B、故障分析

  C、故障检测   D、故障排除与确认

5. 新能源汽车常见的CAN通信故障有( )。[多选题]

  A、总线断开   B、总线短路

  C、总线负载过高   D、电源电压不稳定

  E、冲突帧   F、异常帧

  G、节点故障   H、网络配置错误

  I、环境干扰

【任务实施】

车辆信息	车辆型号				
	车辆 VIN 码				
姓名		班级		总分	100 分	得分	

诊断仪的使用与诊断数据分析-作业表

项　目	作业记录内容
前期准备 （5分）	□车内三件套铺设　　□车外三件套铺设　　□穿戴个人防护用品 □其他_____
安全检查 （10分）	车辆停放　（□正常　□异常）　　蓄电池电压（□正常　□异常） 冷却液液位（□正常　□异常）　　制动液液位（□正常　□异常） □其他_____
仪器连接 （5分）	□正确连接电脑诊断仪　　□正确连接示波器　　□其他_____
读取故障码 （10分）	
读取数据流 （10分）	<table><tr><td>数据流名称</td><td>检测值</td><td>标准值 （读不出可以不写）</td></tr><tr><td></td><td></td><td></td></tr><tr><td></td><td></td><td></td></tr><tr><td></td><td></td><td></td></tr><tr><td></td><td></td><td></td></tr><tr><td></td><td></td><td></td></tr><tr><td></td><td></td><td></td></tr><tr><td></td><td></td><td></td></tr><tr><td></td><td></td><td></td></tr><tr><td></td><td></td><td></td></tr><tr><td></td><td></td><td></td></tr></table>
数据分析 （50分）	<table><tr><td>数据项</td><td>数据意义</td></tr><tr><td>挡位故障状态</td><td></td></tr><tr><td>过载警告</td><td></td></tr><tr><td>油门错误</td><td></td></tr><tr><td>整车挡位</td><td></td></tr><tr><td>整车工作模式</td><td></td></tr></table>

(续表)

项目	作业记录内容	
	整车运行模式	
	动力系统状态	
	倾角标定工作信息/是否校准	
	制动深度电压1	
	制动深度电压2	
	油门深度电压1	
	油门深度电压2	
	读取VIN码是否写入	
	水温值	
	真空压力值	
	水温报警	
	真空泵工作时间	
	真空泵继电器状态	
	整车车速	
	总里程	
整理归位（10分）	（□是 □否）完成实训工具的整理及复位 （□是 □否）完成实训场地的清洁 （□是 □否）完成实训设备的复位	

【任务评价】

诊断仪的使用与诊断数据分析-任务评价表

评分项目	考核内容及配分	评分标准	配分	得分
前期准备与整理归位	1."7S"管理 □1.1 整理、整顿（1分） □1.2 清扫、清洁（1分） □1.3 安全、素养、节约（3分）	未做0分；不按规范做，扣赋分的一半	5	
	2.实训准备 □2.1 正确安装绝缘翼子板布和格栅垫（1分） □2.2 正确安装车内三件套（1分） □2.3 正确安装车轮挡块（1分） □2.4 正确安装尾排（1分） □2.5 规范穿戴工作服，做好个人防护（1分）	未做0分；不按规范做，扣赋分的一半	5	
	3.安全检查 □3.1 车辆停放检查（2分） □3.2 蓄电池电压检查（4分）	未做0分；不按规范做，扣赋分的一半	10	

（续表）

评分项目	考核内容及配分	评分标准	配分	得分
	□3.3 冷却液液位检查（2分） □3.4 制动液液位检查（2分） 4.工具及仪器使用 □4.1 检查仪器和工具是否完备正常（1分） □4.2 能对检测工具和量具进行校准（2分） □4.3 使用后对工具、仪器进行清洁（1分） □4.4 作业过程做到工具不落地（1分）	未做0分；不按规范做，扣赋分的一半	10	
使用诊断仪读取数据流	□1.1 能正确连接诊断仪（5分） □1.2 能正确使用诊断仪读取故障码（10分） □1.3 能正确使用诊断仪读取数据流（10分）	未做0分；不按规范做，扣赋分的一半	20	
数据流分析	□1.1 能正确分析挡位数据（5分） □1.2 能正确报警数据（15分） □1.3 正确分析整车模式、车速等数据（5分） □1.4 能正确分析动力系统数据（15分） □1.5 能正确分析制动踏板深度数据（5分） □1.6 正确分析油门踏板深度相关数据（15分） □1.7 能正确分析温度相关数据（15分）	未写出分析0分；不按规范填写，扣赋分的一半	45	
资料查找及工单填写	1.能正确使用用户手册和维修手册查询资料 □1.1 能运用网络查找仪表资料（1分） □1.2 能从维修手册中找出与仪表相关的电路图（1分）	未查找0分；不能找到电路图0分	2	
	2.能正确填写作业表，记录维修信息 □2.1 能根据操作正确记录工单（1分） □2.2 能正确记录检测步骤及检测数据（1分） □2.3 能正确判定检测结果（1分）	不记录0分；不能规范记录，扣赋分的一半	3	

任务 5.1　绝缘故障诊断与排除

【知识链接】

一、填空题

1. 绝缘故障可能会导致_____、_____、_____、_____等危险情况。
2. 绝缘故障也称_____，绝缘故障是指动力蓄电池的内部、高压部件或高压电缆破损导致其与车身搭铁之间的_____而引起的故障。
3. 在新能源汽车中，高压电系统包括_____、_____、_____、_____等部分。
4. 一旦接收到漏电故障信号，会通过相应的控制单元进行处理，具体处理方式包括_____、_____、_____、_____。
5. 漏电故障发生后，BMS会记录故障的_____、_____和其他相关信息，以便后续的故障排查和维修。
6. 当高压 BMS 报漏电故障时，应确认是_____，还是_____，再根据诊断流程进行诊断。

二、判断题

1. 当漏电传感器反馈的电阻值过小时，相应的控制单元会报出绝缘故障代码。（　　）
2. 为了确保高压电系统的安全运行，绝缘监测通常会进行全面的监测和检测。（　　）
3. 就新能源汽车来说，确保绝缘性能的完好，没必要定期进行绝缘检测和维护。（　　）
4. 当纯电动汽车发生绝缘故障时，绝缘故障信号仅会发送给整车控制器。（　　）
5. 当动力电池发生漏电故障时，BMS可以根据不同的漏电信号判断漏电的严重程度。（　　）
6. 当车辆高压部件发生绝缘故障时，会发送绝缘故障信号给VCU，并进行处理。（　　）
7. 如果上OK电报漏电故障，初步判断为动力电池包以外的高压部件漏电。（　　）
8. 当断开紧急维修开关时，一定要穿戴防护设备。（　　）
9. 无紧急维修开关MSD的车辆，需断开高压母线（或HVIL），拔插高压母线应遵守单手操作原则，且高压母线需要做绝缘保护。（　　）
10. 断开12V辅助蓄电池负极的目的是确保所有控制单元电源被切断，确保高压继电器无控制信号。（　　）

三、选择题

1. 在纯电动汽车上与高压电相关的部件与线路有（　　）。[多选题]
   A、动力蓄电池及其相关线束　　　　B、电驱动总成及其相关线束
   C、充配电总成及其相关线束　　　　D、空调压缩机和PTC及其相关线束

2. 动力电池内部的绝缘电阻（　　）。[单选题]
   A、>20MΩ　　　　　　　　　　　B、<20MΩ
   C、<200MΩ　　　　　　　　　　 D、>200MΩ

3. 确认上OK电报漏电故障的方法包括（　　）。[多选题]
   A、检查BMS报错信息或警报
   B、检查车辆的上OK电BMS报错记录
   C、检查车辆控制系统和电源供应状态是不是稳定性差
   D、检查车辆出现限功率的运行状况

4. 测量高压母线正极与高压母线负极之间的电压应小于（　　）。[单选题]
   A、5V　　　　　　　　　　　　　B、1V
   C、2V　　　　　　　　　　　　　D、3V

5. 检测PTC及高压线束绝缘电阻的使用工具为（　　）。
   A、万用表　　　　　　　　　　　B、数字兆欧表
   C、钳形电流表　　　　　　　　　D、电脑诊断仪

【任务实施】

车辆信息	车辆型号				
	车辆VIN码				
姓名		班级		总分 100分	得分

绝缘故障诊断与排除-作业表

项目	作业记录内容
前期准备 （5分）	□车内三件套铺设　　□车外三件套铺设　　□穿戴个人防护用品 □其他_____
安全检查 （5分）	车辆停放　（□正常 □异常）　　蓄电池电压（□正常 □异常） 冷却液液位（□正常 □异常）　　制动液液位（□正常 □异常） □其他_____
仪器连接 （5分）	□正确连接电脑诊断仪　　□正确连接示波器　　□其他_____
故障现象确认	确认故障症状，并记录症状现象： 现象描述　　　　　　　　　　　　　　　　　　　　结果判定

（续表）

项　目	作业记录内容		
（5分）	车辆仪表（□能　□不能）正常点亮	□正常　□异常	
	车辆OK灯（□能　□不能）点亮	□正常　□异常	
故障代码 （5分）	□有DTC		□无DTC
	故障代码	故障信息	
故障数据流 （5分）	数据流名称	检测值	标准值	结果判定
				□正常　□异常
				□正常　□异常
				□正常　□异常
				□正常　□异常
高压 下电 （15分）	1.（□是　□否）将电源模式调至OFF状态。 2.（□是　□否）断开辅助蓄电池负极。 3.（□是　□否）穿戴防护设备，规范断开高压母线（或HVIL），并等待（□5min　□10min），使车辆高压放电。 4.（□是　□否）测量高压母线正极与高压母线负极之间的电压，电压值（□是　□否）小于1V		
车辆高压区域查找 （10分）	分析车辆高压器件布局图： 判定存在绝缘故障的可能部位有：		
检测 （20分）	检测部位	检测值	标准值	结果判定
	动力电池绝缘正极检测			□正常　□异常
	动力电池绝缘负极检测			□正常　□异常

(续表)

项 目	作业记录内容				
	电总成高压母线正极绝缘检测			□正常	□异常
	电总成高压母线负极绝缘检测			□正常	□异常
	电机控制器及正极高压线束绝缘检测			□正常	□异常
	电机控制器及负极高压线束绝缘检测			□正常	□异常
	空调压缩机及正极高压线来绝缘检测			□正常	□异常
	空调压缩机及负极高压线来绝缘检测			□正常	□异常
	PTC及正极高压线束绝缘检测			□正常	□异常
	PTC及正极高压线束绝缘检测			□正常	□异常
故障点确认与排除（5分）					
故障复检（15分）	实车检验		故障码		
	车辆（□能 □不能）正常上电； 故障（□存在 □消失）		存在故障码（□是 □否）； 清码后（□有 □无）故障码存在		
	检修结果：故障（□是 □否）已经排除				
整理归位（5分）	（□是 □否）完成实训工具的整理及复位 （□是 □否）完成实训场地的清洁 （□是 □否）完成实训设备的复位				

【任务评价】

绝缘故障诊断与排除-评价表

评分项目	考核内容及配分	评分标准	配分	得分
前期准备与整理归位	1."7S"管理 □1.1 整理、整顿（1分） □1.2 清扫、清洁（1分） □1.3 安全、素养、节约（3分）	未做0分；不按规范做，扣赋分的一半	5	
	2.实训准备 □2.1 正确安装绝缘翼子板布和格栅垫（1分） □2.2 正确安装车内三件套（1分） □2.3 正确安装车轮挡块（1分） □2.4 正确安装尾排（1分） □2.5 规范穿戴工作服，做好个人防护（1分）	未做0分；不按规范做，扣赋分的一半	5	
	3.安全检查 □3.1 车辆停放检查（1分） □3.2 蓄电池电压检查（2分） □3.3 冷却液液位检查（1分） □3.4 制动液液位检查（1分）	未做0分；不按规范做，扣赋分的一半	5	

(续表)

评分项目	考核内容及配分	评分标准	配分	得分
	4.工具及仪器使用 □4.1 检查仪器和工具是否完备正常（1分） □4.2 能对检测工具和量具进行校准（1分） □4.3 能正确连接检测仪器（诊断仪）（1分） □4.4 使用后对工具和仪器进行清洁（1分） □4.5 作业过程做到工具不落地（1分）	未做0分；不按规范做，扣赋分的一半	5	
故障现象验证、故障码与数据流读取	□1.1 能通过试车验证故障症状（5分） □1.2 能正确使用诊断仪读取车辆故障码（5分） □1.3 能正确使用诊断仪读取数据流（5分）	未做0分；不能实车试出症状0分；不按规范做，扣赋分的一半	15	
故障分析、诊断、检测与排除	1.电路分析 □1.1 能正确找出故障相关电路图（3分） □1.2 能正确找出电路图中的电源线（4分） □1.3 能正确找出电路图中的接地线（4分） □1.4 能正确找出电路图中的通信线（4分）	未做0分；不能正确找出线路0分	15	
	2.故障范围判定 □2.1 能通过故障现象、故障代码信息判定故障范围（5分） □2.2 能根据故障范围和电路图指出可能故障点（5分）	未做0分；不能正确分析出可能故障点，扣赋分的一半	10	
	3.故障检测 □3.1 在实车中找出检测位置（5分） □3.2 正确进行动力电池绝缘检测（4分） □3.3 正确进行充配电总成绝缘检测（4分） □3.4 正确进行电机控制器绝缘检测（4分） □3.5 正确进行空调压缩机绝缘检测（4分） □3.6 PTC及高压线束绝缘检测（4分）	未做0分；不能正确检测，扣赋分的一半	15	
	4.故障排除 □4.1 根据检测结果规范排除故障点（3分） □4.2 检查确认故障是否排除（2分）	未做0分；不规范操作，扣赋分的一半	5	
	5.故障排除 □5.1 规范进行试车检验（3分） □5.2 使用诊断仪确认故障是否排除（2分）	未做0分；不规范操作，扣赋分的一半	5	
资料查找及工单填写	1.正确使用用户手册和维修手册查询资料 □1.1 能运用网络查找仪表资料（1分） □1.2 从维修手册中找出与仪表相关的电路图（1分）	未查找0分；不能找到电路图0分	2	
	2.能正确填写作业表，记录维修信息 □2.1 能根据操作正确记录工单（1分） □2.2 能正确记录检测步骤及检测数据（1分） □2.3 能正确判定检测结果（1分）	不记录0分；不能规范记录，扣赋分的一半	3	

任务 5.2　高压互锁故障诊断与检测

【知识链接】

一、填空题

1. 高压互锁回路在工作时，互锁控制器可根据低压回路的状态进行特定的逻辑判断，实现对高压互锁故障的_____检测。
2. 高压互锁故障可能导致车辆高压系统的_____。
3. 高压互锁故障可能会带来_____风险。
4. 修复高压互锁故障是为了确保车辆的_____和正常运行。
5. 高压互锁故障诊断流程包括_____、_____、_____、_____、_____和故障排除。
6. 高压互锁故障诊断流程中的故障检测包括_____、_____、_____和_____。

二、判断题

1. 高压互锁回路是用于监测低压设备的电气完整性的低压电路。（　　）
2. 如果高压互锁在汽车启动前失效，车辆将不能上高压电。（　　）
3. 高压互锁故障可能是由电压过高或过低引起的。（　　）
4. 高压互锁故障可能是由传感器故障引起的。（　　）
5. 高压互锁故障可能导致车辆无法启动和行驶。（　　）
6. 高压互锁故障可能导致高压系统的失效。（　　）
7. 高压互锁故障可能会增加触电或火灾的风险。（　　）
8. 在修复故障后，无须使用诊断仪器清除存储在车辆中的故障码，确保问题已解决。（　　）
9. 在高压互锁故障时，车辆可能无法启动。（　　）

三、选择题

1. 高压互锁回路主要用于监测（　　）部分的电气完整性。[单选题]
   A、高压系统　　　　　　　　　B、低压系统
   C、汽车发动机　　　　　　　　D、车辆轮胎

2. 高压互锁故障可能导致（　　）后果。[多选题]
　　A、车辆无法启动　　　　　　　　B、高压系统失效
　　C、安全风险增加　　　　　　　　D、低压系统无法上电
3. 高压互锁故障诊断流程中的故障检测包括（　　）。[多选题]
　　A、电压和电源检查　　　　　　　B、线路和接插器检测
　　C、传感器和开关检查　　　　　　D、故障码清除
4. 修复高压互锁故障的目的是确保（　　）。[单选题]
　　A、车辆的安全和正常运行　　　　B、降低驾乘人员感受的不良影响
　　C、高压互锁的工作稳定性　　　　D、低压系统正常上电

【任务实施】

车辆信息	车辆型号				
	车辆 VIN 码				
姓名		班级		总分	100 分	得分	

高压互锁故障诊断与检测-作业表

项 目	作业记录内容			
前期准备 （5分）	□车内三件套铺设　　□车外三件套铺设　　□穿戴个人防护用品 □其他_____			
安全检查 （5分）	车辆停放　（□正常　□异常）　　蓄电池电压（□正常　□异常） 冷却液液位（□正常　□异常）　　制动液液位（□正常　□异常） □其他_____			
仪器连接 （5分）	□正确连接电脑诊断仪　　□正确连接示波器　　□其他_____			
故障现象确认（5分）	确认故障症状，并记录症状现象：			
	现象描述		结果判定	
	车辆仪表（□能　□不能）正常点亮		□正常　□异常	
	车辆 OK 灯（□能　□不能）点亮		□正常　□异常	
故障代码 （5分）	□有 DTC		□无 DTC	
	故障代码		故障信息	
故障数据流（5分）	主要数据流名称	检测值	标准值	结果判定
				□正常　□异常

（续表）

项 目	作业记录内容				
					☐正常 ☐异常
					☐正常 ☐异常
					☐正常 ☐异常
电路图分析 （15分）	根据教材项目5.2图5-2-11高压互锁电路图，填写连接导线及名称：				
	相关连接导线			导线名称	
故障范围 判定 （10分）	根据故障现象、故障代码、数据流及电路图原理的结果分析，判断可能的故障点：				
检测 （20分）	检测内容				结果判定
	⊓_⊓_ (高压互锁波形图)				高压互锁正常波形
	BMC输出的高压互锁波形：		BMC输入的高压互锁波形：		输出波形： ☐正常 ☐异常 输入波形： ☐正常 ☐异常
	充配电总成输出的高压互锁波形：		充配电总成输入的高压互锁波形：		输出波形： ☐正常 ☐异常 输入波形： ☐正常 ☐异常
	动力电池输出的高压互锁波形检测：		动力电池输入的高压互锁波形检测：		输出波形： ☐正常 ☐异常 输入波形： ☐正常 ☐异常
	检测部位		检测值	标准值	结果判定
	检测充配电总成输入互锁线路电阻				☐正常 ☐异常
					☐正常 ☐异常
					☐正常 ☐异常
	最终结果为：				

（续表）

项 目	作业记录内容	
故障点确认与排除（5分）		
故障复检（15分）	实车检验	故障码
	车辆（□能 □不能）正常上电； 故障（□存在 □消失）	存在故障码（□是 □否）； 清码后（□有 □无）故障码存在
	检修结果：故障（□是 □否）已经排除	
整理归位（5分）	（□是 □否）完成实训工具的整理及复位 （□是 □否）完成实训场地的清洁 （□是 □否）完成实训设备的复位	

【任务评价】

高压互锁故障诊断与检测-评价表

评分项目	考核内容及配分	评分标准	配分	得分
前期准备与整理归位	1."7S"管理 □1.1 整理、整顿（1分） □1.2 清扫、清洁（1分） □1.3 安全、素养、节约（3分）	未做0分； 不按照规范做， 扣赋分的一半	5	
	2.实训准备 □2.1 正确安装绝缘翼子板布和格栅垫 □2.2 正确安装车内三件套（1分） □2.3 正确安装车轮挡块（1分） □2.4 正确安装尾排（1分） □2.5 规范穿戴工作服，做好个人防护（1分）	未做0分； 不按照规范做， 扣赋分的一半	5	
	3.安全检查 □3.1 车辆停放检查（1分） □3.2 蓄电池电压检查（2分） □3.3 冷却液液位检查（1分） □3.4 制动液液位检查（1分）	未做0分； 不按照规范做， 扣赋分的一半	5	
	4.工具及仪器使用 □4.1 检查作业所需要的仪器和工具是否完备正常（1分） □4.2 能对检测工具和量具进行校准（1分） □4.3 能正确连接检测仪器（诊断仪和示波器）（1分） □4.4 使用后对工具和仪器进行清洁（1分） □4.5 作业过程做到工具不落地（1分）	未做0分； 不按照规范做， 扣赋分的一半	5	
故障现象验证、故障码与数据流读取	□1.1 能通过试车验证故障症状（5分） □1.2 能正确使用诊断仪读取车辆故障码（5分） □1.3 能正确使用诊断仪读取数据流（5分）	未做0分； 不能实车试出症状0分；不按规范做，扣赋分	15	

（续表）

评分项目	考核内容及配分	评分标准	配分	得分
		的一半		
故障分析、诊断、检测与排除	1.电路分析 □1.1 找出电池管理器互锁相关连接（5分） □1.2 找出动力电池高压互锁相关连接（5分） □1.3 找出充配电总成互锁相关连接（5分）	未做0分；不能正确找出线路0分	15	
	2.故障范围判定 □2.1 据故障现象、代码判定故障范围（5分） □2.2 据故障范围和电路图指出可能故障点（5分）	未做0分；不能指出可能故障点，扣赋分的一半	10	
	3.故障检测 □3.1 根据电路图找出高压互锁各个器件的连接针脚(5分） □3.2 能用示波器检测互锁波形（5分） □3.3 能用万用表检测互锁相关线路（5分）	未做0分；不能正确检测，扣赋分的一半	15	
	4.故障诊断 □4.1 能根据检测结果诊断故障点（3分） □4.2 能确认故障具体原因（2分）	未做0分；不规范操作，扣赋分的一半	5	
	5.故障排除 □5.1 规范进行试车检验（3分） □5.2 用诊断仪确认故障是否排除（2分）	未做0分；不规范操作，扣赋分的一半	5	
资料查找及工单填写	1.能用户手册和维修手册查询所需资料 □1.1 能运用网络查找仪表资料（1分） □1.2 从维修手册中找出与仪表相关的电路图（1分）	未查找0分；不能找到电路图0分	2	
	2.能正确填写作业表，记录维修信息 □2.1 根据操作正确记录工单（1分） □2.2 正确记录检测步骤及检测数据（1分） □2.3 能正确判定检测结果（1分）	不记录0分；不能规范记录，扣赋分的一半	3	

任务 5.3　交流充电系统故障诊断与排除

【知识链接】

一、填空题
1. 充电设备故障可能是_____、_____或_____等原因导致的。
2. 充电线路出现_____、_____、_____等故障可能是由于线路老化、损坏或不正确的安装等原因引起的。
3. 电动车充电接口可能存在_____、_____、_____等问题，导致充电中断或无法正常启动充电。
4. 当交流充电系统出现故障时，可能是_____、_____、_____以及电动车充电接口等部分出现故障。
5. 车辆交流充电系统的故障可能会对车辆的_____、_____和_____产生负面影响，并增加维修成本。

二、判断题
1. 车辆交流充电系统故障是指电动车在充电过程中涉及直流充电的各个部分出现故障。（　　）
2. 交流充电系统故障会影响到电动车的充电效率和可靠性。（　　）
3. 电动车的控制系统负责控制充电过程中的电流和电压。（　　）
4. 在充电时供电电源的稳定性和电压波动不会影响充电效果。（　　）
5. 车辆交流充电系统故障可能会导致充电速度变快。（　　）
6. 充电失败是交流充电系统故障的严重后果之一。（　　）
7. 交流充电故障不会对电网稳定性产生影响。（　　）
8. 维修成本不会增加是交流充电系统故障的后果之一。（　　）
9. 故障现象确认是交流充电系统故障诊断流程的第一步。（　　）
10. 初步诊断可以通过连接诊断仪器、读取故障码和相关数据流来进行。（　　）

三、选择题
1. 交流充电系统故障可能导致的后果包括（　　）。[单选题]
　　A、充电速度变快　　　　　　　　B、充电效率增加
　　C、充电失败　　　　　　　　　　D、电网稳定性提高

2. 引起交流充电系统故障的原因包括（   ）。[单选题]
   A、充电设备故障　　　　　　　　　　B、高压电池故障
   C、电动车控制系统故障　　　　　　　D、天气不好
3. 交流充电系统故障范围判定需要根据（   ）进行。[多选题]
   A、数据流读取　　　　　　　　　　　B、故障码读取
   C、故障现象确认　　　　　　　　　　D、充电控制引导电路图
4. 交流充电系统故障可能会对车辆的（   ）产生负面影响。[单选题]
   A、充电效率　　　B、声音　　　C、外观　　　D、续航里程
5. 交流充电系统（   ）是指在充电时供电电源的稳定性和电压波动可能会影响充电效果，如电网电压不稳定、电源过载等。[单选题]
   A、充电线路问题　　　　　　　　　　B、电源问题
   C、充电设备故障　　　　　　　　　　D、充电接口问题

【任务实施】

车辆信息	车辆型号	
	车辆VIN码	

姓名		班级		总分	100分	得分	

交流充电系统故障诊断与排除除-作业表

项　目	作业记录内容		
前期准备 （5分）	□车内三件套铺设　　□车外三件套铺设　　□穿戴个人防护用品 □其他_____		
安全检查 （5分）	车辆停放　（□正常 □异常）　　蓄电池电压（□正常 □异常） 冷却液液位（□正常 □异常）　　制动液液位（□正常 □异常） □其他_____		
仪器连接 （5分）	□正确连接电脑诊断仪　　□正确连接示波器　　□其他_____		
故障现象确认 （5分）	确认故障症状，并记录症状现象：		
	现象描述	结果判定	
	车辆仪表（□能　□不能）正常点亮	□正常 □异常	
	车辆（□能　□不能）正常高压上电	□正常 □异常	
	车辆OK灯（□能　□不能）点亮	□正常 □异常	
	车辆（□能　□不能）充电	□正常 □异常	
故障代码 （5分）	□有DTC	□无DTC	
	故障代码	故障信息	

(续表)

项　目	作业记录内容			
故障数据流 （5分）	数据流名称	检测值	标准值	结果判定
				□正常　□异常
				□正常　□异常
				□正常　□异常
				□正常　□异常
电路图分析 （15分）	根据教材项目5.3图 5-3-9交流充电系统原理图、图5-3-10比亚迪秦EV交流充电口电路图，填写连接导线及名称：			
	相关连接导线		导线名称	
故障范围判定 （10分）	根据故障现象、故障代码、数据及电路图原理的结果分析，判断可能的故障点：			
检测 （20分）	检测部位	检测值	标准值	结果判定
	检测交流充电枪RC电阻			□正常　□异常
	检测充电枪电压			□正常　□异常
	检查交流充电口车身地线PE			□正常　□异常
	检查充电口充电连接确认线CC			□正常　□异常
	检测车载充电机充电控制信号			□正常　□异常
	检测充电连接控制线CP			□正常　□异常
故障点确认与排除 （5分）				
故障复检 （15分）	实车检验		故障码	
	车辆（□能　□不能）正常上电； 故障（□存在　□消失）		存在故障码（□是　□否）； 清码后（□有　□无）故障码存在	
	检修结果：故障（□是　□否）已经排除			
整理归位	（□是　□否）完成实训工具的整理及复位			

项目	作业记录内容
（5分）	（□是　□否）完成实训场地的清洁 （□是　□否）完成实训设备的复位

【任务评价】

交流充电系统故障诊断与排除-评价表

评分项目	考核内容及配分	评分标准	配分	得分
前期准备与整理归位	1."7S"管理 □1.1 整理、整顿（1分） □1.2 清扫、清洁（1分） □1.3 安全、素养、节约（3分）	未做0分；不按规范做，扣赋分的一半	5	
	2.实训准备 □2.1 正确安装绝缘翼子板布和格栅垫（1分） □2.2 正确安装车内三件套（1分） □2.3 正确安装车轮挡块（1分） □2.4 正确安装尾排（1分） □2.5 规范穿戴工作服，做好个人防护（1分）	未做0分；不按规范做，扣赋分的一半	5	
	3.安全检查 □3.1 车辆停放检查（1分） □3.2 蓄电池电压检查（2分） □3.3 冷却液液位检查（1分） □3.4 制动液液位检查（1分）	未做0分；不按规范做，扣赋分的一半	5	
	4.工具及仪器使用 □4.1 检查仪器和工具是否完备正常（1分） □4.2 能对检测工具和量具进行校准（1分） □4.3 能正确连接诊断仪和万用表（1分） □4.4 使用后对工具和仪器进行清洁（1分） □4.5 作业过程做到工具不落地（1分）	未做0分；不按规范做，扣赋分的一半	5	
故障现象验证、故障码与数据流读取	□1.1 能通过试车验证故障症状（5分） □1.2 正确使用诊断仪读取车辆故障码（5分） □1.3 正确使用诊断仪读取数据流（5分）	未做0分；不会读0分；不按规范做，扣赋分的一半	15	
故障分析、诊断、检测与排除	1.电路分析 □1.1 找出交流充电充电枪和充电口的连接位置（3分） □1.2 正确找出控制连接确认线CP（4分） □1.3 正确找出充电连接确认线CC（4分） □1.4 正确找出交流电源N、L和车身地线PE相关线路（4分）	未做0分；不能正确找出线路0分	15	
	2.故障范围判定 □2.1 能通过故障现象、故障代码信息判定故障范围（5分）	未做0分；不能正确分析出可能故障点，	10	

（续表）

评分项目	考核内容及配分	评分标准	配分	得分
	☐2.2 能根据故障范围和电路图指出可能故障点（5分）	扣赋分的一半		
	3.故障检测 ☐3.1 根据电路图找出仪表线路和针脚（5分） ☐3.2 能用万用表完成充电枪检测（5分） ☐3.3 能用万用表检测充电口和线路（5分）	未做0分；不能正确检测，扣赋分的一半	15	
	4.故障排除 ☐4.1 根据检测结果规范排除故障点（3分） ☐4.2 能检查确认故障是否排除（2分）	未做0分；不规范操作，扣赋分的一半	5	
	5.故障排除 ☐5.1 能规范进行试车检验（3分） ☐5.2 用诊断仪确认车辆故障是否排除（2分）	未做0分；不规范操作，扣赋分的一半	5	
资料查找及工单填写	1.能正确使用用户手册和维修手册查询资料 ☐1.1 能运用网络查找仪表资料（1分） ☐1.2 从维修手册中找出与仪表相关的电路图（1分）	未查找0分；不能找到电路图0分	2	
	2.能正确填写作业表，记录维修信息 ☐2.1 能根据操作正确记录工单（1分） ☐2.2 能正确记录检测步骤及检测数据（1分） ☐2.3 能正确判定检测结果（1分）	不记录0分；不规范记录，扣赋分的一半	3	

任务 5.4　CAN 通信故障诊断与排除

【知识链接】

一、填空题

1. CAN总线系统的控制单元的工作电压一般在_____之间。
2. CAN总线系统链路层的故障是汽车总线的_____故障。
3. 当CAN-L线断路时，异常波形是_____。
4. 当CAN-H线对地短路时，异常波形是_____。
5. CAN总线链路故障可分为_____和_____。
6. CAN通信需要正确配置CAN节点的参数，包括_____、地址等。
7. 通信故障可能会导致设备无法正常传输或接收_____。

二、判断题

1. CAN通信在电动汽车中发挥关键作用。（　　）
2. CAN通信只在混合动力汽车中发挥关键作用。（　　）
3. CAN总线通信故障是指无法正常传输或接收数据的问题。（　　）
4. CAN总线通信故障会影响系统的功能、性能、稳定性和可靠性。（　　）
5. CAN总线链路故障可能导致控制单元无法工作。（　　）
6. CAN总线链路故障只会导致某一个控制单元失去通信。（　　）
7. 当CAN-L线与CAN-H线相互短路时，波形是一条直线。（　　）
8. 通信故障可能对车辆的安全性产生负面影响。（　　）
9. 为减少CAN通信的故障，需要定期的维护、检查CAN总线。（　　）
10. 若供电系统提供的工作电压小于14.5V，一些控制单元将会停止工作。（　　）
11. CAN总线通信是一种共享总线结构，多个节点共用一条总线进行通信。（　　）
12. 通信故障可能会导致设备无法正常传输或接收数据，从而导致系统的功能失效。（　　）
13. 通信故障不会引起系统的稳定性降低。（　　）

三、选择题

1. CAN总线通信故障可能导致的后果有（　　）。[多选题]
   　　A、设备功能失效　　　　　　　　　　B、系统不稳定

C、资源浪费　　　　　　　　　　D、安全风险等后果

2. 在CAN总线通信中，硬件故障可能导致（　　）等问题。[多选题]
　　　A、CAN 通信信号失真　　　　　B、信号干扰
　　　C、资源浪费　　　　　　　　　　D、安全风险等后果

3. 在排除CAN通信故障时，首先应检查（　　）。[多选题]
　　　A、电源供电　　　B、节点　　　C、CAN 总线链路　　　D、终端电阻

4. 硬件故障包括（　　）等。[多选题]
　　　A、节点电源供电不稳定　　　　B、节点故障
　　　C、CAN 总线链路故障　　　　　D、CAN 总线终端电阻损坏

5. 若CAN通信配置错误，可能导致（　　）。[单选题]
　　　A、无法通信　　　　　　　　　　B、通信异常故障
　　　C、通信系统不稳定　　　　　　　D、通信干扰

【任务实施】

车辆信息	车辆型号				
	车辆 VIN 码				
姓名		班级		总分 100 分	得分

CAN 通信故障诊断与排除-作业表

项　目	作业记录内容
前期准备 （5分）	□车内三件套铺设　　□车外三件套铺设　　□穿戴个人防护用品 □其他_____
安全检查 （5分）	车辆停放　（□正常 □异常）　　蓄电池电压（□正常 □异常） 冷却液液位（□正常 □异常）　　制动液液位（□正常 □异常） □其他_____
仪器连接 （5分）	□正确连接电脑诊断仪　　□正确连接示波器　　□其他_____
故障现象确认 （5分）	确认故障症状，并记录症状现象：
	现象描述	结果判定
	车辆仪表（□能　□不能）正常点亮	□正常 □异常
	车辆OK 灯（□能　□不能）点亮	□正常 □异常
故障代码 （5分）	□有 DTC　　　　　　□无 DTC
	故障代码	故障信息

（续表）

项 目	作业记录内容			
故障数据流 （5分）	数据流名称	检测值	标准值	结果判定
				□正常 □异常
				□正常 □异常
				□正常 □异常
				□正常 □异常
电路图分析 （15分）	根据教材项目5.4 图5-4-14 电池管理器信息通信系统电路图，填写连接导线及名称：			
	相关连接导线		导线名称	
故障范围判定 （10分）	根据故障现象、故障代码、数据流及电路图原理的结果分析，判断可能的故障点：			
检测 （20分）	检测部位	检测值	标准值	结果判定
				□正常 □异常
				□正常 □异常
				□正常 □异常
				□正常 □异常
				□正常 □异常
				□正常 □异常
	检测的CAN-H和CAN-L波形为：			
	CAN-H和CAN-L正常波形为： V_{CAN-H} 3.5V / 2.5V V_{CAN-L} 2.5V / 1.5V			□正常 □异常
故障点确认与排除 （5分）				
故障复检	实车检验		故障码	

(续表)

项 目	作业记录内容	
（15分）	车辆（□能 □不能）正常上电； 故障（□存在 □消失）。	存在故障码（□是 □否）； 清码后（□有 □无）故障码存在。
	检修结果： 故障（□是 □否）已经排除	
整理归位 （5分）	（□是 □否）完成实训工具的整理及复位 （□是 □否）完成实训场地的清洁 （□是 □否）完成实训设备的复位	

【任务评价】

CAN通信故障诊断与排除-评价表

评分项目	考核内容及配分	评分标准	配分	得分
前期准备 与整理归位	1."7S"管理 □1.1 整理、整顿（1分） □1.2 清扫、清洁（1分） □1.3 安全、素养、节约（3分）	未做0分；不按规范做，扣赋分的一半	5	
	2.实训准备 □2.1 正确安装绝缘翼子板布和格栅垫（1分） □2.2 正确安装车内三件套（1分） □2.3 正确安装车轮挡块（1分） □2.4 正确安装尾排（1分） □2.5 规范穿戴工作服，做好个人防护（1分）	未做0分；不按规范做，扣赋分的一半	5	
	3.安全检查 □3.1 车辆停放检查（1分） □3.2 蓄电池电压检查（2分） □3.3 冷却液液位检查（1分） □3.4 制动液液位检查（1分）	未做0分；不按规范做，扣赋分的一半	5	
	4.工具及仪器使用 □4.1 检查仪器和工具是否完备正常（1分） □4.2 能对检测工具和量具进行校准（1分） □4.3 能正确连接诊断仪和示波器（1分） □4.4 使用后对工具和仪器进行清洁（1分） □4.5 作业过程做到工具不落地（1分）	未做0分；不按规范做，扣赋分的一半	5	
故障现象验 证、故障码、 数据流读取	□1.1 能通过试车验证故障症状（5分） □1.2 正确使用诊断仪读取故障码（5分） □1.3 能正确使用诊断仪读取数据流（5分）	未做0分；不会读0分； 不按规范做，扣赋分的 一半	15	
故障分析、 诊断、检测 与排除	1.电路分析 □1.1 能找出与故障相关的电路图（3分） □1.2 能找出电路图中电源线（4分） □1.3 能找出电路图中接地线（4分） □1.4 能找出电路图中通信线（4分）	未做0分；不能正确找 出线路0分	15	

(续表)

评分项目	考核内容及配分	评分标准	配分	得分
	2.故障范围判定 □2.1 通过故障现象、代码判定故障范围（5分） □2.2 能根据故障范围和电路图指出可能故障点（5分）	未做0分；不能正确分析出可能故障点，扣赋分的一半	10	
	3.故障检测 □3.1 据电路图找出仪表线路和针脚（5分） □3.2 能使用万用表完成相关检测（5分） □3.2 能使用示波器完成CAN波形检测（5分）	未做0分；不能正确检测，扣赋分的一半	15	
	4.故障排除 □4.1 能根据检测结果规范排除故障点（3分） □4.2 能检查确认故障是否排除（2分）	未做0分；不规范操作得赋分的一半	5	
	5.故障排除 □4.1 能规范进行试车检验（3分） □4.2 能使用诊断仪确认车辆故障是否排除（2分）	未做0分；不规范操作得赋分的一半	5	
资料查找及工单填写	1.能正确使用用户手册和维修手册查询所需资料 □1.1 能运用网络查找仪表资料（1分） □1.2 能从维修手册中找出与仪表相关的电路图（1分）	未查找0分；不能找到电路图0分	2	
	2.能正确填写作业表，记录维修信息 □2.1 能根据操作正确记录工单（1分） □2.2 能正确记录检测步骤及检测数据（1分） □2.3 能正确判定检测结果（1分）	不记录0分；不能规范记录，扣赋分的一半	3	